Hans Kelsen
Teoria Jurídica e Política

O GEN | Grupo Editorial Nacional reúne as editoras Guanabara Koogan, Santos, Roca, AC Farmacêutica, Forense, Método, LTC, E.P.U. e Forense Universitária, que publicam nas áreas científica, técnica e profissional.

Essas empresas, respeitadas no mercado editorial, construíram catálogos inigualáveis, com obras que têm sido decisivas na formação acadêmica e no aperfeiçoamento de várias gerações de profissionais e de estudantes de Administração, Direito, Enfermagem, Engenharia, Fisioterapia, Medicina, Odontologia, Educação Física e muitas outras ciências, tendo se tornado sinônimo de seriedade e respeito.

Nossa missão é prover o melhor conteúdo científico e distribuí-lo de maneira flexível e conveniente, a preços justos, gerando benefícios e servindo a autores, docentes, livreiros, funcionários, colaboradores e acionistas.

Nosso comportamento ético incondicional e nossa responsabilidade social e ambiental são reforçados pela natureza educacional de nossa atividade, sem comprometer o crescimento contínuo e a rentabilidade do grupo.

Hans Kelsen
Teoria Jurídica e Política

Organizadores
Júlio Aguiar de Oliveira
Alexandre Travessoni Gomes Trivisonno

Colaboradores
Robert Alexy • Stanley L. Paulson • Mario G. Losano
Alexandre Travessoni Gomes Trivisonno
Andityas Soares de Moura Costa Matos
Dimitri Dimoulis • Elza Maria Miranda Afonso
Fábio Ulhoa Coelho • Júlio Aguiar de Oliveira
Martin Borowski • Soraya Lunardi

Rio de Janeiro

A EDITORA FORENSE se responsabiliza pelos vícios do produto no que concerne à sua edição, aí compreendidas a impressão e a apresentação, a fim de possibilitar ao consumidor bem manuseá-lo e lê-lo. Os vícios relacionados à atualização da obra, aos conceitos doutrinários, às concepções ideológicas e referências indevidas são de responsabilidade do autor e/ou atualizador.

As reclamações devem ser feitas até noventa dias a partir da compra e venda com nota fiscal (interpretação do art. 26 da Lei n. 8.078, de 11.09.1990).

HANS KELSEN: Teoria Jurídica e Política
ISBN 978-85-309-4936-5
Direitos exclusivos para o Brasil na língua portuguesa
Copyright © 2013 by
FORENSE UNIVERSITÁRIA um selo da EDITORA FORENSE LTDA.
Uma editora integrante do GEN | Grupo Editorial Nacional
Travessa do Ouvidor, 11 – 6º andar – 20040-040 – Rio de Janeiro – RJ
Tels.: (0XX21) 3543-0770 – Fax: (0XX21) 3543-0896
bilacpinto@grupogen.com.br | www.grupogen.com.br

O titular cuja obra seja fraudulentamente reproduzida, divulgada ou de qualquer forma utilizada poderá requerer a apreensão dos exemplares reproduzidos ou a suspensão da divulgação, sem prejuízo da indenização cabível (art. 102 da Lei n. 9.610, de 19.02.1998).

Quem vender, expuser à venda, ocultar, adquirir, distribuir, tiver em depósito ou utilizar obra ou fonograma reproduzidos com fraude, com a finalidade de vender, obter ganho, vantagem, proveito, lucro direto ou indireto, para si ou para outrem, será solidariamente responsável com o contrafator, nos termos dos artigos precedentes, respondendo como contratadores o importador e o distribuidor em caso de reprodução no exterior (art. 104 da Lei n. 9.610/98).

1ª edição – 2013

CIP – Brasil. Catalogação-na-fonte.
Sindicato Nacional dos Editores de Livros, RJ.

H221

    Hans Kelsen: teoria jurídica e política/organização e colaboração Júlio Aguiar de Oliveira, Alexandre Travessoni Gomes Trivisonno ... [et. al.]. – 1. ed. – Rio de Janeiro: Forense, 2013.

    Inclui bibliografia
    ISBN 978-85-309-4936-5

    1. Kelsen, Hans, 1881-1973. 2. Direito – Filosofia. I. Oliveira, Júlio Aguiar de. II. Trivisonno, Alexandre Travessoni Gomes.

13-01406   CDU: 340.12

SUMÁRIO

Os Autores VII

Prefácio IX

PARTE I

ASPECTOS GERAIS DA TEORIA DE KELSEN

Stanley L. Paulson: Reflexões sobre a Periodização da Teoria do
Direito de Hans Kelsen – Com Pós-Escrito Inédito 3

Elza Maria Miranda Afonso: Passos da Teoria de Kelsen Rumo à
Construção da Teoria do Direito 39

PARTE II

A NORMATIVIDADE DO DIREITO EM KELSEN

Robert Alexy: O Conceito Kelseniano de "Dever Ser" 87

Júlio Aguiar de Oliveira: Conteúdo do Direito e Normatividade
Justificada na Teoria Pura do Direito: Uma Crítica às Teses
de Joseph Raz 105

Martin Borowski: A Doutrina da Estrutura Escalonada do Direito de
Adolf Julius Merkl e sua Recepção em Kelsen 129

Alexandre Travessoni Gomes Trivisonno: Princípios Jurídicos e
Positivismo Jurídico: As Críticas de Dworkin a Hart se
Aplicam a Kelsen? 185

Dimitri Dimoulis e Soraya Lunardi: A Validade do Direito na
Perspectiva Juspositivista. Reflexões em torno de Hans Kelsen 213

PARTE III

CIÊNCIA, INTERPRETAÇÃO, VIOLÊNCIA E
POLÍTICA EM KELSEN

Fábio Ulhoa Coelho: Do Desafio Kelseniano à Ruptura Anticientificista 235

Andityas Soares de Moura Costa Matos: Kelsen e a Violência: Uma Leitura Crítica das "Limitações" da Teoria Pura do Direito 253

Mario G. Losano: Kelsen Teórico da Democracia e o Corporativismo dos Anos 1930 281

OS AUTORES

Júlio AGUIAR DE OLIVEIRA
Professor da Universidade Federal de Ouro Preto e da Pontifícia Universidade
Católica de Minas Gerais

Robert ALEXY
Professor da Universidade de Kiel (Alemanha)

Martin BOROWSKI
Professor da Universidade de Heidelberg (Alemanha)

Dimitri DIMOULIS
Professor da Fundação Getúlio Vargas – São Paulo

Mario G. LOSANO
Professor Emérito da Universidade do Piemonte Oriental e Professor da
Universidade de Torino (Itália)

Soraya LUNARDI
Professora da Universidade Estadual Paulista

Elza Maria MIRANDA AFONSO
Professora da Universidade Federal de Minas Gerais

Stanley L. PAULSON
Professor Mercator e Professor Visitante na Universidade de Kiel (Alemanha)

Andityas SOARES DE MOURA COSTA MATOS
Professor da Universidade Federal de Minas Gerais e da FEAD

Alexandre TRAVESSONI GOMES TRIVISONNO
Professor da Universidade Federal de Minas Gerais e da Pontifícia Universidade Católica de Minas Gerais

Fábio ULHOA COELHO
Professor da Pontifícia Universidade Católica de São Paulo

PREFÁCIO

Hans Kelsen é um dos maiores teóricos do direito do século XX e é, ainda hoje, uma das mais importantes referências necessárias para a reflexão no âmbito da teoria do direito. A razão disso encontra-se na grandeza da obra de Kelsen.

A grandeza de uma teoria jurídica se revela – em virtude dos problemas que ela levanta, do conhecimento que ela agrega, da adequação e profundidade com as quais aborda seu objeto – através do impacto que ela provoca na comunidade de pesquisadores que atuam no campo da filosofia do direito. Neste sentido, a grandeza da obra de Kelsen deixa-se perceber, num primeiro momento, pela constatação de que qualquer registro histórico das teorias do direito do século XX no qual a Teoria Pura do Direito não se encontre em um lugar de destaque simplesmente não pode ser tomado como um registro histórico das teorias do direito do século XX. Num segundo momento, para além de um interesse circunscrito à história das ideias, essa grandeza se dá a perceber pelo fato de que a obra de Kelsen continua – ainda hoje – a desempenhar um papel relevante nas discussões em torno de questões centrais da teoria do direito. Passados mais de 100 anos da publicação de *Hauptprobleme der Staatsrechtlehre*, com o qual Kelsen se insere decisivamente no cenário da teoria do direito, e passados 40 anos de sua morte (completados no dia 19 de abril de 2013), continua vivo o interesse pela obra de Kelsen. A obra de Kelsen é ainda fonte de polêmicas, de interrogações e de desafios.

Este livro reflete a presença e o interesse pela teoria de Kelsen. Seus autores, através de suas contribuições, apresentam diversos aspectos da obra de Kelsen. A Parte I – Aspectos Gerais da Teoria de Kelsen, contém dois artigos: o já clássico (porém inédito em língua portuguesa) artigo de Stanley L. Paulson sobre a periodização das obras de Kelsen (acrescido de um pós-escrito inédito, escrito pelo autor exclusivamente para este livro) e um artigo de Elza Maria Miranda Afonso sobre o desenvolvimento da Teoria Pura do Direito. A Parte II – A Normatividade do Direito em Kelsen, é composta por um artigo de Robert Alexy sobre o dever ser enquanto categoria fundamental em Kelsen, pela análise crítica de Júlio Aguiar de Oliveira sobre a polêmica tese defendida por Joseph Raz, de que em Kelsen está presente uma normatividade justificada, pelo ensaio de Martin Borowski abordando as origens da teoria da estrutura escalonada do direito em Merkl e sua recepção em Kelsen, pelo artigo de Alexandre Travessoni Gomes Trivisonno defendendo a presença de princípios na teoria de Kelsen e pela análise de Dimitri Dimoulis e Soraya Lunardi sobre a validade na teoria de Kelsen. Na Parte III – Ciência, Intepretação, Violência e Política em Kelsen, aparece uma análise dos problemas da teoria de interpretação de Kelsen, desenvolvida por Fábio Ulhoa Coelho, seguida de uma análise da Teoria Pura do Direito enquanto teoria da violência, desenvolvida por Andityas Soares de Moura Costa Matos; fecha o livro uma análise de Mario G. Losano sobre a relação entre Kelsen teórico da Democracia e o corporativismo na Itália dos anos 1930.

Entendemos que essa diversidade de pontos de vista pode colaborar para a melhor compreensão da teoria jurídica e política de Hans Kelsen nos países de Língua Portuguesa.

Kiel/Belo Horizonte, abril de 2013

Júlio Aguiar de Oliveira
Alexandre Travessoni Gomes Trivisonno

Parte I

Aspectos Gerais da Teoria de Kelsen

REFLEXÕES SOBRE A PERIODIZAÇÃO DA TEORIA DO DIREITO DE HANS KELSEN – COM PÓS-ESCRITO INÉDITO* **

Stanley L. Paulson

Sumário: 1. Introdução. **2.** Os delineamentos de uma periodização. **3.** Contestações críticas. **4.** O juízo na Teoria de Kelsen. **5.** A teoria da estrutura escalonada. **6.** Observação conclusiva. **7.** Pós-escrito (2012). **8.** Bibliografia.

1. Introdução

Se a monografia de Horst Dreier de 1986 nos ofereceu um retrato de praticamente todo o desenvolvimento do trabalho de Hans Kelsen, partindo de uma filosofia do direito neokantiana até chegar a uma teoria da democracia,[1] e se a monografia de Günther Winkler de 1990 nos proporcionou, *inter alia*, uma perspectiva do interior da tradição jurídico-intelectual de Hans Kelsen,[2] é a recente monografia de Carsten Heidemann que estabelece a primeira periodização verdadeiramente detalhada das fases do desenvolvimento da teoria e da filosofia do direito de Hans Kel-

---

*   Publicado originalmente sob o título Four Phases in Hans Kelsen's Legal Theory? Reflexions on a Periodization. *Oxford Journal of Legal Studies*, 18, p. 153-166, 1988. Aqui, publicamos a tradução desse artigo com o acréscimo do pós-escrito de 2012, elaborado especialmente pelo autor para o presente livro. Traduzido a partir do original em inglês por Júlio Aguiar de Oliveira.

** Uma recensão crítica da monografia de Heidemann, *Die Norm als Tatsache. Zur Normentheorie Hans Kelsens*.

1   Dreier, *Rechtslehre, Staatssoziologie und Demokratie bei Hans Kelsen*. Essa obra foi objeto de uma recensão crítica pelo presente autor (Paulson, *Book Review*, p. 269-271). Para uma atualização de Dreier, *vide* seu exaustivo *Hans Kelsen (1881-1973): 'Jurist des Jahrhunderts?'*.

2   Winkler, *Rechtstheorie und Erkenntnislehre*, p. 30-69 *et passim*; *vide* também Winkler, *Rechtswissenschaft und Rechtserfahrung*.

sen.[3] Esse fato, somado ao de que Heidemann leva a sério a dimensão kantiana ou neokantiana da teoria de Kelsen,[4] conduz à necessária conclusão de que a publicação de sua obra, *The Norm as Fact* – não obstante o título algo equivocado –, constitui-se em um evento digno de nota.

O livro se divide em duas partes. A primeira parte é dedicada a uma periodização, ou gênese, em quatro fases, da teoria do direito de Kelsen. (Heidemann fala, de fato, de uma gênese da "teoria das normas" de Kelsen, mas isto, à semelhança do que ocorre com o título do livro, é muito pouco abrangente para fazer justiça ao trabalho realizado pelo autor.) A segunda parte do livro constitui-se no esforço de Heidemann para desenvolver as bases filosóficas da teoria de Kelsen. Nessa parte, Heidemann se concentra nas segunda, terceira e quarta fases – cada uma delas, de acordo com seu entendimento, representando uma distinta orientação filosófica – e, a partir daí, se propõe a procurar doutrinas e argumentos mais adequados para sanar as deficiências que encontra em cada uma dessas fases.

Meu ponto de partida, no segundo item deste texto, é um resumo da periodização proposta por Heidemann. No terceiro item,

---

3   Heidemann parte de alguns esboços de periodização, mas vai além deles; *vide*, em especial, Losano, *Saggio introduttivo*, p. xiii-lvii (reimpresso em 1990), p. xxi-lxv; Kubes, *Das neuste Werk Hans Kelsens über die allgemeine Theorie der Normen und die Zukunft der Reinen Rechtslehre*, p. 158-165; Winkler, *Rechtstheorie und Erkenntnislehre*, p. 59-65; Paulson, *Toward a Periodization of the Pure Theorie of Law*, p. 11-47, p. 173-192.

4   Sobre essa conexão, duas monografias anteriores são dignas de nota, uma na qual uma dimensão kantiana *vis-à-vis* Kelsen é proeminente, outra na qual prevalece uma dimensão neokantiana. São elas, respectivamente, Ebenstein, *The Pure Theory of Law* e Treves, *Il diritto como relazione. Saggio critico sul neo-kantismo contemporaneo.* Não há, ainda hoje, consenso em relação a fontes e argumentos kantianos ou neokantianos em Kelsen. *Vide*, entretanto, Hammer, *A Neo-Kantian Theory of Legal Knowledge in Kelsen's Pure Theory of Law?*; Luf, *On the Transcendental Import of Kelsen's Basic Norm*, e Edel, *The Hypothesis of the Basic Norm: Hans Kelsen and Hermann Cohen*, todos reunidos em Paulson e Litschewski Paulson (orgs.). *Normativity and Norms. Critical Perspectives on Kelsenian Themes.*

volto-me para a principal questão de desacordo entre Heidemann e outros pesquisadores da área: a questão do quando e do porquê da ocorrência de uma ruptura radical na teoria de Kelsen. Argumento que é mal fundamentada a noção de que a fase "realista", compreendida por Heidemann como um desenvolvimento dos anos 1940 seja a verdadeira "ruptura teorética radical" na teoria de Kelsen. Finalizo essa seção com uma comparação esquemática de nossas respectivas leituras de uma periodização. O quarto item é dedicado a uma avaliação do principal argumento doutrinário de Heidemann no sentido da suposta "ruptura radical" dos anos 1940. O quinto item é dedicado à significação que a doutrina da estrutura escalonada da ordem jurídica possui para uma periodização. Encerro com algumas observações gerais sobre o presente estado dos "estudos kelsenianos", com uma atenção, em particular, para a contribuição oferecida por Heidemann.

2. Os Delineamentos de uma Periodização

"Construtivista", "transcendental", "realista" e "analítico-linguística" designam as quatro fases – do início ao fim – que Heidemann, em sua proposta de periodização, atribui a Kelsen. A fase *construtivista* é mais claramente percebida na tese de habilitação de Kelsen, *Main Problems in the Theory of Public Law*,[5] que data de 1911, e se estende, na visão de Heidemann, até aproximadamente 1915.[6] Embora o nome de cada uma das três fases seguintes designe uma orientação jurídico-filosófica, o rótulo "construtivista" designa "a maneira específica pela qual os conceitos fundamentais de direito (público) – o estado, a pessoa e a vontade – são elucidados, a saber, como construções decorren-

---

5 Kelsen, *Hauptprobleme der Staatsrechtslehre*. A *Habilitation* é uma tese pós-doutoral submetida pelo candidato como condição para a concessão da *venia legendi* (literalmente, 'permissão para ensinar'); esse procedimento constitui o meio pelo qual professores universitários são licenciados na Europa central.

6 Heidemann, *Die Norm als Tatsache. Zur Normentheorie Hans Kelsens*, p. 19.

6 Hans Kelsen: Teoria Jurídica... | Júlio A. Oliveira • Alexandre T. G. Trivisonno

tes da norma jurídica".[7] Na tradicional ciência do direito alemã, "construção" significa formação do conceito, e um dos principais objetivos de Kelsen nessa primeira fase – e não apenas aí – é estabelecer a ciência do direito como uma disciplina "normativa", o que ele entende como uma disciplina que se refere a um material normativo. É esse objetivo que dá sentido ao esforço de Kelsen de "construir" os conceitos fundamentais do direito, pois – segundo Kelsen – entender esses conceitos corretamente significa entendê--los especificamente como normativos e não como conceitos que se prestem a uma reelaboração em termos factuais. A formulação de Heidemann – "construção" como formação de conceito – está perfeitamente correta, a não ser pela sua falha ao enumerar a norma legal entre os conceitos fundamentais a serem construídos.[8]

Essa primeira fase, de acordo com Heidemann, é seguida por um período transicional que se desenrola de 1916 a 1922. O primeiro afastamento de Kelsen dessa fase construtivista é marcado pelos seus passos iniciais "em direção a uma fundamentação transcendental da ciência do direito".[9]

A segunda fase, a fase transcendental, inicia-se por volta de 1922. Ela se desenvolve a partir da publicação, em 1934, da *Introduction to the Problems of Legal Theory*, que é a primeira edição da *Reine Rechtslehre* (*Teoria Pura do Direito*).[10] Heidemann entende – e compartilho com ele essa mesma avaliação – que a fase transcendental representa o mais rico e mais recompensador período de toda a obra de Kelsen. Como o rótulo "transcendental" sugere – e também como Heidemann detalhadamente argumenta – é aqui que Kelsen propõe-se a elaborar uma amarração kantiana (ou neokantiana) para as construções centrais da primeira fase. A norma fundamental (*Grundnorm*) desempenha um papel

---

7   Heidemann, *Die Norm als Tatsache. Zur Normentheorie Hans Kelsens*, p. 23.
8   Para uma clara afirmação, *vide* Kelsen, *Hauptprobleme*, p. 237.
9   Heidemann, *Die Norm als Tatsache. Zur Normentheorie Hans Kelsens*, p. 43.
10 Traduzido por Bonnie Litschewski Paulson e Stanley L. Paulson.

central no projeto de Kelsen,[11] e esta, que é a mais difícil das doutrinas de Kelsen, é interpretada por Heidemann em termos de duas ou, como ele argumenta, de três funções: validade, unidade formal e identidade. (Eu tenho dúvidas se Heidemann é capaz de distinguir a segunda função da terceira, pois identificar um sistema normativo é, simplesmente, mostrar que o critério da unidade formal foi alcançado.)[12]

Iniciando-se por volta de 1935, Kelsen embarca no que Heidemann qualifica como uma fase "realista", que se estende até aproximadamente 1962. (Realismo é uma convicção filosófica e não deve ser confundido aqui com realismo jurídico.) Especificamente, Kelsen abandona o aparato kantiano, que foi central em sua fase transcendental, introduzindo, em seu lugar, embora tacitamente, objetivos realistas (*realist desiderata*). Em primeiro lugar, a cognição na ciência do direito significa uma reprodução descritiva de objetos dados previamente, uma noção em aguda contradição com uma das principais características da fase transcendental: a concepção kantiana da cognição como criadora do seu objeto (isto é, como caracteristicamente constitutiva). Em segundo lugar, Heidemann argumenta, a objetividade da cognição sustenta-se sobre sua verificabilidade empírica.[13] Esta noção se encontra, também, em contradição com a fase transcendental de Kelsen, na qual a objetividade (de uma interpretação) é garantida por uma categoria de imputação que é comparável, conforme o argumento de Kelsen, à categoria kantiana da causação.[14] Duas das mais conhecidas obras de Kelsen, a *Teoria Geral do Direito e do Estado* (1945)[15] e a *Teoria Pura do Direito*, na sua segunda edição (1960),[16] pertencem à fase realista.

---

11   Heidemann, *Die Norm als Tatsache. Zur Normentheorie Hans Kelsens*, p. 90-97.
12   *Vide*, no geral, Raz, *The Authority of Law*, p. 78-102, 127-129.
13   Heidemann, *Die Norm als Tatsache. Zur Normentheorie Hans Kelsens*, p. 106-108, 243, *et passim*.
14   *Vide*, *v.g.*, Kelsen, *Introduction to the Problems of Legal Theory*, § 11 (b), p. 23-24.
15   Traduzido por Anders Wedberg.
16   Traduzido por Max Knight. A edição alemã apareceu em 1960.

8   Hans Kelsen: Teoria Jurídica... | Júlio A. Oliveira • Alexandre T. G. Trivisonno

Heidemann descreve a mudança da fase transcendental para a fase realista como a "única ruptura teórica radical" em todo o desenvolvimento da filosofia do direito de Kelsen.[17] Para mim, não há dúvida de que essa afirmação se mostrará a mais controversa afirmação da obra de Heidemann. De acordo com o entendimento geral, um período "clássico" inclui a maior parte da segunda edição da *Teoria Pura do Direito* (1960) e, apenas em 1960-1962, ocorre uma ruptura radical, marcada pelo abandono por Kelsen dos preceitos kantianos inicialmente adotados em favor de uma perspectiva cética. Heidemann, no entanto, argumenta que a verdadeira ruptura radical, refletindo um trabalho preparatório do final da década de 1930, se dá já nos anos 1940 quando, ele sustenta, Kelsen adota o realismo filosófico.[18] (Volto a esse tema no terceiro item.)

Com efeito, Heidemann também reconhece essa mudança, dando lugar de destaque à opinião tradicional. Essa mudança inaugura, segundo a denominação de Heidemann, a fase analítico-linguística, que se prolonga, ainda de acordo com Heidemann, de 1962 até o fim da vida de Kelsen, sendo mais conhecida pela obra *Teoria Geral das Normas*[19] publicada postumamente. Ota Weinberger chama essa fase de "nomo-irracionalismo",[20] captu-

---

17   Heidemann, *Die Norm als Tatsache. Zur Normentheorie Hans Kelsens*, p. 103, vide excerto citado abaixo na nota nº 28.

18   Heidemann, *Die Norm als Tatsache. Zur Normentheorie Hans Kelsens*, p. 103-104, 106-107, 159, *et passim*. Determinar a duração da terceira fase, a fase realista na periodização de Heidemann, é difícil; da forma como entendo seu argumento, a demolição da fase transcendental é um desenvolvimento do final da década de 1930, enquanto a postulação de uma fase realista só se dá após a introdução, por Kelsen, da, *inter alia*, doutrina da proposição jurídica, no início da década de 1940.

19   Tradução de Michel Hartney. Sobre a última fase de Kelsen, *vide* Raz, *Critical Study:* Kelsen's General Theory of Law; Bulygin, *An Antinomy in Kelsen's Pure Theory of Law*; Beyleveld, *From the 'Middle-Way' to Normative Irrationalism:* Hans Kelsen's General Theory of Norms; Weinberger, *Normentheorie als Grundlage der Jurisprudenz und Ethik*; Weinberger, *War Kelsen Antipsychologist?*. A discussão, no próprio Heidemann, pode ser encontrada nas p. 159-213, 245-249, *et passim*.

20   *Vide* Weinberger, *Normenstheorie als Grundlage der Jurisprudenz und Ethik*, p. 94, 157, 168, 177.

Reflexões sobre a Periodização da Teoria... | Stanley L. Paulson 9

rando algo do ceticismo de Kelsen em relação às possibilidades de uma teorização jurídico-filosófica. Numa rica e detalhada apreciação dessa fase analítico-linguística, Heidemann enfatiza dois temas: em primeiro lugar, o parcial desenvolvimento tanto de uma semântica quanto de uma pragmática das normas (refletido numa teoria do sentido e em uma teoria da força ilocucionária, ambas direcionadas a normas) e, em segundo lugar, o voluntarismo kelseniano, que recebe sua mais proeminente expressão na tese de que não é possível haver uma lógica das normas.

3. Contestações Críticas

No contexto da discussão da primeira fase de Hans Kelsen, a fase construtivista, Heidemann acertadamente centra o foco na obra *Main Problems*, de 1911. Ele diz muitas coisas interessantes aí, não apenas sobre ser (*Sein*) e dever ser (*Sollen*), que Kelsen distingue de várias maneiras diferentes.[21] Eu apenas acrescentaria que o rótulo "construtivista" é também útil para sublinhar a continuidade entre o trabalho inicial de Kelsen e o de seus predecessores construtivistas na teoria alemã do direito público – Carl Friedrich von Gerber, Paul Laband e Georg Jellinek.[22] Essa con-

---

21 Como Heidemann argumenta, em uma leitura extraída de *Hauptprobleme*, *Sein* e *Sollen* constituem dois pontos de vista, o explicativo e o normativo; eles são modalidades *de re*, que se referem ao que pode ser dito de uma coisa (o que é, então, ou de caráter natural ou de caráter normativo). Em uma outra leitura, *Sein* e *Sollen* são modalidades de pensamento – modalidades *de dicto*, que, como modalidades gramaticais, referem-se ao que pode ser dito não sobre a coisa em si mesma, mas sobre proposições ou juízos (que são, por sua vez, referidos às coisas). Para a consideração de Heidemann, *vide* p. 24-26 (na primeira fase de Kelsen), e compare com p. 55-65 (segunda fase).

22 *Vide* um breve esboço em Paulson, *Hans Kelsen's Earliest Legal Theory*: Critical Constructivism, p. 797-812; e *vide*, no geral, Stolleis, *Geschichte des öffentlichen Rechts in Deutschland*, v. II, p. 330-338, 341-350, 450-455, *et passim*; Pauly, *Der Methodenwandel im deutschen Spätkonstitutionalismus*. Embora não fosse razoável insistir em que Heidemann deveria ter retomado o arcabouço teórico do século XIX da obra de Kelsen, a atenção a esse material certamente teria tornado possível para ele a eliminação de um punhado de escorregões. Por exemplo, ele escreve, na página 25, que Kelsen "obviamente" extrai a doutrina básica do dualismo me-

tinuidade alcança, de fato, até seus predecessores na teoria construtivista do direito privado, num ponto ainda inicial do século XIX, com Georg Friedrich Puchta e Rudolf von Jhering (na sua primeira fase) como suas figuras mais destacadas.

Heidemann identifica o período de transição, 1916-1922, em termos de um afastamento de Kelsen do construtivismo em direção à segunda fase, a fase transcendental, com sua ênfase na teoria do conhecimento jurídico. Se, no entanto, esse movimento de afastamento em relação a um "mero" construtivismo deve servir de critério do período transicional, não há razão para não identificar seu início já em 1913. Em um importante artigo daquele ano, Kelsen propõe argumentos fundamentais sobre a questão da unidade material, isto é, da "consistência" das normas jurídicas, sustentando que unidade material é uma pressuposição da cognição ou conhecimento jurídico.[23] E em um alentado artigo de 1914, Kelsen introduz a norma fundamental, ainda que sem a sua roupagem "transcendental", característica da sua teoria subsequente.[24]

Mas esses são apenas detalhes. O problema mais importante, como eu já apontara antes, se encontra na afirmação de Heidemann de que a verdadeira "ruptura teorética radical" na carreira de Kelsen se dá na sua suposta transição, nos anos 1940, para o realismo filosófico. Embora o argumento de Heidemann nesse tópico gire em torno de pontos da doutrina da obra de Kelsen, ele

---

todológico da obra *Die Grundbegriffe des Rechts und der Moral*, p. 48, de Julius Hermann Kirchmann, citada por Kelsen em *Hauptprobleme*. Isto, no entanto, não é, de maneira alguma, óbvio. Pelo contrário, os mais proeminentes proponentes do dualismo metodológico eram os neokantianos, *fin de siècle*, da escola de Heidelberg, Wilhelm Windelband, Heinrich Rickert e, para alguns propósitos, Georg Simmel. Kelsen conhecia uma boa parte do trabalho deles e caracterizou o dualismo metodológico em termos que eram familiares a eles, *vide Hauptprobleme*, p. 4-13, *et passim*.

---

23   Kelsen, *Zur Lehre vom öffentlichen Rechtsgeschäft*, p. 53-98, 190-249, 200-202.

24   Kelsen, *Reichsgesetz und Landesgesetz nach österreichicher Verfassung*, p. 202-245, 390-438, 215-220; e *vide*, no geral, Paulson, *On the Early Development of the Grundnorm*, p. 217-230.

introduz a tese da "ruptura radical" com uma narrativa biográfica. Gostaria de preparar o cenário com alguns detalhes. Kelsen muda-se de Viena para Colônia em 1930, tendo sido demitido da sua posição de "juiz vitalício" da Corte Constitucional austríaca em razão de seu posicionamento, perante a questão da anulação de casamentos (*marriage nullification*),[25] ter sido interpretado, pelo Partido Social Cristão, como um posicionamento obstrucionista. Na primavera de 1933, Kelsen deixa Colônia, agora em virtude da famigerada "Lei para a Restauração do Serviço Público Profissional", que removeu do serviço público, *inter alia*, os funcionários de ascendência judaica.[26] Depois de deixar a Alemanha, Kelsen aceita uma oferta para lecionar em Genebra, assumindo seus deveres no outono de 1933. Já no outono de 1938, na esteira do Acordo de Munique, com sua promessa de "paz no nosso tempo", Kelsen chega à conclusão de que a guerra é inevitável, que a neutralidade da Suíça estava condenada e que ele e sua mulher, Margarete, não tinham mais escolha senão emigrar.[27] Assim, em junho de 1940, o casal desembarca em Nova York.

Pode-se imaginar, Heidemann escreve, que Kelsen sofreu um "choque acadêmico-cultural" nos Estados Unidos. Sua teoria do direito era um produto da Europa continental e uma parte dessa teoria, sua epistemologia, era uma decorrência do neokantismo. Nada disso, como Kelsen iria logo descobrir, tinha sequer uma remota contraparte nos Estados Unidos. "Para deixar as coisas ainda piores", Heidemann continua,

> Kelsen já tinha tido dúvidas sobre os fundamentos epistemológicos da sua teoria antes de chegar nos Estados Unidos. Seu crescente trabalho no campo da moderna sociologia... tinha minado sua concepção de que causalidade fosse um conceito *a priori* do

---

25 *Vide* Métall, *Hans Kelsen. Leben und Werk*, p. 51-57, que se baseia em larga medida no segundo esboço autobiográfico de Kelsen.

26 Sobre a demissão de Kelsen, *vide*, no geral, Golczewski, *Kölner Universitätslehrer und der Nationalsozialismus*, p. 114-123.

27 *Vide* Métall, *Hans Kelsen. Leben und Werk*, p. 75-76.

conhecimento, uma categoria no sentido kantiano. Dadas essas dúvidas, o *status* da normatividade, que Kelsen havia construído por analogia ao de causalidade, também ficara abalado.

A consequência, no início dos anos 1940,

> é a mais radical ruptura teorética a ser registrada na gênese da Teoria Pura do Direito: Kelsen abre mão da fundamentação filosófico-transcendental da sua teoria e retorna a uma variante positivista de uma ingênua "teoria da cópia" do conhecimento. Isto não se manifesta num exame explícito de tal teoria do conhecimento, pelo contrário, Kelsen parece ter estado atento para evitar o terreno perigoso de um caso filosófico geral em nome da sua teoria das normas. No entanto, isto é pressuposto por vários de seus novos argumentos.[28]

Kelsen esteve, de fato, engajado com uma antropologia algo amadora no final dos anos 1930. Antropologia que, no entanto, na opinião de Talcot Parsons, não merece ser compreendida como "moderna sociologia".[29] Esse envolvimento resultou, entre outros, no livro *Society and Nature. A Sociological Inquiry* (1943),[30] no qual Kelsen flerta com a doutrina cética da causalidade de David Hume, uma doutrina que é, obviamente, incompatível com a categoria kantiana da causalidade e, igualmente, com a categoria

---

28   Heidemann, *Die Norm als Tatsache. Zur Normentheorie Hans Kelsens*, p. 103. Na Alemanha, "teoria da cópia" ('*Abbildtheorie*') é um rótulo familiar para uma teoria representacional do conhecimento.

29   *Vide* a apreciação crítica de Parsons, *Book Review of Kelsen, Society and Nature. A Sociological Inquiry*, p. 140-144. O veredito de Parsons é duro: "'Enquanto uma investigação sociológica' o trabalho do Dr. Kelsen é definitivamente incompetente. Se ele fosse submetido a mim como uma tese de doutoramento, eu não teria outra alternativa senão reprová-lo" (*ibidem*, p. 140).

30   Já em 1940, o editor havia formatado o predecessor em língua alemã de *Society and Nature*, a saber, *Vergeltung und Kausalität* (The Hague: W. P. Van Stockum & Zoon, 1941, reimpresso em Viena: Böhlau, 1982), e o livro é, desse modo, propriamente tratado como uma obra do fim da década de 1930. Para o flerte com Hume, *vide* também Kelsen, *Die Entstehung des Kausalgesetzes aus dem Vergeltungsprinzip* (1939) 8 *Erkenntnis* p. 69-130, 125-126, *et passim*, cuja tradução de P. ,Heath foi publicada em um livro editado por Ota Weinberger (Kelsen, *Essays in Legal and Moral Philosophy*, p. 165-215, 199-200, *et passim*).

kelseniana da imputação. Neste ponto, Heidemann está inteiramente correto. O que ele afirma na sequência, porém, não é correto. Heidemann nos leva a acreditar que o trabalho especulativo de Kelsen numa veia antropológica "solapou sua convicção de que causalidade fosse um conceito *a priori* do entendimento, uma categoria em sentido kantiano".[31] Os textos de Kelsen, no entanto, não mostram tal coisa. Pelo contrário, os argumentos da segunda fase (fase transcendental, 1922-1934) se conservam nos textos de Kelsen por todo o caminho até a terceira fase (fase realista, 1935-1962) da periodização de Heidemann. De fato, os argumentos da segunda fase (fase transcendental) são proeminentes na segunda edição da *Teoria Pura do Direito*, publicada em 1960 (e culminando, então, no fim da suposta fase realista). Um punhado de comparações textuais entre o que Kelsen escreveu durante sua segunda fase (fase transcendental) e o que ele escreveu, *numa veia transcendental*, naquela que Heidemann chama de terceira fase (fase realista) ilustra esse ponto. Os textos enumerados, na coluna da direita e na coluna da esquerda, são similares – com efeito – em uma série de pontos, são praticamente idênticos.

---

31   Heidemann, *Die Norm als Tatsache. Zur Normentheorie Hans Kelsens*, p. 103 (*vide* excerto citado acima, texto na nota 28).

[a] *Doutrinas transcendentais de Kelsen, naquela que, de acordo com Heidemann, se constitui na segunda fase, a fase transcendental* (1922-1935):

[1a] *1928:* [A Teoria Pura do Direito pergunta:] Como o direito positivo, *qua* objeto de cognição, mais especificamente, *qua* objeto de uma ciência do direito cognitiva, pode ser possível?[32]

[2a] *1928:* Tão logo já não pode mais ser presumido... que as coisas são independentes da cognição, que elas têm uma existência transcendente, a cognição deve desempenhar um papel *ativo/criativo* na relação com o seu objeto. É *a cognição mesma que, de acordo com suas próprias leis imanentes, cria os seus objetos a partir do material dado a ele através dos sentidos.*[33]

[3a] *1934:* Ao formular a norma fundamental, a Teoria Pura do Direito não objetiva inaugurar um novo método para a ciência do direito. A Teoria Pura do Direito objetiva simplesmente elevar ao nível da

[b] *Doutrinas transcendentais de Kelsen naquela que, de acordo com Heidemann, se constitui na terceira fase, a fase realista* (1935-1962):

[1b] *1960:* [A Teoria Pura do Direito pergunta:] Como, sem o recurso a uma autoridade metafísica como Deus ou a natureza, é possível interpretar o sentido subjetivo de certos atos como um sistema objetivo de normas válidas?[34]

[2b] *1953:* As normas criadas e aplicadas dentro da moldura de um sistema jurídico têm o caráter de normas jurídicas apenas se a ciência do direito atribui a elas esse caráter... Esta definição está totalmente de acordo com a teoria de Kant, para a qual a cognição constitui ou cria seu objeto. [35]
[2b] *1960:* A ciência do direito *qua* cognição do direito é como todo conhecimento; ela tem caráter constitutivo e, por conseguinte, "cria" o seu objeto na medida em que o apreende como um todo com sentido.[36]

[3b] *1960:* Com sua teoria da norma fundamental a Teoria Pura do Direito não inaugura um novo método da cognição jurídica. Ela simplesmente eleva ao nível da consciência aquilo que todos os juristas

---

32 Kelsen, *The philosophical foundations of natural law theory and legal positivism* (primeira edição publicada em 1928) traduzido por Wolfgang Herbert Kraus e publicado como um apêndice à obra de Kelsen, *General Theory of Law and State*, p. 437.

33 Kelsen, *Philosophical Foundations*, p. 434 (ênfases de Kelsen no original em língua alemã).

34 Kelsen, *Pure Theory of Law*, 2nd ed., § 34(d), p. 202.

35 Kelsen, *Théorie pure du droit*, p. 45. A tradução francesa da primeira edição da *Reine Rechtslehre*, de Kelsen, publicada em 1934, inclui as revisões do texto feitas por Kelsen após a II Guerra Mundial.

36 Kelsen, *Pure Theory of Law*, 2. ed., § 16, p. 72. *Vide* também Kelsen, *Reine Rechtslehre und Egologische Rechtslehre*, p. 449-482, p. 473.

consciência aquilo que todos os juristas fazem (na maior parte das vezes inconscientemente) quando, ao conceituar seu objeto de investigação, rejeitam o direito natural como fundamento de validade do direito positivo, mas, não obstante, entendem o direito positivo como um sistema válido, isto é, como norma, e não meramente como contingências factuais da motivação. Com a doutrina da norma fundamental, a Teoria Pura do Direito analisa o atual processo do duradouro método de cognição do direito positivo, com objetivo simplesmente de revelar as condições lógico-transcendentais desse método. [37]

fazem – quase sempre inconscientemente – quando, em vez de conceituar os fatos materiais [constitutivos do sistema jurídico] como fatos causalmente determinados, eles interpretam o sentido subjetivo desses fatos materiais como normas objetivamente válidas, como um sistema jurídico normativo – sem apoiar a validade desse sistema sobre uma superior norma metajurídica, isto é, uma norma posta por uma autoridade superior à da autoridade jurídica... A doutrina da norma fundamental é simplesmente o resultado de um longo processo de conhecimento do direito positivo.

Uma vez que a norma fundamental, como uma norma concebida para estabelecer a validade do direito positivo, é simplesmente a condição lógico-transcendental dessa interpretação normativa, ela tem uma função epistemológica, não uma função ético-política. [38]

Durante o período de 1928 a 1960 (o período representado pelas citações acima), há mudanças em uma série de detalhes na apreciação de Kelsen da doutrina kantiana, mas não há qualquer mudança de princípio. No começo e no fim desse período, como deixam claras as citações, Kelsen sustenta (1) uma versão jurídica da questão transcendental kantiana, ele trata (2) a cognição do direito como constitutiva do seu objeto e ele introduz (3) a norma fundamental como a categoria "transcendental" aplicável ao direito. E ainda mais, as citações aqui são representativas da generalidade dos escritos de Kelsen nesse período. [39]

---

37 Kelsen, *Introduction to the problems of Legal Theory*, § 29, p. 58.
38 Kelsen, *Pure Theory of Law*, 2. ed., § 34(d), (i), p. 204-205 e 218 (traduzido da versão em língua inglesa de Stanley L. Paulson).
39 *Vide*, no geral, Paulson, *On the Kelsen-Kant Problematic*, p. 197-213; Paulson, *On the Question of a Cohennian Dimension in Kelsen's Pure Theory of Law*, p. 219-247 (com atenção para a reconstrução de Renato Treves).

Levanta-se, então, a questão de como Heidemann chega à sua tese da "ruptura radical". Antes de voltar-me para essa questão, o que farei no quarto item, parece-me útil apresentar um sumário da discussão até este ponto, comparando esquematicamente a leitura da periodização proposta por Heidemann com a minha própria proposta.

Heidemann:	Minha leitura:
1. Fase Construtivista (1911-1915) – Período de Transição (1915-1922) 2. Fase Transcendental (1922-1935) 3. Fase Realista (1935 – 1962) 4. Fase Analítico-Linguística (após 1962)	1. Fase Construtivista (a partir de, e incluindo, 1911) – Período de Transição (1913-1922) 2. Fase Clássica (1922-1960) 2.1. Período Neokantiano (1922-1935) 2.2. Período Híbrido (1935-1960) 3. Fase Cética (após 1960)

A diferença entre a interpretação de Heidemann e a minha própria da fase kelseniana construtivista é modesta, confinada, como se vê, à transição da primeira para a segunda fase. De acordo com minha breve argumentação apresentada acima, essa transição começa dentro dos dois anos seguintes à publicação de *Main Problems* (1911).[40] Heidemann e eu discordamos, no entanto, em relação à fase transcendental e à suposta fase realista. Nesse ponto, seguindo o entendimento geral, defendo uma única fase "clássica", compreendendo dois períodos. O primeiro, que se inicia por volta de 1922 e se estende até 1935, reflete dois desenvolvimentos de importância fundamental: o esforço de Kelsen para propiciar algo próximo de uma fundamentação neokantiana para sua teoria e a adoção da doutrina da estrutura escalonada da ordem normativa (*Stufenbaulehre*), marcando o início de seu giro

---

40   *Vide* texto nota 23, acima.

"dinâmico" (um desenvolvimento cujo significado eu abordo no quinto item). O segundo período da fase clássica, de aproximadamente 1925 até 1960, reflete, *contra* Heidemann – a retenção de preceitos kantianos ou neokantianos ao lado de certas doutrinas empiristas e analíticas que estiveram um tanto quanto não tão evidentes previamente. A maior continuidade dessa longa fase, 1922 a 1960, é perdida a não ser que seus dois períodos sejam vistos como partes de um todo – isto é, de uma única fase "clássica". Finalmente, tanto na minha interpretação de periodização como na de Heidemann, há uma fase cética de Kelsen, caracterizada inicialmente por alguns materiais da segunda edição da *Teoria Pura do Direito* (1960)[41] e por ideias expressas na correspondência entre Kelsen e Klug.[42] Iniciando-se por volta de 1960 e persistindo até o fim da vida de Kelsen, a fase cética marca uma mudança fundamental no seu pensamento. Como observado acima, a mais completa expressão dessa terceira e última fase encontra-se na obra *Teoria Geral das Normas*, publicada postumamente.

4. O Juízo na Teoria de Kelsen

O argumento que conduz à tese de Heidemann da "ruptura radical" gira em torno de duas doutrinas que ele atribui a Kelsen. (Para o bem da argumentação, vou seguir aqui a periodização de Heidemann.) Na fase transcendental, a noção kelseniana de juízo é marcada pela *identidade* entre juízo e objeto do juízo – isto é, no caso de um juízo dirigido a uma norma jurídica, há identidade entre o juízo e a norma jurídica. Como Heidemann escreve: "O

---

41   Aqui pensa-se, em particular, na caracterização de Kelsen da norma jurídica como o sentido de um ato de vontade (Kelsen, *Pure Theory of Law*, *vide*, v.g., § 4(b), p. 4-10), que claramente antecipa a fase cética. *Vide*, no geral, Hartney, *Introduction*, p. xxxii-xxxiii, p. xxxvii-xxxix.

42   *Vide* Kelsen e Klug, *Rechtsnormen und logische Analyse. Ein Briefwechsel 1959 bis 1965; vide* também os artigos citados na nota 19, acima.

juízo não é *sobre* um objeto do conhecimento distinto do juízo, o juízo *é* o objeto do conhecimento".[43] Essa identidade entre juízo e objeto é a primeira doutrina que Heidemann atribui a Kelsen. Ela é, no entendimento de Heidemann, um "conceito central da filosofia transcendental de Kelsen", pois, no juízo, a "cognição sintetiza o seu objeto".[44] Quando, num artigo publicado na *Harvard Law Review*, em 1941,[45] Kelsen introduz uma *separação* doutrinal entre norma jurídica e proposição jurídica, a visão de Heidemann é que isso equivale a uma "negação veemente" de "uma das teses centrais da fase transcendental, nomeadamente, da que sustenta que juízo e objeto de cognição são idênticos".[46] Heidemann extrai a rejeição de Kelsen da tese anteriormente por ele defendida da identidade entre juízo e objeto das palavras do próprio Kelsen na *Harvard Law Review*:

> É da maior importância distinguir claramente entre normas jurídicas, que são o objeto da ciência do direito, e proposições da ciência do direito [isto é, proposições jurídicas] que descrevem aquele objeto.[47]

À luz dessa segunda doutrina que Heidemann atribui a Kelsen – uma afiada distinção entre norma jurídica e proposição jurídica – como se sai a tese de Heidemann da "ruptura radical"? A proposição de uma ruptura que se origina da rejeição de Kelsen da sua primeira doutrina – identidade entre juízo e objeto – faz sentido apenas se Kelsen defendeu, de fato, a identidade entre juí-

---

43 Heidemann, *Die Norm als Tatsache. Zur Normentheorie Hans Kelsens*, p. 54 (as ênfases são de Heidemann), e *vide*, no geral, p. 51-55, 222-223, 230-239.

44 Heidemann, *Die Norm als Tatsache. Zur Normentheorie Hans Kelsens*, p. 51.

45 Kelsen, *The Pure Theory of Law and Analytical Jurisprudence*, p. 44-70, reimpresso em Kelsen, *What is Justice?*. p. 266-287, 390 (notas).

46 Heidemann, *Die Norm als Tatsache. Zur Normentheorie Hans Kelsens*, p. 106.

47 Kelsen, *The Pure Theory of Law and Analytical Jurisprudence*, p. 51, reimpresso em Kelsen, *What is Justice?*, p. 268, citado por Heidemann na p. 106. Sobre a doutrina da proposição jurídica, *vide* também Kelsen, *Value Judgements in the Science of Law*, p. 312-316 *et passim*, reimpresso em Kelsen, *What is Justice?*, p. 209-230, 389 (notas), p. 209-213 *et passim*; Kelsen, *General Theory of Law and State*, p. 45-46, 163-164.

zo e objeto previamente. Como Heidemann mesmo declara, no entanto, Kelsen em lugar nenhum afirma que "a cognição constitui o seu objeto",[48] e não deveria ser nenhuma surpresa descobrir, então, que não há nenhuma doutrina desenvolvida do juízo na fase transcendental de Kelsen.[49] De fato, a utilização de juízo (*Urteil*) por Kelsen tanto na primeira como na segunda fase, como Heidemann identifica, é decididamente ambígua.[50]

Seguindo um dos usos de "juízo" por Kelsen, uma identidade entre juízo e norma realmente existe, mas não há aí qualquer conexão que seja com a epistemologia kantiana, tratando-se, de fato, de uma simples trivialidade. Por exemplo, em *Main Problems*, Kelsen escreve que o comando de Deus pode vir da seguinte forma: "Ama o teu próximo!" Ou, mudando o exemplo, Kelsen escreve que, "de acordo com um juízo hipotético, o comando no sentido de honrar pai e mãe, se observado, promete as vantagens de uma vida longa".[51] Aqui o comando de Deus *é* a norma, posta como um imperativo ou como um juízo hipotético prometendo

---

48   Heidemann, *Die Norm als Tatsache. Zur Normentheorie Hans Kelsens*, p. 51.

49   De fato, o único artigo em que Kelsen indiscutivelmente trabalha detalhadamente a questão de uma teoria do juízo é um artigo de 1940, um artigo, portanto, não da fase que Heidemann chama de transcendental, mas da suposta fase realista. *Vide* Kelsen, *Value Judgements in the Science of Law*.

50   Em seus trabalhos mais antigos, Kelsen usa o termo "juízo" em não menos do que cinco diferentes modos: como um rótulo para a norma hipoteticamente formulada, como um rótulo para aquilo que ele iria mais tarde nomear como proposição jurídica (a leitura posterior, então, de '*Rechtssatz*), como um rótulo para a formulação da norma, como um rótulo para a decisão do juiz e, finalmente, como um rótulo para as reivindicações ou declarações em contextos não normativos Para a fase transcendental, *vide* Kelsen, *Rechtswissenschaft und Recht*, p. 128, 130-134, 138, 140, 159, 162, 171, 174, 177-178, 181-187, 192, 205-208, reimpresso em Sander e Kelsen, *Die Rolle des Neukantianismus in der Reine Rechtslehre*, p. 304, 306-310, 314, 316, 335, 338, 347, 350, 353-354, 357-363, 368, 381-384; algumas referências de Kelsen aqui são sobre juízo em Kant. *Vide* também Kelsen, *Philosophical Foundations*, p. 408-410 *et passim*. Para a fase construtivista, *vide* Kelsen, *Hauptprobleme*, p. 22-23, 31, 35, 70, 170, 225, 228, 251, 254-259, 268, 275, 349, 385, 434, 497-498, 545, *et passim*.

51   Kelsen, *Hauptprobleme*, p. 31.

uma recompensa. Ou, no primeiro exemplo, o juízo *é* a norma. Essas identidades – entre o comando de Deus, o juízo hipotético e a norma – são triviais e não têm nada a ver com a cognição constituindo seu objeto em um juízo. Não há, em particular, qualquer questão aqui de identidade entre juízo e seu objeto.

Uma distinção entre juízo e objeto surge, no entanto, tão logo a atenção se volta para o segundo tipo de uso que Kelsen faz de "juízo", a saber, como um rótulo para o que ele – posteriormente – introduz sistematicamente como proposição jurídica. A distinção reflete-se no nó sistemático entre juízo e seu objeto, isto é, entre o juízo (a afirmação ou proposição) e a norma à qual o juízo se refere (especificamente, o juízo é verdadeiro apenas no caso de seu objeto, a norma mesma, ser válida). Por exemplo, em *The Philosophical Foundations of Natural Law Theory and Legal Positivism* (1928), em que Kelsen argumenta que juízos de "ser" e juízos de "dever ser" não podem se mutuamente contraditórios, fica claro que a verdade de um juízo é determinada pelo apelo a algo independente daquele juízo, a saber, a validade da norma correspondente.[52] Isto é como deve ser, e o argumento de Kelsen é simples. Ele toma o juízo factual de que *a* é o caso em conjunto com o juízo normativo de que *a* deve ser o caso, e propõe, corretamente, que, se ambos forem verdadeiros, eles não podem ser contraditórios. Especificamente, ambos serão verdadeiros se seus correspondentes estados de fato forem o caso, isto é, a existência de um certo fato (de que *a* é o caso) e a validade de uma certa norma (de que *a* deve ser o caso). Assim, para mostrar que um juízo normativo é verdadeiro, Kelsen apela para algo independente dele, a saber, para a norma correspondente, que é o objeto do juízo. Sua demonstração impede a identidade entre juízo e objeto. E Kelsen realiza essa demonstração durante sua fase transcendental, não posteriormente, numa suposta fase realista.

---

52 Kelsen, *Philosophical Foundations*, p. 408.

Em síntese, a dificuldade subjacente à tese da "ruptura radical" de Heidemann é sua reivindicação de uma identidade entre juízo e objeto na fase transcendental de Kelsen, o que leva Heidemann à ilusão de que algo inteiramente diferente estaria acontecendo quando Kelsen ostensivamente substitui essa identidade por algo novo. Tão logo se percebe que essa reivindicação de uma identidade entre juízo e objeto é, na verdade, um artifício, passa a fazer pouco sentido um discurso que sustenta ser algo extremamente significativo a substituição dessa identidade por algo novo. A simples afirmação de que essa reivindicação de identidade é um artifício não significa, é claro, afirmar ser indefensável a doutrina epistemológica a partir da qual Heidemann configura essa identidade.[53] Entretanto, é importante apenas notar que não há qualquer evidência de tal doutrina nos escritos de Kelsen. Introduzir uma tal doutrina na teoria de Kelsen com o objetivo de uma ambiciosa reconstrução, indo além do que aquilo que foi realmente escrito por Kelsen, é, em princípio, legítimo. Mas, uma vez feito isto, não é legítimo prosseguir como se, reagindo do interior dessa reconstrução, o próprio Kelsen houvesse mudado para uma nova fase.

5. A Teoria da Estrutura Escalonada

Um aspecto bastante diferente da longa fase "clássica" de Kelsen é a incorporação, na sua totalidade, da teoria da estrutura escalonada (*Stufenbaulehre*) do ordenamento jurídico de Adolf Julius Merkl.[54] Essa doutrina oferece uma caracterização

---

53 Ainda assim, a defesa de Heidemann de uma doutrina da identidade entre juízo e objeto é pouco convincente. Em particular, seu esforço para fazer remontar a doutrina até Kant, *vide* (Heidemann, *Die Norm als Tatsache. Zur Normentheorie Hans Kelsens*, p. 231-5), baseia-se menos num exame cuidadoso da teoria kantiana do conhecimento do que numa hábil combinação de teses em Kant sobre juízo e objeto, teses que Heidemann reivindica produzirem a identidade. Ele concede, ao mesmo tempo, no entanto, em que a doutrina da identidade entre juízo e objeto "contradiz outros elementos básicos na filosofia [de Kant]" (Heidemann, *Die Norm als Tatsache. Zur Normentheorie Hans Kelsens*, p. 235).

54 A mais completa apresentação da doutrina de Merkl aparece sob o título *Prolegomena einer Theorie des rechtlichen Stufenbaues*, p. 252-294. Uma apresentação mui-

dinâmica do direito, uma perspectiva do direito "em movimento, no constante regenerativo processo de sua própria criação".[55] Em *Hauptprobleme*, Kelsen havia considerado apenas as normas jurídicas *gerais*, argumentando que atos jurídicos individuais não demandavam qualquer atenção especial, tendo já sido determinados *in abstracto* nas normas gerais.[56] No período de 1917 a 1920, no entanto, Kelsen termina por compreender que confinar sua atenção às normas jurídicas gerais seria ignorar não apenas os atos jurídicos individuais, mas, de fato, um completo espectro de normas entre as provisões jurídicas gerais e os atos jurídicos concretos. A única maneira de acertar as coisas, Kelsen então argumenta, é introduzir um esquema gradual, que exiba todos os níveis de normas jurídicas no sistema jurídico, desde o mais geral, aquele das normas constitucionais e legislativas, até os mais concretos atos jurídicos.

Não obstante não seja este o lugar apropriado para tratar dessa questão, acredito que esse desenvolvimento, que se dá no início da longa fase "clássica" de Kelsen, prepara o terreno para a posterior fase cética. Pois, já a partir de 1920, uma divisão se desenvolve entre duas direções na teorização de Kelsen. Uma direção é representada pela importação da doutrina de Merkl, que enfeitiça Kelsen com seu apelo cientificista. E com uma boa razão: um dos objetivos de Kelsen, desde o início, tinha sido transformar a "ciência jurídica" em algo respeitavelmente "científico". A estrutura com múltiplos escalões de Merkl fora pensada no sentido de exibir um encaixe perfeito de atribuições normativas de poder ou

---

to anterior – para a qual Kelsen chama a atenção em *Das Problem der Souveränität*, na nota de rodapé 119 – encontra-se em Merkl, *Das Recht im Lichte seiner Anwendung*, livro publicado em 1917. Este mesmo trabalho de Merkl foi publicado, no formato de artigo de revista, sob o título *Das Recht im Spiegel seiner Auslegung*, em *Deutsche Richterzeitung*, 8 (1916), p. 584-592; 9 (1917), p. 162-176, 394-398, 443-450; 11 (1919), p. 290-298.

---

55 Kelsen, *Introduction to the Problems of Legal Theory*, § 43, p. 91.
56 *Vide* Kelsen, *Hauptprobleme*, 'Prefácio' da 2. ed. (1923), p. xii-xvi

competência ao longo de todo o caminho da estrutura escalonada de normas jurídicas, e, desse modo, como também em outros, essa doutrina parecia promover o apelo – até aquele momento não muito convincente – da ciência jurídica à exatidão. A outra direção tomada na teorização de Kelsen é representada pelo seu profundo e permanente interesse pelo problema da normatividade e pela sua solução. O problema de como o sujeito pode ter uma *obrigação* de observar a norma. "Dizer que uma norma é válida", ele escreve, "significa dizer que ela tem 'força de obrigação' para aqueles cujo comportamento ela regula".[57] Do modo como Kelsen entende a questão, o problema da normatividade desafia o teórico do direito a explicar a "força de obrigação" ou obrigação jurídica *sem* incorrer nas soluções propostas tanto pelo juspositivista tradicional, que ostensivamente expressa material normativo em termos factuais, como pelo jusnaturalista clássico, que reformula uma parte do direito em termos morais.[58]

---

57   Kelsen, *General Theory of Law and State*, p. 30. Esta, com certeza, é uma declaração relativamente tardia; no entanto, Kelsen já havia anteriormente introduzido o problema da normatividade em seu *Das Problem der Souveränität*, n° 54, publicado em 1920 e substancialmente concluído em 1916. Ali ele procura por *schemata* que propõem oferecer razões da importância normativa para as obrigações em contextos jurídicos, morais e religiosos. Por que, por exemplo, eu devo obedecer um comando legal C? "Porque", a resposta padrão diz, "a autoridade jurídica estabeleceu C". Semelhantemente, *mutatis mutandis*, para imperativos derivados da moralidade e de Deus. O imperativo moral deve ser obedecido "porque a razão o teria estabelecido, ou porque a consciência dita que isso deve ser assim, e as determinações de Deus são para ser obedecidas porque Deus comandou isso". Agora Kelsen questiona que a importância normativa do comando não é clara em nenhum desses casos. Pelo contrário, ele argumenta, essas "cláusulas porque" simplesmente reiteram fatos. E esse apelo ao fato não funciona. "Não é porque Deus, consciência ou razão comanda que eu devo me conduzir de uma determinada maneira" que esse comando é válido; melhor, ele é válido "porque eu devo cumprir o comando de Deus, da razão ou da consciência". Assim, a questão de como explicar o "dever" é colocada da maneira mais exata e, no contexto jurídico, essa tarefa se torna o problema da normatividade de Kelsen. *Ibidem*, § 24, p. 95 (as ênfases são de Kelsen), *vide* também § 5, p. 25, § 26, p. 107.

58   O *locus classicus* sobre esse tema kelseniano é Raz, *The Purity of the Pure Theory*, p. 441-459, reimpresso em Tur e Twning (orgs.) *Essays on Kelsen*, p. 79-97.

Hans Kelsen: Teoria Jurídica... | Júlio A. Oliveira • Alexandre T. G. Trivisonno

O *Sollen* ou "dever ser", na concepção de Kelsen, demanda uma explicação. Uma explicação que rejeita, enquanto mantém-se focada no problema da normatividade, uma simples reafirmação, nos termos da norma de atribuição de poder ou competência hipoteticamente formulada, seja da competência para positivar normas, extraída diretamente de Merkl,[59] seja da atribuição de poder ou competência para impor sanções, que é a solução própria de Kelsen (num certo sentido) para o problema da "forma linguística ideal" da norma jurídica,[60] seja ainda da "norma jurídica completa" da Escola de Viena, que pretende incorporar ambas as funções da atribuição de poder ou competência.[61]

Em síntese, o apelo do cientificismo da doutrina de Merkl levou Kelsen em uma direção, enquanto seu contínuo interesse pelo problema da normatividade o levou em uma outra. Com o tempo, a tensão gerada por essa divisão atinge um nível intolerável, com a última direção finalmente se rendendo à primeira, que fora – durante os anos vividos em Berkeley – conformada por suas leituras em filosofia analítica. A lamentável negligência de Heidemann em relação à doutrina da estrutura escalonada, da qual se desincumbe numa nota de rodapé,[62] priva-o de uma oportunidade de perseguir esse desenvolvimento fundamental, de importância central tanto para a teoria das normas de Kelsen como para qualquer periodização de seu trabalho.

6. Observação Conclusiva

Se me pedissem para apontar as áreas em que os "estudos kelsenianos" encontram-se num estado de deplorável subdesenvolvimento, três campos viriam imediatamente à minha mente: primeiro, o campo da biografia de Kelsen (lamentavelmente ig-

---

59   *Vide* Paulson, *On the Implications of Kelsen's Doctrine of Hierarchical Structure*, p. 52-54.

60   Paulson, *On the Implications of Kelsen's Doctrine of Hierarchical Structure*, p. 59-62.

61   Paulson, *On the Implications of Kelsen's Doctrine of Hierarchical Structure*, p. 54-56.

62   Heidemann, *Die Norm als Tatsache. Zur Normentheorie Hans Kelsens*, nota 6, p. 20.

norado, em contraste, por exemplo, com a generosa atenção dedicada à biografia de Oliver Wendell Holmes ou, em um mundo diferente, com aquela dedicada à biografia do inominável Carl Schmitt); segundo, a questão da natureza e relevância do apelo de Kelsen a Kant ou aos neokantianos; terceiro, a questão de uma periodização adequada. O trabalho monográfico de Heidemann significa um genuíno progresso nesses dois últimos campos, em particular, no campo da periodização. No meu papel de crítico, chamei a atenção para erros específicos do livro, mas isso, de maneira alguma, deve nos afastar do fato de que boa parte do esforço detalhado e sistemático de Heidemann no sentido de uma periodização da teoria do direito de Kelsen é rico e sugestivo. Todos nós, que trabalhamos nessa área, estamos em dívida com ele.

7. Pós-Escrito (2012)

Escrevendo em 2012, sinto-me – de uma forma geral – satisfeito com as conclusões a que chegara, durante os anos 1990, sobre questões de periodização. Refiro-me especialmente a um ensaio já antigo, *Toward a Periodization of the Pure Theory of Law*, que apareceu em um volume editado e publicado na Itália,[63] a um ensaio publicado em *Modern Law Review* sobre o período inicial da obra de Kelsen[64] e a dois ensaios, que apareceram no *Oxford Journal of Legal Studies*.[65] Nesses trabalhos, defendo a tese de que há três períodos distintos no desenvolvimento da teoria do direito de Kelsen. O primeiro período, o *período do construtivismo crítico*, vai de sua tese de habilitação (*Habilitationsschrift*) de 1911, *Main Problems in the Theory of Public Law*,[66] até, aproxi-

---

63 Paulson, *Hans Kelsen's Legal Theory. A Diachronic Point of View*, p. 11-47, 173-192 ("Some Replies to Critics").

64 Paulson, *Hans Kelsen's Earliest Legal Theory: Critical Constructivism*, p. 797-812, reimpresso em Paulson e Paulson (orgs.), *Normativity and Norms. Critical Perspectives on Kelsenian Themes*, p. 23-43.

65 Paulson, *Four Phases in Hans Kelsen's Legal Theory? Reflections on a Periodization*, p. 153-166, e Paulson, *Arriving at a Defensible Periodization of Hans Kelsen's Legal Theory*, p. 351-366.

66 Kelsen, *Hauptprobleme der Staatsrechtslehre*.

26 Hans Kelsen: Teoria Jurídica... | Júlio A. Oliveira • Alexandre T. G. Trivisonno

madamente, 1920. O tratado, *Das Problem der Souveränität und die Theorie des Völkerrechts*,[67] serve, de certo modo, como uma transição entre o primeiro e o segundo períodos. O objetivo de Kelsen nesse primeiro período é a construção de um repertório completo de novos conceitos jurídicos. Seus esforços refletem um ponto de vista crítico, *quasi*-kantiano, e sua meta primordial é a eliminação total de elementos psicológicos e naturalísticos. Em resumo, os trabalhos de Kelsen, desde o início, são decididamente antipsicologísticos e antinaturalísticos. No entanto, sua teoria ainda aguardava por uma fundamentação.

Kelsen inicia o trabalho de fundamentação de suas várias construções nos anos 1920 e prossegue nesse caminho até os anos 1950. Tem-se, aí, o longo período *clássico* ou *neokantiano*, período que tem recebido a maior parte das atenções. O primeiro grande tratado desse período é a obra *Allgemeine Staatslehre*, de 1925,[68] na sequência, aparece a pequena, mas filosoficamente rica, monografia, *Die Philosophischen Grundlagen der Naturrechtslehre und des Rechtspositivismus*,[69] de 1928, e, então, a primeira edição da *Reine Rechtstehre*, que aparece em 1934,[70] seguida pela *General Theory of Law and State*, surgida em 1945,[71] que é seguida, por seu turno, pela segunda edição da *Reine Rechstslehre*, publicada em 1960.[72] O esforço de Kelsen para estabelecer um suporte para suas construções toma a forma de um argumento transcendental kantiano ou, alternativamente, a forma de uma aplicação do método transcendental neokantiano. Digo "alternativamente" porque os próprios escritos de Kelsen não distinguem com cla-

---

67 Kelsen, *Das Problem der Souveränität und die Theorie des Völkerrechts*. Partes desse tratado já estavam prontas desde, pelo menos, 1916, enquanto outras partes, escritas posteriormente, claramente antecipam o segundo período de Kelsen.

68 Kelsen, *Allgemeine Staatslehre*.

69 Kelsen, *Die Philosophischen Grundlagen der Naturrechtslehre und des Rechtspositivismus*.

70 Kelsen, *Reine Rechtslehre*, 1. ed.

71 Kelsen, *General Theory of Law and State*. Este trabalho não deve ser confundido com *Allgemeine Staatslehre* (citado aqui na nota 71 acima).

72 Kelsen, *Reine Rechtslehre*, 2. ed.

reza entre essas duas abordagens. Em alguns momentos Kelsen parece estar seguindo Kant, atribuindo à ciência do direito uma função "constitutiva". Em outros momentos, ele parece se aliar a Hermann Cohen e aos outros da escola neokantiana de Marburgo, introduzindo, num movimento que é característico do método transcendental dessa escola, o "fato" da ciência como o ponto de partida – no caso de Kelsen, o "fato" da ciência do direito.[73] Apesar da similaridade da terminologia[74] e apesar das semelhanças de família entre neokantianos e o próprio Kant, o método transcendental dos neokantianos é significativamente diferente do argumento transcendental de Kant. Em função da inexistência de um guia claro, decorrente dos próprios textos de Kelsen, o único modo de resolver o problema da oscilação de Kelsen entre as duas abordagens é enfrentar o trabalho de reconstrução de ambas.[75] As reconstruções necessárias não ameaçam, de forma alguma, a periodização. Abrangendo ambas as abordagens, a kantiana e a neokantiana, as reconstruções distinguem o período clássico, ou neokantiano, não em função apenas do que veio antes, mas também, em função daquilo que viria depois.

O que vem depois é o chamado *período tardio* (*Spätlehre*), que vai de 1960 até 1971,[76] no qual aparece o novo trabalho de

---

73 *Reine Rechtslehre*, 1. ed., § 16 (p. 37, na qual Kelsen fala do "Faktum der Wissenschaft").

74 As expressões "argumento transcendental" e "método transcendental" são similares. De fato, no entanto, a última expressão não aparece em lugar algum da obra de Kant; ela é uma expressão peculiar dos neokantianos de Marburgo. O exemplo mais breve e acessível do método transcendental pode ser encontrado em Paul Natorp, (Natorp, *Kant und die Marburger Schule*, p. 193-221). Para abordagem admiravelmente clara das diferenças entre a epistemologia de Kant e a dos neokantianos de Marburgo, *vide* Friedmann, *A Parting of the Ways*, p. 25-37.

75 Na qualidade de um esforço recente, *vide* Paulson, *A 'Justified Normativity' Thesis in Hans Kelsen's Pure Theory of Law? Rejoinders to Robert Alexy and Joseph Raz*, p. 61-111.

76 Específico o ano de 1971 como a data conclusiva, digamos assim, do último período. Kelsen morreu no dia 19 de abril de 1973, mas, como relatou sua filha mais jovem, Maria Feder, em Kensington, California, à minha esposa, Bonnie, e a mim, Kelsen não realizou nenhuma pesquisa durante seus últimos 18 meses de vida.

Kelsen dos anos 1960[77] e que culmina, como um período distinto, no tratado *Allgemeine Theorie der Normen*, publicado postumamente.[78] Aí, Kelsen elimina, e faz isso enfaticamente, as fundamentações da Teoria Pura do Direito, o suporte kantiano ou neokantiano de sua teoria. Ele já não se encontra mais convencido de que um suporte desse tipo seja viável. O resultado é uma nova teoria, rica em detalhes sobre o caráter jurídico das normas, mas filosoficamente empobrecida. Em resumo, o caminho do meio – isto é, o caminho entre o tradicional positivismo baseado em fatos, de um lado, e a teoria do direito natural, do outro – que Kelsen buscou em seu período clássico, ou neokantiano, se rende, em sua última fase, a uma teoria das normas jurídicas.

No que concerne à periodização, um quebra-cabeças diz respeito às diferenças entre o período clássico, ou neokantiano, e o período posterior. Poder-se-ia afirmar que as diferenças entre um e outro são impossíveis de ser ignoradas. O período clássico é filosófico de ponta a ponta, ao passo que o período tardio parece não conter qualquer fundamentação filosófica seja ela qual for, em especial, não contém qualquer fundamentação filosófica de natureza kantiana ou neokantiana. Porém, alguns intérpretes da teoria do direito de Kelsen são céticos. Eles rejeitam a reivindicação da existência de marcantes diferenças entre esses dois períodos. En-

---

77 Utilizo deliberadamente a expressão "novo trabalho". Ela se refere às reflexões de Kelsen sobre a teoria da norma nos anos 1960, reflexões que estão diretamente conectadas à sua rejeição de sua anterior Teoria Pura do Direito (isto é, da teoria desenvolvida no segundo período, também chamado de clássico ou neokantiano). As reflexões de Kelsen sobre a teoria da norma durante os anos 1960 devem ser claramente distinguidas da natureza de suas respostas, ao longo dessa década, aos críticos. Quando Kelsen responde a um crítico de seu período clássico ou neokantiano, ele responde, sem exceção, dentro do gênero próprio desse período. *Vide, v. g.* Kelsen, *Professor Stone and the Pure Theory of Law*, p. 1130-1157 (com um "Prefácio" de Albert A. Ehrenzweig, às p. 1128-1130); Kelsen, *Rechtswissenschaft oder Rechtsphilosophie?*, p. 233-255 (uma resposta a reivindicações de Albert Vonlanthen em sua monografia *Zu Hans Kelsens Anschauung über die Rechtsnorm* [1965]).

78 Hans Kelsen, *Allgemeine Theorie der Normen*.

tre os céticos, talvez o mais proeminente seja Robert Walter.[79] As razões e os motivos da atitude cética de Walter são, sem dúvida, complexos. No entanto, boa parte da explicação do ceticismo de Walter reside, acredito, na sua interpretação da norma fundamental. Antes de voltar-me para sua interpretação, entretanto, parece-me útil introduzir, muito brevemente, duas interpretações concorrentes da norma fundamental que derivam do período clássico ou neokantiano.[80] Essas interpretações da norma fundamental podem ser comparadas com a interpretação de Walter.

As interpretações ou *funções* concorrentes da norma fundamental, que tenho em mente, podem ser nomeadas: função de *fundamentação* (ou *embasamento*) e função de *explicação*. Ambas são reflexos evidentes do período clássico ou neokantiano de Kelsen. Inicio pela função de fundamentação. Kelsen dá expressão a essa função na segunda edição da *Teoria Pura do Direito*:

> Na medida em que só através da pressuposição da norma fundamental se torna possível interpretar o sentido subjetivo do fato constituinte e dos fatos postos de acordo com a Constituição como seu sentido objetivo, (...) pode a norma fundamental, na sua descrição pela ciência jurídica – e se é lícito aplicar *per analogiam* um conceito da teoria do conhecimento de Kant –, ser designada como condição lógico-transcendental desta interpretação.[81]

Aí, a norma fundamental funciona como uma "condição lógico-transcendental" e sinaliza um argumento transcendental kantiano.[82] Caso seja válida a aplicação do argumento transcendental kantiano, apropriadamente formulado, à ciência do direito, Kelsen pode reivindicar, então, ter encontrado uma fundamentação da validade objetiva das normas jurídicas, exatamente o que ele estava buscando.

---

79   *Vide* Walter, *Der gegenwärtige Stand der Reinen Rechtslehre*, p. 69-95; o artigo é representativo da generalidade da obra de Walter sobre Kelsen.

80   *Vide* Paulson, *Die Funktion der Grundnorm: begründend oder explizierend?*.

81   Kelsen, *Reine Rechtslehre*, 2. ed., § 34(d), p. 204.

82   *Vide*, para mais detalhes, Paulson, *A 'Justified Normativity' Thesis in Hans Kelsen's Pure Theory of Law?*, p. 71-78.

Uma segunda interpretação da norma fundamental, sublinhando sua função explicativa, é introduzida por Kelsen em várias obras, entre elas, a primeira edição da *Teoria Pura do Direito*:

> Ao formular a norma fundamental, a Teoria Pura do Direito não objetiva inaugurar um novo método para a ciência do direito. A Teoria Pura do Direito objetiva simplesmente elevar o nível de consciência a respeito do que todos os juristas fazem (na maior parte das vezes inconscientemente) quando, ao conceituar seu objeto de investigação, rejeitam o direito natural como fundamento de validade do direito positivo, mas, não obstante, entendem o direito positivo como um sistema válido, isto é, como norma, e não meramente como contingências factuais da motivação. Com a doutrina da norma fundamental, a Teoria Pura do Direito analisa o atual processo do duradouro método de conhecimento do direito positivo, com objetivo simplesmente de revelar as condições lógico-transcendentais desse método.[83]

Concentrando-se, em particular, na última linha dessa citação, pode-se argumentar que a função explicativa da norma fundamental encontra-se incorporada na sua função de fundamentação (ou embasamento), o que a torna, portanto, parte dessa função.

No entanto, o intérprete não é compelido a entender a função explicativa desse modo. Ela pode também ser lida como uma função independente, que se refere à postura do jurista, enquanto este, nas palavras de Kelsen, "rejeita o direito natural como o fundamento de validade do direito positivo, mas, não obstante, entende o direito positivo como um sistema válido, isto é, como norma". De acordo com essa interpretação, a norma fundamental funciona como uma análise, uma explicação da postura normativa do jurista.

As bases filosóficas da função explicativa da norma fundamental encontram-se na "tese da normatividade nomológica" de

---

83   Kelsen, *Reine Rechtslehre*, 1. ed., § 29, p. 67, *vide* também Kelsen, *Reine Rechtslehre*, 2. ed., § 34 (d), p. 209.

Kelsen.[84] Imputação, na visão de Kelsen, é algo de natureza nomológica, e isto funciona como o ponto de partida do projeto de Kelsen no sentido de estabelecer um suporte nomológico para a ciência do direito, que ele anuncia por meio de uma comparação com o caráter nomológico das ciências da natureza. Em suas palavras:

> Se o modo de ligar fatos materiais é a causalidade em um dos casos, é, no outro, a imputação e imputação é reconhecida na Teoria Pura do Direito como a particular legalidade, a autonomia (*Gesetzlichkeit*) do direito. Da mesma forma como um efeito remonta a sua causa, uma consequência jurídica remonta à sua condição jurídica. A consequência jurídica, no entanto, não pode ser tomada como tendo sido uma causa da condição jurídica. Melhor, a consequência jurídica (a consequência de um ato ilegal) é conectada, pela imputação, à condição jurídica.[85]

A interpretação de Walter da norma fundamental apresenta-se em agudo contraste em relação a ambas as interpretações esboçadas acima. Walter entende a norma fundamental como uma *pressuposição*. De acordo com a Teoria Pura do Direito, Walter escreve,

> é preciso começar com uma suposição da ciência [do Direito] na sua abordagem do sistema jurídico, a saber, que o que se encontra prescrito por um sistema coercitivo eficaz é obrigatório. Essa é a razão pela qual a escola de Viena exige, para sua interpretação normativa de um sistema social eficaz, a norma fundamental. A norma fundamental não é outra coisa senão uma *pressuposição*.[86]

Pode-se então perguntar: Qual a importância dessa pressuposição? Em particular, ela serve de algum modo como uma base para a normatividade? Walter responde a essas indagações com uma notável franqueza:

---

84 Também sobre essa questão *vide*, Paulson, A 'Justified Normativity' Thesis in Hans Kelsen's Pure Theorie of Law?, p. 102-111.
85 Kelsen, *Reine Rechtslehre*, 1. ed., § 11 (b), p. 22.
86 Walter, *Der gegenwärtige Stand der Reine Rechtslehre*, p. 73 (ênfases no original).

[A norma fundamental] permite a interpretação, a descrição, de um sistema coercitivo eficaz como um sistema normativo, mais precisamente, *como se* fosse um sistema normativo, embora não possa, a ciência [do direito] decidir sobre essa matéria.[87]

A interpretação de Walter, vazada no modo subjuntivo, se resume à posição de que o sistema jurídico *não* é normativo, não obstante nosso dever de tratá-lo como se fosse. Essa interpretação está, enquanto uma proposição do Kelsen de sua última fase, correta. Em sua última fase, Kelsen toma emprestada a tese do "como se" [*als ob*], de Hans Vahinger, sustentando, na *General Theory of Norms*, de que a norma fundamental é uma ficção.[88] Isto é, que ela é falsa e que se sabe que ela é falsa.

Mas, e este é o ponto chave – Walter aplica essa interpretação da norma fundamental à generalidade da teoria do direito de Kelsen e não, simplesmente, ao seu último período, mas também àquele que tenho chamado de período clássico ou neokantiano. Entendido dessa maneira, o período clássico ou neokantiano em nada difere do período posterior.

A recusa a qualquer diferença reside, porém, num erro fundamental – a atribuição da norma fundamental como ficção, feita por Walter, à totalidade da obra de Kelsen.

8. Bibliografia

BEYLEVELD, Deryck. From the "Middle-Way" to Normative Irrationalism: Hans Kelsen's General Theory of Norms. *Modern Law Review*. Oxford, 56, p. 104-119, 1993.

DREIER, Horst. *Rechtslehre, Staatssoziologie und Demokratie bei Hans Kelsen*. Baden-Baden: Nomos, 1986.

---

87   Walter, *Der gegenwärtige Stand der Reine Rechtslehre*, p. 80 (ênfases e modo subjuntivo no original).

88   *Vide* Kelsen, *Allgemeine Theorie der Normen*, ch. 59, em I (d), p. 206-207.

_____. Hans Kelsen (1881-1973): "Jurist des Jahrhunderts?". In: HEINRICH, Helmut *et al.* (orgs.). *Staat und Recht*. Festschrift für Günther Winkler. Viena: Springer, 1997. p. 193-215.

EBENSTEIN, William. *The Pure Theory of Law*. Madison: University of Wisconsin Press, 1945. (Reimpresso em New York: Kelley, 1969.)

EDEL, Geert, The *Hypothesis* of the Basic Norm: Hans Kelsen and Hermann Cohen. In: PAULSON, Stanley L.; PAULSON, Bonnie Litschewski (orgs.). *Normativity and norms:* Critical perspectives on Kelsenian Themes. Oxford: Clarendon Press, 1998. p. 195-219.

FRIEDMANN, Michael. *A parting of the ways*. Peru/Illinois: Open Court, 2000.

GOLCZEWSKI, Frank. *Kölner Universitätslehrer und der Nationalsozialismus*. Colônia e Viena: Böhlau, 1988.

HAMMER, Stefan. A Neo-Kantian Theory of legal knowledge in Kelsen's Pure Theory of Law?. In: PAULSON, Stanley L.; PAULSON, Bonnie Litschewski (orgs.). *Normativity and norms:* Critical perspectives on Kelsenian Themes. Oxford: Clarendon Press, 1998. p. 177-194.

HARTNEY, Michael. Introduction. *General Theory of Norms*. Hans Kelsen, General Theory of Norms. Oxford: Clarendon Press, 1991. p. ix-liii.

HEIDEMANN, Carsten. *Die Norm als Tatsache*. Zur Normentheorie Hans Kelsens. Baden-Baden: Nomos, 1997.

KELSEN, Hans. *Hauptprobleme der Staatrechtslehre*. Tübingen: J. C. B. Mohr, 1911. (2ª edição com novo prefácio, 1923.)

_____. Zur Lehre vom öffentlichen Rechtsgeschäft. *Archiv des öffentlichen Rechts*, 31, p. 53-98, p. 190-249, 1913.

_____. Reichsgesetz und Landesgesetz nach österreichicher Verfassung. *Archiv des öffentlichen Rechts*, 32, p. 202-45, 390-438, 1914.

_____. *Das Problem der Souveränität und die Theorie des Völkerrechts*. Tübingen: J. C. B. Mohr, 1920.

_____. Rechtswissenschaft und Recht. *Zeitschrift für öffentliches Recht*, 3, p. 103-235, 1922. (Reimpresso em KELSEN, Hans; SANDER, Fritz. *Die Rolle des Neukantianismus in der Reine Rechtslehre*. Viena: Scientia Verlag Aalen, 1988.)

_____. *Allgemeine Staatslehre*. Berlin: Julius Springer, 1925.

_____. *Die Philosophischen Grundlagen der Naturrechtslehre und des Rechtspositivismus*. Charlottenburg: Pan-Verlag Rolf Heise, 1928.

_____. Die Entstehung des Kausalgesetzes aus dem Vergeltungsprinzip. *Erkenntnis*, 8, p. 69-130, 1939.

_____. *Vergeltung und Kausalität*. The Hague: W. P. Van Stockum & Zoon, 1941. (Reimpresso em Vienna: Böhlau, 1982.)

_____. The Pure Theory of Law and Analytical Jurisprudence. *Harvard Law Review*. 55, p. 44-70, 1941/1942. (Reimpresso em KELSEN, Hans. *What is Justice?*. Berkeley, CA: University of Californa Press, 1957.)

_____. Value Judgements in the Science of Law. *Journal of Social Philosophy and Jurisprudence*, 7, p. 313-333, 1942. (Reimpresso em KELSEN, Hans. *What is Justice?*. Berkeley, CA: University of Californa Press, 1957.)

_____. *General Theory of Law and State*. Tradução de Anders Wedberg. Cambridge, Mass.: Harvard University Press, 1945.

_____. *Society and Nature*. Chicago, IL: University of Chicago Press, 1943. (Reimpresso em London: Kegan, Paul, Trench, Trubner, 1946.)

_____. *Théorie pure du droit*. Tradução de Henri Thévenaz. Boudry-Neuchâtel: Editions de la Baconnière, 1953.

_____. Reine Rechtslehre und Egologische Rechtslehre. *Österreichische Zeitschrift für öffentliches Recht*, 5, p. 449-482, 1953.

_____. *General Theory of Law and State*.Tradução de Anders Wedberg. Cambridge, MA: Harvard University Press, 1945. (Reimpresso em New York: Russell & Russell, 1961.)

_____. The Philosophical Foundations of Natural Law Theory and Legal Positivism. Tradução de Wolfgang Herbert Kraus. In: KELSEN, Hans. *General Theory of Law and State*. Tradução de Anders Wedberg. Cambridge, MA: Harvard University Press, 1945. (Reimpresso em New York: Russel & Russel, 1961. p. 389-446.)

_____. *Reine Rechtslehre*., 2. ed. Viena: Deuticke, 1960.

_____. Professor Stone and the Pure Theory of Law. *Stanford Law Review*, 17, p. 1130-1157, 1964/1965.

_____. Rechtswissenschaft oder Rechtsphilosophie?. *Österreichische Zeitschrift für öffentliches Recht*, 16, p. 233-255, 1966.

_____. *Pure Theory of Law*. Tradução de Max Knight. 2. ed. Berkeley, CA: University of California Press, 1967. (A edição alemã apareceu em 1960.)

_____. *Essays in Legal and Moral Philosophy*. Tradução de P. Heath. Seleção de textos e introdução de Ota Weinberger. Dordrecht: Reidel, 1973.

_____. *Allgemeine Theorie der Normen*. Ed. Kurt Ringhofer and Robert Walter, Wien: Manz, 1979.

_____. *General Theory of Norms*. Tradução de Michel Hartney. Oxford: Clarendon Press, 1991.

_____. *Introduction to the Problems of Legal Theory*. Tradução de Bonnie Litschewski Paulson e Stanley L. Paulson. Oxford: Clarendon Press, 1992.

KELSEN, Hans; KLUG, Ulrich. *Rechtsnormen und logische Analyse*. Ein Briefwechsel 1959 bis 1965. Viena: Franz Deuticke, 1981.

KELSEN, Hans; SANDER, Fritz. *Die Rolle des Neukantianismus in der Reine Rechtslehre*. Wien: Scientia Verlag Aalen, 1988.

KIRCHMANN, Julius. *Die Grundbegriffe des Rechts und der Moral*. Berlin: L. Heinmann, 1869.

KUBES, Vladimar. Das neuste Werk Hans Kelsens über die allgemeine Theorie der Normen und die Zukunft der Reinen Rechtslehre. *Österreichische Zeitschrift für öffentliches Recht*, 31, p. 155-199, 1980.

LOSANO, Mario G. Saggio introdutivo. *La dottrina pura del diritto*. Tradução de Mario G. Losano. Turin: Giulio Einaudi, 1966. p. xiii-lvii. (Reimpresso em 1990, p. xxi-lxv.)

LUF, Gerhard. On the Transcendental Import of Kelsen's Basic Norm. In: PAULSON, Stanley L.; PAULSON, Bonnie Litschewski (orgs.). *Normativity and Norms*. Critical Perspectives on Kelsenian Themes. Oxford: Clarendon Press, 1998. p. 221-234.

MERKL, Adolf Julius. *Das Recht im Lichte seiner Anwendung*. Hanover: Helwing, 1917.

_____. Das Recht im Spiegel seiner Auslegung. *Deutsche Richterzeitung*, 9, p. 162-176, 394-398, 443-450, 1917.

_____. Das Recht im Spiegel seiner Auslegung. *Deutsche Richterzeitung*, 11, p. 290-298, 1919.

_____. Prolegomena einer Theorie des rechtlichen Stufenbaues. In: VERDROSS, Alfred (org.). *Gesellschaft, Staat und Recht*. Untersuchung zur Reinen Rechtslehre Souveränität. Tübingen: J. C. B. Mohr, 1920.

_____. Das Recht im Spiegel seiner Auslegung. *Deutsche Richterzeitung*, 8, 584-592, 1916.

MÉTALL, Aladár. *Hans Kelsen*. Leben und Werk. Viena: Franz Deuticke, 1969.

NATORP, Paul. Kant und die Marburger Schule. *Kant Studien*, 17, p. 193-221, 1912.

PARSONS, Talcott. Book Review of Kelsen, Society and Nature. A Sociological Inquiry. *Harvard Law Review*, 58, p. 140-144, 1944/1945.

PAULSON, Stanley L.. A 'Justified Normativity' Thesis in Hans Kelsen's Pure Theory of Law? Rejoinders to Robert Alexy and Joseph Raz. In: KLATT, Matthias (org.). *Institutionalized Reason*. The Jurisprudence of Robert Alexy. Oxford: Oxford University Press, 2012. p. 61-111.

_____. Arriving at a Defensible Periodization of Hans Kelsen's Legal Theory. *Oxford Journal of Legal Studies*, 19, p. 351-366, 1999.

_____. Book Review of Dreier, Rechtslehre, Staatssoziologie und Demokratie bei Hans Kelsen. *Ratio Juris*, 1, p. 269-271, 1988.

_____. Die Funktion der Grundnorm: begründend oder explizierend?. In:JABLONER, Clemons et al. (orgs.). *Gedächtnisschrift für Robert Walter*. Viena: Mans [obra no prelo].

_____. Four Phases in Hans Kelsen's Legal Theory? Reflections on a Periodization. *Oxford Journal of Legal Studies*, 18, p. 153-166, 1998.

_____. Hans Kelsen's Earliest Legal Theory: Critical Constructivism, *Modern Law Review*, 59, p. 797-812, 1996. (Reimpresso em PAULSON, Stanley L.; PAULSON, Bonnie Litschewski (orgs.). *Normativity and Norms*. Critical Perspectives on Kelsenian Themes. Oxford: Clarendon Press, 1998. p. 23-43.)

_____. Hans Kelsen's Earliest Legal Theory: Critical Constructivism. *Modern Law Review*. 59, p. 797-812, 1969.

_____. On the Early Development of the Grundnorm. In: FLEERACKERS, Frank et al. (Orgs.) *Law, Life and the Images of the Law*. Festschrift for Jan M. Broekman. Berlin: Duncker & Humblot, 1997. p. 217-30.

_____. On the Implications of Kelsen's Doctrine of Hierarchical Structure. *Liverpool Law Review*, 17, p. 49-62, 1996.

_____. On the Kelsen-Kant Problematic. In: VALDÉS, Ernesto Garzón et al. (Orgs.). *Normative Systems in Legal and Moral Theory*. Festschrift for Carlos E. Alchourrón and Eugenio Bulygin. Berlin: Duncker 7 Humblot, 1997. p. 197-213.

_____. On the Question of a Cohennian Dimension in Kelsen's Pure Theory of Law. In: FERRARI, Vicenzo et al. (orgs.). *Diritto, cultura e libertà*. Atti del convegno in memoria di Renato Treves. Milan: A. Giuffré Editores, 1997. p. 219-247.

_____. Toward a Periodization of the Pure Theorie of Law. In: GIANFORMAGGIO, Letizia (org.). *Hans Kelsen's Legal Theory*. A Diachronic Point of View. Turin: G. Giappichelli, 1990. p. 11-47, 173-192.

PAULY, Walter. *Der Methodenwandel im deutschen Spätkonstitutionalismus*. Tübingen: J. C. B. Mohr, 1993.

RAZ, Joseph. Critical Study: Kelsen's General Theory of Law. *Ratio Juris*. 3, p. 29-45, 1990.

_____. *The Authority of Law*. Oxford: Clarendon Press, 1979.

_____. The Purity of the Pure Theory. *Revue internationale de philosophie*. 35, p. 441-459, 1981. (Reimpresso em TUR, Richard; TWINNIGN, William (orgs.). *Essays on Kelsen*. Oxford: Clarendon Press, 1986. p. 79-97.)

STOLLEIS, Michael. *Geschichte des öffentlichen Rechts in Deutschland*. Munich: C. H. Beck, 1992. v. II.

TREVES, Renato. *Il diritto como relazione*. Saggio critic sul neo-kantismo contemporaneo. Turin: Presso l'Instituto Giuridico della R. Università, 1934. (Reimpresso em Nápoles: Edizioni Scientifiche Italiene, 1993.)

WALTER, Robert. Der gegenwärtige Stand der Reinen Rechtslehre. *Rechtstheorie*, 1, p. 69-95, 1970.

WEINBERGER, Ota. *Normentheorie als Grundlage der Jurisprudenz un Ethik*. Berlin: Duncker & Humblot, 1981.

_____. War Kelsen Antipsychologist?. *Rechtstheorie*, 26, p. 563-571, 1995.

WINKLER, Günther. *Rechtstheorie und Erkentnislehre*. Viena: Springer, 1990.

_____. *Rechtswissenschaft und Rechtseahrung*. Viena: Springer, 1994.

PASSOS DA TEORIA DE KELSEN RUMO À CONSTRUÇÃO DA TEORIA DO DIREITO*

Elza Maria Miranda Afonso

> "Os poetas dizem que
> o que transforma os caminhos do mundo
> é o jeito de se andar."
> Lúcia Afonso**

Sumário: 1. Introdução. **2.** A formulação da Teoria Pura do Direito. **3.** A fixação do objeto da Teoria Pura do Direito. **4.** A gênese da norma – as relações entre ser e dever ser. **5.** A norma no sistema jurídico. **6.** A norma fundamental – o dever ser como fundamento de validade. **7.** A eficácia – o ser como condição de validade. **8.** A justiça – o velho e irrenunciável sonho da humanidade. **9.** Conclusão. **10.** Bibliografia.

1. Introdução

As marcas definitivas deixadas por Kelsen no pensamento jurídico são reconhecidas e assinaladas por grandes nomes da doutrina jurídica dos mais diversos matizes filosóficos.

A teoria que, juntamente com o seu autor, sofreu refutações apaixonadas e ataques das mais variadas formas, passou por tormentas, antes e depois da Segunda Guerra, e sobreviveu a elas.[1]

---

*   Ao Mateus Afonso Medeiros, pelos sonhos sonhados juntos.
Agradeço ao Professor Alexandre Travessoni, da Faculdade de Direito da UFMG, e ao Professor Júlio Aguiar, da Faculdade de Direito da UFOP, pelo honroso convite para participar desta publicação, e ao Professor Lucas Gontijo, da Faculdade de Direito da PUC/MG, pelos convites aos debates da doutrina kelseniana.
Agradeço ao Professor Henri Thévenaz, de saudosa memória, pelos seus ensinamentos na Universidade de Neuchâtel e ao Professor Aroldo Plínio Gonçalves, pelas muitas caminhadas nas trilhas do Direito.

**   Ela põe seus dois pés sobre Gaia", *A experiência Poética*, Belo Horizonte, 1991.

1   Mata-Machado, *Elementos de Teoria Geral do Direito*, p. 131/146; Prévault, *La Doctrine Juridique de Kelsen*, p. 9-12. Legaz y Lacambra, *Horizontes del Pensamiento Jurídico*, p. 447/468.

Em um clima mais sereno, ela pôde ser melhor compreendida e, nas últimas décadas, os trabalhos do Instituto Hans Kelsen de Viena são o melhor indicativo de que o interesse pelos estudos de suas contribuições para o desenvolvimento da Teoria do Direito se renova em nosso tempo.

O recorte de determinados aspectos da doutrina de Kelsen, para colocar em relevo a importância de seus trabalhos, envolve sempre o risco de fragmentação de um pensamento coeso e sistemático, que primou pela preocupação didática e pela clareza. Ele cumprirá, porém, o seu papel se puder acender uma pequena centelha para iluminar alguns passos da teoria de Kelsen em direção à construção da Teoria do Direito.

2. A Formulação da Teoria Pura do Direito

Desde seu esboço, até a formulação que considerou definitiva, Kelsen trabalhou na temática da Teoria Pura do Direito por cerca de 49 anos.

Ela fora esboçada em 1911, no livro *Hauptproblemen der Staatsrechtslehre* (*Problemas Capitais da Teoria do Direito e do Estado*). Com o nome de *Reine Rechtslehre* (Teoria Pura do Direito), ela foi publicada em 1934.[2] Em 1953, surgiu a edição em língua francesa, traduzida pelo Professor Henri Thévenaz, da Universidade de Neuchâtel, Suíça, que serviu de suporte para a tradução castelhana.

Em 1945, as concepções da Teoria Pura do Direito aparecem com acrescentamentos no livro *Teoria Geral do Direito e do Estado*.

A 2ª edição da Teoria Pura do Direito, em sua formulação final, é de 1960. Kelsen considerou os acrescentamentos que fez, nesse longo período, como explicitações que não alteraram subs-

---

2   A *Teoria Pura do Direito* de 1934 foi traduzida para o português pelos Professores J. Cretella Jr. e Agnes Cretella, e publicada pela Editora Revista dos Tribunais, em 2001. A Teoria Pura do Direito, traduzida para o português, citada ao longo deste trabalho, é a da 2ª edição, reformulada por Kelsen e dada à publicação em 1960.

tancialmente sua teoria. Conforme diz, no Prefácio à 2ª edição, ela permanece inalterada quanto a seu núcleo essencial.

Mesmo quando publicou a 2ª edição da *Teoria Pura do Direito*, Kelsen não a concebeu como uma apresentação de resultados definitivos. Os conteúdos dos ordenamentos jurídicos positivos, afirmou ele, se ampliam a cada dia, e uma Teoria Geral do Direito corre o risco de não abranger a todos os fenômenos jurídicos, nos conceitos jurídicos fundamentais por ela definidos. Após manifestar seu agradecimento a todas as críticas que lhe forem feitas, nesse sentido, ressaltou que aquela edição da Teoria Pura do Direito era uma tentativa de um desenvolvimento a se realizar, por complementações e aperfeiçoamentos. E concluiu: "o seu fim terá sido alcançado se for considerada merecedora de tal desenvolvimento - por outros que não o autor, já a atingir o limite de seus dias."[3]

Ele tinha 78 anos em abril de 1960 e, naquele ano da 2ª edição, completaria 79 anos, em 11 de outubro. Ao contrário do que supunha, sua vida iria prosseguir seu curso por muitos anos, tempo suficiente para que ele proferisse conferências e publicasse novos trabalhos, dentre eles o que iria gerar grandes polêmicas a respeito da sua teoria da norma fundamental.

A Teoria Pura do Direito tem suas raízes filosóficas em Kant, não nos Princípios Metafísicos da Doutrina do Direito, mas, na Crítica da Razão Pura e, nesta, mais precisamente, na Lógica Transcendental.

Na Teoria Pura do Direito, versão francesa de 1953, Kelsen anuncia suas origens kantianas, quando, no capítulo III, trata da categoria do dever, considerado como categoria da lógica transcendental. Nesse sentido, estabelece um paralelo entre imputação e causalidade, com base na demonstração de Kant de que a causalidade não é uma ideia transcendente, e, portanto, metafísica,

---

3   Kelsen, *Teoria Pura do Direito*, p. 14.

mas, sim, uma categoria da lógica transcendental, um princípio gnoseológico que permite compreender a realidade natural.

Ele rejeita a doutrina kantiana do Direito, inspirada na doutrina tradicional do direito natural, mas afirma que a Teoria Pura do Direito, que é uma teoria do direito positivo, transpõe o princípio da lógica transcendental de Kant, vendo no dever, no "Sollen", uma categoria lógica das ciências normativas em geral e da ciência do direito em particular.[4]

Na edição de 1960, Kelsen expressamente se reporta à aplicação da teoria do conhecimento de Kant, ao conceber a norma fundamental como condição lógico-transcendental da validade da ordem jurídica.

As influências do neokantismo também se fizeram presentes em sua teoria.

Em Carta de 1933, escrita ao Professor Renato Treves, Kelsen discorre longamente sobre as bases kantianas da Teoria Pura do Direito, reafirma que ela administra o mais fielmente possível as heranças espirituais de Kant,[5] e, concordando com a observação de Treves, quanto à sua maior aproximação da filosofia de Hermann Cohen, declara que a Teoria Pura do Direito repousa sobre a interpretação coheniana da filosofia de Kant.[6]

---

4   Kelsen, *Théorie Pure du Droit*, p. 60.

5   *"Dans la mesure où la Théorie Pure du Doit a essayé, de façon tout à fait inedited, de présenter la philosophie de Kant comme une théorie du droit positif (à l'opposé de Stammler, encore très lié à la théorie du droit naturel) elle est allée, dans un certain sens, au-delà de la pensée de Kant qui, dans as doctrine du droit, abandonna la méthode transcendentale. Il faut cependant signaler que la Théorie Pure du Droit administre le plus fidèlement possible l'héritage spiritual de Kant"* (Kelsen in Treves, *Un inédit de Kelsen concernant ses sources kantiennes*, p. 334).

6   *"ad 2) Il est absolument vrai que le fondement philosophique de la Théorie Pure du Droit repose sur la philosophie kantienne ou, plus précisément, sur l'interprétation coheniennne de sa philosophie"* (Kelsen in Treves, *Un inédit de Kelsen concernant ses sources kantiennes*, p. 334).

Treves anota que o período neokantiano da teoria de Kelsen termina em torno de 1940. Em 1941, ele busca os precedentes de sua doutrina na cultura jurídica anglo-saxônica.[7] Essa passagem foi muito bem ilustrada pelo próprio Kelsen, no Prólogo da Teoria Geral do Direito e do Estado, de 1945, escrita após dois anos de trabalho na Universidade de Harvard, nos Estados Unidos da América. Ali, Kelsen explicita que o livro teve por objeto formular novamente, e não somente voltar a publicar, pensamentos e ideias anteriormente expostos em alemão e em francês. Conforme esclareceu, motivou-o um duplo propósito: o de tornar os elementos da Teoria Pura do Direito mais acessíveis aos que foram educados na tradição e na atmosfera do *Common Law* e dar a tal teoria uma formulação que a faça abarcar tanto os problemas e as instituições dos direitos inglês e norte-americano como os dos países de direito escrito, para os quais foi originalmente formulada.[8]

Nesse prólogo, Kelsen demarca o objeto da Teoria Pura do Direito e afirma que sua orientação, em princípio, é a mesma da chamada jurisprudência analítica, representada por John Austin, com o livro *Lectures on Jurisprudence*.[9]

Ao reelaborar a Teoria Pura do Direito, em sua última versão, de 1960, Kelsen a ela incorporou as construções da Teoria Geral do Direito e do Estado, mas conservou a aplicação dos princípios da lógica transcendental, sobretudo quando determinou o objeto do conhecimento de sua teoria e quando elaborou a doutrina do fundamento de validade da ordem jurídica.

Suas contribuições para a consolidação da Ciência do Direito e para o conhecimento jurídico abrangem um amplo espectro de questões que, ao longo dos estudos, foram se depurando, aprofundando e ganhando importância e nitidez em seus contornos.

---

7   Treves, *Un inédit de Kelsen concernant ses sources kantiennes*, p. 332, n° 3.
8   Kelsen, *Teoría General del Derecho y del Estado*, p. V.
9   Kelsen, *Teoría General del Derecho y del Estado*, p. VIII.

3. A Fixação do Objeto da Teoria Pura do Direito

O Professor Henri Thévenaz, ao indagar sobre o propósito de Kelsen ao elaborar a sua Teoria Pura do Direito, ressalta que ele pode ser apresentado em uma única frase: "ele quis fundar uma verdadeira ciência do direito".[10]

Na edição de 1953, Kelsen atribui à sua Teoria Pura do Direito um caráter objetivista e universalista, remarcando que ela estuda o direito em sua totalidade. Conforme esclarece, ela tem uma concepção orgânica do Direito, significando que o Direito é um sistema de normas que devem ser postas e resolvidas como problemas de uma ordem normativa.[11]

Já nas primeiras linhas da edição de 1960, ele afirma que a Teoria Pura do Direito é uma teoria do Direito positivo, e, como teoria quer única e exclusivamente conhecer seu objeto. Ela é uma ciência jurídica que procura responder à questão: o que é e como é o Direito.

Kelsen definiu o objeto da Teoria Pura do Direito, fixando-o no Direito positivo.

Não obstante, no âmbito da doutrina jurídica, há autores que, ao comentar a proposta de Kelsen, deslocam o objeto da Teoria Pura do Direito para outro ponto, tratando-a como uma metateoria, cujo conhecimento se dirige, não ao Direito, mas, à Ciência do Direito.

Nessa linha, sustenta o Professor Lourival Vilanova: "A teoria pura do direito não se confunde com a Ciência do Direito. Sobre o *factum scientiae* é que se ergue a teoria pura, como uma metateoria, ou uma teoria sobre outra teoria-objeto, que é a Ciência do Direito."[12]

---

10 Thévenaz, *Las Bases Epistemológicas de la Teoría Pura del Derecho de Kelsen*, p. 52: "*él quiso fundar una verdadera ciencia del derecho*".

11 Kelsen, *Théorie Pure du Droit*, p. 111-112.

12 Vilanova, *Teoria da Norma Fundamental* (Comentários à margem de Kelsen), p. 136.

Essa postura doutrinária certamente remete, de modo direito ou indireto, aos tópicos da Teoria Pura do Direito que põem em evidência questões atinentes à ciência, como as que tratam das relações entre Direito e Ciência, das distinções entre a Ciência do Direito e o seu objeto, entre ciência natural e ciência normativa, das especificidades de seus princípios.

Todavia, o estudo das condições lógicas e epistemológicas para a construção de uma verdadeira ciência do Direito não esgotam os temas da Teoria Pura do Direito. Ao contrário, ela trata amplamente do Direito positivo, constituído pela ordem normativa da conduta humana.

Kelsen busca estabelecer não uma teoria do conhecimento, mas, precisamente, uma teoria do conhecimento jurídico, na qual o jurídico tem recortes bem delimitados, traduzindo-se no Direito positivo. E é esse Direito, o Direito como é, o Direito posto na realidade que ela pretende apreender com seus instrumentais teóricos.

A Teoria Pura do Direito se classifica como uma Ciência do Direito positivo e o Direito, definido como seu objeto, é conceituado como um sistema de normas.[13]

Para alcançar, em sua totalidade, o Direito, seu objeto de conhecimento, Kelsen recorre ao postulado metodológico da pureza.

O princípio metodológico da Teoria Pura do Direito consiste em separar o objeto do conhecimento jurídico do objeto dos conhecimentos da Psicologia, da Sociologia, da Ética, da Teoria Política. Ela se diz Pura porque se propõe a excluir do seu campo de conhecimento tudo que não possa ser determinado como Direito, que é o seu objeto de investigação.[14]

Simone Goyard-Fabre ressalta o duplo alcance metodológico que a regra da pureza adquire para a Teoria Pura do Direito:

---

13   Kelsen, *Teoria Pura do Direito*, p. 56.
14   Kelsen, *Teoria Pura do Direito*, p. 17-18.

(...) indica primeiro que a visão de essência do direito só poderá ser obtida com a renúncia, numa perspectiva quase fenomenológica, às confusões geradas pelo antropologismo e pelo historicismo empírico. (...) A regra da pureza indica depois que, por não ter de expor a gênese de fato, a "ciência objetiva do direito" deverá recorrer, em sua originalidade, a esquemas de pensamento com estruturas próprias. [15]

Pelo princípio da pureza, o direito será concebido como uma construção lógica pura, independente de qualquer conteúdo empírico e de qualquer ideologia.

A Ciência do Direito, como todas as ciências, cria, constitui o seu objeto. É uma criação que se dá, não no plano dos fatos, mas no plano epistemológico. A tarefa da ciência do Direito de descrever o Direito necessita que ela ordene, no sentido de colocar ordem, no plano epistemológico, o material que se encontra disperso, as normas elaboradas por diversas instâncias e com diferentes graus de generalidade, conferindo-lhes unidade.

Essa produção do objeto do conhecimento tem caráter puramente teórico ou gnoseológico, dá-se exclusivamente no plano do conhecimento.

Ao elucidar a atividade constitutiva da Ciência do Direito, Kelsen se reporta à teoria do conhecimento de Kant, destacando o caráter ordenador da ciência. Assim diz:

> Também é verdade que, no sentido da teoria do conhecimento de Kant, a ciência jurídica como conhecimento do Direito, assim como todo conhecimento, tem caráter constitutivo e, por conseguinte, "produz" o seu objeto na medida em que o apreende como um todo com sentido. Assim como o caos das sensações só através do conhecimento ordenador da ciência se transforma em cosmos, isto é, em natureza como um sistema unitário, assim também a pluralidade das normas jurídicas gerais e individuais postas pelos órgãos jurídicos, isto é, o material dado à ciência do Direito, só através do conhecimento da

---

15   Goyard-Fabre, *Fundamentos da Ordem Jurídica*, p. 342.

ciência jurídica se transforma num sistema unitário isento de contradições, ou seja, numa ordem jurídica.[16]

O método da Teoria Pura do Direito rendeu-lhe muitas críticas e muitos ataques. Ela tem sido acusada de tentar purificar o Direito, isolando-o dos fatos morais, dos fatos políticos, dos fatos sociais.

Entretanto, essas críticas e esses ataques, além de conterem um desvio de perspectiva, extrapolam o campo a que a Teoria Pura do Direito previamente se limitou.

Kelsen reconhece que o Direito tem relações estreitas com o objeto de outras ciências, que se ocupam daqueles fenômenos. Mas a Teoria Pura do Direito não trata dos fenômenos prévios ao estabelecimento da norma e à fixação de seu conteúdo. Ocupa-se da norma jurídica já posta, da norma positiva. Como teoria ela não cria normas e não poderia estabelecer conteúdos jurídicos.

Por outro lado, a Teoria Pura do Direito, dentro dos propósitos que ela própria se deu, não pretende purificar o Direito, que é seu objeto de conhecimento. A pureza, como método, não está referida ao conteúdo das normas jurídicas.

Contra a pureza metodológica levantaram-se, ainda, objeções atinentes à sua aplicabilidade, firmadas sobre o argumento de que "o Direito não é uma ciência matemática", ou de que "O Direito não é uma ciência exata."

No entanto, tais objeções se chocam contra a rigorosa distinção, feita por Kelsen, entre o Direito e a Ciência que dele se ocupa. Em sua doutrina, há uma exata separação entre o Direito, como objeto do conhecimento, e a Ciência do Direito, que é o conhecimento do jurídico.

Evidentemente, o Direito não é uma ciência, seja natural ou social, exata ou inexata. Ele é objeto de um conhecimento e não se pode incorrer no grande equívoco de se confundir uma ciência com o seu objeto.

---

16   Kelsen, *Teoria Pura do Direito*, p. 112.

Todavia, esse equívoco é mais comum do que se poderia supor.

O próprio Kelsen, quando tratou das aproximações e distinções entre Direito e Moral, registrou, a propósito da relação entre a Justiça e o Direito que, "no uso corrente da linguagem, assim como o Direito é confundido com a ciência jurídica, a Moral é muito frequentemente confundida com a Ética".[17]

A propósito da equivocada identificação que se faz entre a ciência e o seu objeto, Kelsen observa: "É frequentemente ignorada a distinção entre função da ciência jurídica e função da autoridade jurídica e, portanto, a distinção entre o produto de uma e outra. Assim, acontece no uso da linguagem em que o Direito e a ciência jurídica aparecem como expressões sinônimas."[18]

Assumindo que a primeira tarefa de uma ciência é a de buscar a unidade de seu objeto, Kelsen o encontra no que é designado como Direito pelos diferentes povos em diferentes épocas: uma ordem normativa da conduta humana.

4. A Gênese da Norma – As Relações entre Ser e Dever Ser

Na Teoria Pura do Direito, o objeto do conhecimento jurídico é o Direito, que se constitui como um sistema de normas que regem a conduta humana.

As normas jurídicas são produzidas por certos atos de vontade, que adquirem o sentido objetivo de um dever ser.

A formulação do conceito de norma como manifestação de que algo é devido, de que uma conduta deve ser observada, como expressão de um dever ser, põe em relevo o seu caráter de imperativo, de imposição e proibição, ainda que a este venham a ser acrescidas outras funções deônticas.

As heranças dessa concepção de norma, como dever ser, irradiam-se da teoria dos imperativos, desenvolvida por Kant, na

---

17   Kelsen, *Teoria Pura do Direito*, p. 94.
18   Kelsen, *Teoria Pura do Direito*, p. 113.

Fundamentação da Metafísica dos Costumes. Assim diz o filósofo: "Todos os imperativos se expressam por meio de um 'dever ser' e mostram, assim, a relação de uma lei objetiva da razão com uma vontade que, por sua constituição subjetiva, não é determinada necessariamente por tal lei."[19]

Na doutrina de Kant, os imperativos categóricos impõem um dever de forma incondicional, podendo ser expressos pela proposição "A deve ser", em que A simboliza a conduta devida, independentemente de qualquer condição, enquanto os imperativos hipotéticos impõem o dever de forma condicional, fazendo-o depender da realização de uma hipótese previamente concebida, encontrando sua expressão na proposição "Se A é, deve ser B", na qual A é a condição de cuja realização depende a exigência do dever simbolizado por B.[20]

Ao conceber a norma como um dever ser que tem sua origem em um ato de vontade, Kelsen remonta às bases kantianas. Entretanto, o sentido que sua doutrina empresta à expressão "dever ser" não tem caráter axiológico, não se vincula a qualquer pretensão de ordenar a ação do ser racional, movido pela representação do dever, não envolve qualquer ideia transcendente de dever. É somente uma categoria modal, de significado exclusivamente lógico.

Conforme esclarece, "'Ser' e 'dever ser' são dois conceitos puramente formais, duas formas ou modos que podem tomar todo e qualquer conteúdo, mas devem, necessariamente, ter um certo conteúdo para serem portadores de sentido."[21]

---

19   *"Todos los imperativos se expresan por médio de un 'dever ser' y muestran así la relación de una ley objetiva de la razón con una voluntad que, por su constitución subjetiva, no es determinada necesariamente por tal ley (constricción)"* (Kant, *Fundamentación de la Metafísica de las Costumbres*, p. 81).

20   Kant, *Fundamentación de la Metafísica de las Costumbres*, p. 83-86.

21   Kelsen, *Théorie Générale des Normes*, p. 71 – *"'Être' et 'devoir-être' sont deux concepts purement formels, deux formes ou modes qui peuvent accepter n'importe quel contenu, mais qui doivent nécessairement avoir un certain contenu pour être porteurs de sens."*

O conteúdo do "ser" e o conteúdo do "dever ser", como ressalta, formam um substrato modalmente indiferente. Isso significa que um determinado conteúdo tanto pode se revestir do modo do ser como do modo do dever ser.

Entre o ser e o dever ser há um irredutível dualismo, que se explicita pela circunstância de que um dever ser não pode se reduzir a um ser, assim como um ser não pode se reduzir a um dever ser. De um ser não se deduz um dever ser, assim como do dever ser não se deduz um ser. O ser não se converte em dever ser e o dever ser não se converte em ser.

Esse dualismo foi exposto por Kant, que, no segundo capítulo da *Fundamentação da Metafísica dos Costumes*, estabeleceu fronteiras bem demarcadas entre o mundo da natureza, onde impera a causalidade, e o da liberdade, onde os seres racionais podem agir pela representação do dever.

García Máynez sintetiza a distinção kantiana entre ser e dever ser: "Da observação dos fatos não é correto, segundo Kant, desprender conclusões normativas. A circunstância de que algo ocorra de determinada forma não nos autoriza a declarar que assim deve ocorrer."[22]

Embora "ser" e "dever ser" sejam formas distintas e irredutíveis, na doutrina de Kelsen, as relações entre eles aparecem na gênese das normas que integram o sistema jurídico, nas relações que existem entre natureza e Direito, entre o ato e o significado, entre vontade e norma.

Nos atos que entram no domínio do Direito e adquirem a qualidade de jurídicos, há elementos que pertencem ao mundo do ser, ao mundo da natureza, que se desenvolvem no tempo e no espaço, que podem ser apreendidos pela via sensorial, e há o significado, que não pode ser alcançado pela via dos sentidos.

---

22 García Máynez, *Introducción al Estudio del Derecho*, p. 8 – "*De la observación de los hechos no es correcto, según Kant, desprender conclusiones normativas. La circunstancia de que algo ocurra en determinada forma no nos autoriza para declarar que así debe ocurrir.*"

O que confere aos atos e fatos o seu sentido jurídico não é o seu ser natural, é uma norma jurídica, que os qualifica e que funciona, em relação a eles, como um esquema de interpretação.[23] A norma jurídica, que empresta sentido jurídico aos fatos da natureza, dentre os quais os atos humanos, é, também, por sua vez, o sentido de um ato externalizado no reino do ser, no mundo da natureza. Ela não é o ato, pertencente ao domínio da natureza, mas, sim, o significado de dever ser que ele adquire pela interpretação de outra norma do sistema.

O fato do reino do ser é suporte para o significado, do reino do dever ser.

O ato que será o propulsor da gênese da norma é um ato de vontade. Todavia, não basta um ato de vontade para a produção de uma norma. Um mero querer dirigido à conduta de alguém pode não ter o sentido de um dever ser, mas, somente, o sentido de um voto ou de um desejo. Por outro lado, também não se identifica a uma norma, embora tenha o sentido de um dever ser subjetivo, o ato de vontade intencional que tem por alvo a conduta de outrem, expressando somente o desejo de que o outro se conduza de determinada maneira.

O que confere ao ato de vontade intencionalmente dirigido à conduta de outrem, além do sentido subjetivo de dever ser, também o sentido objetivo de um dever ser, de uma norma, é uma norma válida do mesmo sistema normativo.

A norma não é, portanto, o ato de vontade, embora este seja imprescindível para sua criação e positivação. O ato de vontade é algo que está no plano do ser, é um ser fático, do mundo da natureza. A norma é um dever ser. O ato de vontade "produz" a norma, mas não é ele a norma. A norma é sentido de ato, e não o próprio ato, é, exatamente, o sentido objetivo de um dever ser.

Kelsen refuta as críticas que lhe foram feitas, no sentido de que a norma, em sua teoria, é a vontade do Estado, afirmando:

---

23 Kelsen, *Teoria Pura do Direito*, p. 18-21.

"é errôneo se caracterizar a norma em geral e a norma jurídica em particular como "vontade" ou "comando" - do legislador ou do Estado, quando por vontade ou comando se entenda o ato de vontade psíquica."[24]

A norma não pode ser caracterizada como "vontade", nem psíquica, nem "despsicologizada", porque ela não é o ato de vontade, não está no plano do ser, mas é o sentido de um ato de vontade, que se interpreta como dever ser.

Na definição de Kelsen "Norma é o sentido de um ato através do qual uma conduta é prescrita, permitida ou, especialmente facultada, no sentido de adjudicada à competência de alguém."[25]

Essa concepção, além de colocar em relevo que norma é o sentido de um ato, e não o próprio ato, agrega à função da norma jurídica de prescrição, que engloba a imposição e a proibição, as funções de permissão, no sentido positivo, e de autorização, às quais se acrescenta a de derrogação, como abolição da validade de uma norma, por outra norma. São funções deônticas, que se compreendem como dever ser.[26] São todas dirigidas à conduta, mesmo a função de derrogação, que implica a extinção de uma imposição, de uma proibição, de uma faculdade ou de uma autorização. Essas funções, tratadas na Teoria Pura do Direito, são estudadas, de modo minucioso, na obra póstuma *Teoria Geral das Normas*.

O sentido de dever ser, próprio da norma, não se refere ao futuro, não é temporal. Ele não pode ser confundido com o domínio temporal de validade da norma. Este, sim, estende-se no tempo, e tanto pode alcançar o passado, o presente ou o futuro. É por isso que a questão da retroatividade e da irretroatividade tem ocupado a atenção especial dos juristas e que, em algumas matérias, a irretroatividade, em alguns ordenamentos jurídicos,

---

24   Kelsen, *Teoria Pura do Direito*, p. 29.
25   Kelsen, *Teoria Pura do Direito*, p. 22.
26   Cf. Kelsen, *Théorie Générale des Normes*, p. 125-150, para o detalhamento dessas funções.

tem recebido especiais garantias, no plano constitucional ou no da lei ordinária.

A gênese da norma, pela correlação entre o ato de vontade e o sentido objetivo de dever ser que lhe é conferido por uma norma válida do sistema, se processa em diversas instâncias competentes para criar as normas gerais e as normas individuais.

Na dinâmica do Direito, que se encontra em constante formação, todo processo de criação da norma é, simultaneamente, processo de aplicação da norma, e todo processo de aplicação da norma é, simultaneamente, criação da norma.

Criação e aplicação se coimplicam, exceto em dois casos extremos, o da pressuposição da norma fundamental e o da execução do ato coercitivo.

Fora desses casos, todo ato jurídico é, a um só tempo, aplicação de uma norma superior e produção de uma norma inferior, regulada por aquela.

Assim, na teoria de Kelsen, o Direito regula sua própria criação, desde a gênese da norma até o momento do ato final de sua aplicação.

5. A Norma no Sistema Jurídico

O Direito, conforme o define Kelsen, é "uma ordem normativa da conduta humana", "um sistema de normas que regulam o comportamento humano".[27]

As normas jurídicas que compõem essa ordem não surgem de fontes e de instâncias estranhas ao próprio sistema jurídico, mas se formam mediante um processo por ele regulado. Assim, o Direito é a sua própria fonte, enquanto regula o seu permanente processo de autoprodução.[28]

---

27   Kelsen, *Teoria Pura do Direito*, p. 21.
28   Kelsen, *Teoria Pura do Direito*, p. 377.

A norma jurídica, mesmo quando atrai a ênfase do estudo da Ciência do Direito, só existe no sistema. A identificação feita por Kelsen entre validade e existência da norma jurídica se explica exatamente porque, desde a sua gênese, ela só adquire sentido no sistema, que a regula.

O Direito não é a única ordem normativa da conduta humana, mas guarda especificidades que fazem dele uma ordem distinta das demais.

Em seus estudos de Filosofia do Direito, o Professor Eduardo García Máynez aponta quatro grandes ordens normativas da conduta - o direito, a moralidade, os convencionalismos sociais e a religião - e busca estabelecer as relações, as semelhanças e as diferenças entre elas.[29]

Por muito tempo, nos estudos do Direito, a separação entre essas esferas foi feita mediante tentativas de se distinguirem as normas que se situavam no âmbito de cada uma delas. Esse era um tema recorrente nos programas acadêmicos.

Várias propostas doutrinárias pretenderam traçar distinções entre normas religiosas, normas morais, normas convencionais e normas jurídicas, baseadas em critérios que se tornaram clássicos, firmados em dualismos antinômicos, como os da autonomia e da heteronomia, da interioridade e da exterioridade, da unilateralidade e da bilateralidade, da incoercibilidade e da coercibilidade.

Com base nesses critérios, buscava-se estabelecer se uma norma tinha natureza religiosa, moral, convencional ou jurídica. Todavia, eram tantas as exceções inseridas nas classificações que nenhuma proposta se revelava plenamente satisfatória. Ademais, concorria para o insucesso dos critérios diferenciadores a constatação irrefutável de que a mesma conduta pode ser objeto de normas de distintos ordenamentos.

Tomando-se a norma, isoladamente, como ponto central da diferenciação entre os ordenamentos normativos, o impasse con-

---

29   García Máynez, *Filosofia del Derecho*, p. 51-135.

tinuava sem solução, porque nada excluía que, pelo seu conteúdo, ela pudesse ter caráter religioso, moral, convencional ou jurídico.

Não poderia ser o caráter da norma o critério norteador para a identificação do ordenamento normativo e, nessa linha, o ordenamento jurídico não poderia ser definido e distinguido com base na norma jurídica.

Norberto Bobbio destaca que, ao reverso da doutrina tradicional, que caracterizava a ordem jurídica como o sistema normativo composto de normas jurídicas, definindo o ordenamento pela natureza das normas, o estudo passou a ser feito de perspectiva diferente, mostrando que as normas são jurídicas por fazerem parte do ordenamento jurídico.

Sob esse prisma, o ordenamento não é jurídico por conter normas jurídicas, mas as normas são jurídicas por integrarem o ordenamento jurídico. Não há ordenamentos jurídicos porque existam normas jurídicas distintas de outras não-jurídicas. Diversamente, "existem normas jurídicas porque há ordenamento jurídico distinto dos ordenamentos não jurídicos".[30]

Bobbio sustenta que o estudo do ordenamento jurídico, como objeto autônomo, é muito mais recente do que os estudos da norma jurídica, ressaltando, com uma de suas belas metáforas: "consideravam-se as árvores, mas não a floresta".[31]

A partir do momento em que a norma jurídica passou a ser considerada como parte de um todo mais vasto e que o ordenamento jurídico passou a ser tratado de modo autônomo, alguns impasses começaram a encontrar solução, como os do conflito entre normas, da norma sem sanção, das lacunas, da aplicação analógica, da própria criação de normas, gerais e individuais, mediante atos de aplicação de outras normas.

---

30   Bobbio, *Teoria do Ordenamento Jurídico*, p. 30.
31   Bobbio, *Teoria do Ordenamento Jurídico*, p. 20.

A importância das contribuições de Kelsen para a formulação da Teoria do Ordenamento Jurídico é reconhecida e ressaltada, na teoria do Direito. Dela, fala Bobbio:

> O isolamento dos problemas do ordenamento jurídico dos da norma jurídica e o tratamento autônomo dos primeiros como parte de uma teoria geral do Direito foram obra sobretudo de Hans Kelsen. Entre os méritos de Kelsen, e pelos quais é justo considerá-lo um dos mais autorizados juristas de nossa época, está, certamente, o de ter tido a plena consciência da importância de problemas conexos com a existência do ordenamento jurídico, e de ter dedicado a eles particular atenção.[32]

O tratamento autônomo do estudo da norma jurídica e do ordenamento jurídico tem um de seus primeiros momentos atribuído ao livro de Kelsen, *Teoria Geral do Direito e do Estado*, no qual a teoria do Direito está dividida em Nomostática, que considera os problemas da norma jurídica, e Nomodinâmica, que considera os problemas do ordenamento jurídico.

Bobbio, para quem uma completa Teoria do Direito deve compreender uma Teoria da Norma Jurídica e uma Teoria do Ordenamento Jurídico, aponta o caráter precursor dessa obra, que, talvez pela primeira vez no sistema kelseniano, tenha tratado a Teoria do Ordenamento Jurídico como uma das duas partes de Teoria do Direito.[33]

García Máynez compartilha desse entendimento, ao sublinhar a contribuição de Kelsen para a formação da Teoria do Ordenamento Jurídico. Conforme expõe, a primeira grande obra de Kelsen – *Hauptprobleme der Staatsrechtslehre* - é construída sobre o cimento da análise estrutural da proposição jurídica. Nela, Kelsen faz considerações sobre o sistema normativo, como o fazem vários autores, mas essas considerações partem sempre do estudo da norma de direito.[34] Os escritos posteriores puseram maior ênfase na noção

---

32   Bobbio, *Teoria do Ordenamento Jurídico*, p. 21.
33   Cf. Bobbio, *Teoria do Ordenamento Jurídico*, p. 21.
34   Cf. García Máynez, *Filosofia del Derecho*, p. 185.

de sistema. E, na obra *General Theory of Law and State*, de 1945, cujas duas grandes partes se intitulam respectivamente Nomostatics e Nomodynamics, já há um tratamento autônomo do tema. As inovações apresentadas na Teoria Geral do Direito e do Estado, concernentes aos estudos do ordenamento jurídico, foram incorporadas, como outros estudos, à Teoria Pura do Direito, de 1960.

O tratamento do Direito como uma ordem normativa, um sistema de normas, permitiu equacionar e buscar resposta para questões que não poderiam ser solucionadas de modo satisfatório pela consideração isolada da norma, sem a sua inserção no sistema normativo.

O que define a natureza jurídica de uma norma é a sua inserção na ordem jurídica, o que pode ocorrer no momento de sua gênese, ou pode decorrer de sua recepção de outro ordenamento normativo, o que equivale a um processo de criação.

Por outro lado, o que define a natureza jurídica de um ordenamento não é, naturalmente, seu caráter de ordem normativa, de sistema de normas, já que existem outros sistemas normativos além do jurídico.

Na doutrina de Kelsen, a diferenciação do Direito das outras ordens normativas não se dá em razão da existência de sanções, punitivas ou premiais, porquanto as outras ordens normativas também as possuem. O Direito se distingue das demais ordens normativas porque se apresenta como uma ordem coativa, no sentido de que, quando a sanção, prevista como consequência pela inobservância da conduta prescrita, é uma pena, ela deve ser aplicada, e, no caso de resistência, com o recurso à força física.

Embora necessite da força, o Direito não se confunde com ela.

Como diz Kelsen: "É a ordem jurídica que determina os pressupostos sob os quais a coação, como força física, deve ser executada, e quais os indivíduos pelos quais deve ser executada."[35]

---

35 Kelsen, *Teoria Pura do Direito*, p. 65.

A determinação desses pressupostos, a organização da força, a pré-definição das sanções, o estabelecimento dos meios, dos órgãos e dos procedimentos para sua aplicação, mostram que, além de ser gerada no sistema, a norma jurídica somente pode encontrar aplicação enquanto norma nele inserida, que o compõe como parte de um todo.

6. A Norma Fundamental – O Dever Ser como Fundamento de Validade

O Direito, como todos os sistemas normativos que regem a conduta humana, é composto por 'uma pluralidade de normas. No entanto, a mera existência de uma pluralidade de normas não basta para se definir o Direito como um sistema. Para tanto, é preciso que haja um fundamento comum a essas normas, para que formem a ordem jurídica como um todo unitário. O fundamento de validade comum confere unidade ao sistema normativo, ao mesmo tempo em que confere validade a todas as normas que possam a ele ser referidas.

Na teoria de Kelsen, esse fundamento não pode se constituir como um fato da ordem do ser, porque do ser não se extrai o dever ser, daquilo que é não se deduz o que deve ser. O ser não funda o dever ser e não se pode, portanto, fundar a validade de uma norma no fato de ter sido ela posta por uma autoridade, seja sobre-humana ou humana, por Deus, por um profeta ou por um governante. O fundamento de validade de uma norma somente pode ser outra norma do sistema.

Kelsen concebe o ordenamento jurídico como um sistema do tipo dinâmico, em que, diferentemente dos sistemas do tipo estático, o fundamento de validade de uma norma não é referido a seu conteúdo, mas à sua forma de criação. Não está excluído que a norma do escalão superior possa determinar o conteúdo da norma inferior, limitando ou indicando a matéria que por ela deve ser disciplinada, entretanto, não será o conteúdo o fundamento de validade.

No ordenamento jurídico, representado pela figura da pirâmide a-espacial, que Kelsen colheu da doutrina de um dos membros da Escola de Viena, Adolf Merkl,[36] as normas são organizadas em degraus inferiores e superiores, em uma relação de supra-infra-ordenação.

Mesmo nos ordenamentos, em que as normas aparentemente se organizam de forma linear, em uma relação de coordenação, haverá uma norma de grau superior e uma de grau inferior, pelo menos no que concerne às relações entre as normas constitucionais e ordinárias (legisladas ou consuetudinárias) e, de modo geral, as normas individuais. Seja a estrutura piramidal dotada de vários escalões, ou de um número reduzido de degraus, o fundamento de validade será buscado em uma norma superior do sistema.

A resposta à indagação pelo fundamento de validade da norma mais elevada do sistema não poderia ser remetida a uma outra norma, nem atual, nem histórica, do Direito positivo.

O fundamento não poderia, também, ser resolvido pelo argumento de ter sido a norma posta por uma autoridade terrena ou extraterrena, pelo poder de um governante ou por uma assembleia constituinte. O fato não fundamenta a norma. Nesse sentido, Kelsen explicita:

> O fato de alguém ordenar seja o que for não é fundamento para se considerar o respectivo comando como válido, quer dizer, para ver a respectiva norma como vinculante em relação a seus destinatários. Apenas uma autoridade competente pode estabelecer normas válidas; e uma tal competência somente se pode apoiar sobre uma norma que confira poder para fixar normas.[37]

A atribuição de competência é uma função deôntica, e, assim, depende de seu estabelecimento pela norma.

---

36 Thévenaz, *Las Bases Epistemológicas de La Teoría Pura del Derecho de Kelsen*, p. 57.
37 Kelsen, *Teoria Pura do Direito*, p. 268-269.

Tem-se dito que a norma fundamental de Kelsen estabelece um fato como produtor de normas. Mas ela não estabelece fato. Em forma abreviada, ela pode ser descrita: "devemos conduzir-nos como a Constituição prescreve",[38] ou, devem ser obedecidos os comandos do constituinte ou, devem ser obedecidos os comandos da autoridade que pôs a norma. A norma fundamental pressuposta estabelece um dever ser referido a um fato da ordem do ser, e este é justamente o fato de que uma autoridade estabeleceu comandos para a conduta de outrem.

A teoria da norma fundamental, como adverte Kelsen, não é uma teoria do reconhecimento, mas uma teoria do conhecimento jurídico. Ela não exerce qualquer função ético-política, mas, tão somente, uma função teorético-gnoseológica.[39]

A norma fundamental (*Grundnorm*), de acordo com os contornos delineados na Teoria Pura do Direito, não é uma norma positiva, não é uma norma posta. É uma norma pressuposta, é uma norma pensada, é uma hipótese teorético-gnoseológica, uma hipótese da Ciência do Direito. Ela possui, conforme elucida Kelsen, uma dupla função: "constitui a unidade de uma pluralidade de normas, enquanto representa o fundamento de validade de todas as normas pertencentes à ordem normativa."[40]

Muitas críticas foram feitas à doutrina da norma fundamental.

São recorrentes as afirmações de que, por não oferecer uma fundamentação ética para o Direito, ela permite que a ordem jurídica tenha qualquer conteúdo.

A norma fundamental não tem caráter axiológico. O próprio Kelsen esclareceu que, com a doutrina da norma fundamental, não pretendia justificar o conteúdo das normas do sistema jurídico. Ela pretendeu ser somente uma resposta teorética para a validade das normas do sistema jurídico positivo, unificando a pluralidade de normas em um fundamento comum.

---

38   Kelsen, *Teoria Pura do Direito*, p. 277.
39   Kelsen, *Teoria Pura do Direito*, p. 305.
40   Kelsen, *Teoria Pura do Direito*, p. 269.

Não se pode deixar de observar que uma teoria não pode impedir que as normas do Direito positivo adquiram qualquer conteúdo. Nem uma norma fundamental do sistema do tipo dinâmico, nem uma norma fundamental do sistema do tipo estático, poderia fazê-lo, como não o poderia a norma tida como procedente de instâncias extra-humanas.

Somente a ação humana pode impedir ou exigir que determinados conteúdos sejam acolhidos pela norma do Direito positivo.

Acrescente-se que a ordem jurídica, que se cria, se transforma e se renova a cada dia, não pode ser considerada como um sistema descarnado, exceto no caso dos sistemas que estão prestes a perder a validade, pela falta de eficácia, e, para sistemas ineficazes, a norma fundamental sequer pode ser pensada.

Das inúmeras críticas feitas à teoria da norma fundamental, a que, por certo, tem causado maior impacto, por levar ao questionamento das próprias bases da Teoria Pura do Direito, é concernente às mudanças que se teriam verificado no pensamento de Kelsen, a respeito de sua concepção.

Em artigo publicado em 1976, o Professor Lourival Vilanova, com base em textos de Karl Leiminger (*Die Problematik der Reinen Rechtslehre*, p. 44) e de Alf Ross (*Lógica das Normas*, p. 147), afirma que, depois de quase seis décadas, e após a última edição da Teoria Pura do Direito, em um Simposium realizado em Salzburgo, em 1963, Kelsen teria retificado sua doutrina da norma fundamental.

Conforme expõe: "Diz Leiminger que Kelsen passou a considerar a Grundnorm como uma "Fiktive Norm", assentada em um "fiktiven Willensakt". Acrescenta que essa referência também se encontra em Alf Ross (Alf Ross, *Lógica das Normas*, p. 147), cujo texto reproduz em seu artigo".[41]

---

41   Vilanova, *Teoria da Norma Fundamental* (Comentários à Margem de Kelsen), p. 153.

A respeito da norma fundamental baseada na Teoria da Ficção, de H. Vaihinger, foi efetivamente publicada, em 1964, a conferência de Kelsen que estava destinada à Segunda Jornada Austríaca de Juristas, e que, em razão de uma indisposição que o acometeu, não foi proferida na ocasião, mas foi anexada às Atas do evento (Viena, 1964, V/7, p. 67 e seguintes).[42]

Nesse texto, que, na tradução do alemão para o espanhol se intitulou *"La Función de la Constitución"*, Kelsen expõe sua teoria da norma fundamental, que não é uma norma positiva, estabelecida por um ato de vontade real, mas uma norma pressuposta no pensamento jurídico como condição lógico-transcendental para a descrição de uma ordem objetivamente válida, que é uma resposta gnoseológica para a interpretação do sentido de determinados atos como um sistema de normas válidas.

Na sequência, encaminha sua exposição para a norma fundamental como ficção, afirmando que, contra a suposição de uma norma não estabelecida por um ato real de vontade, mas, somente pressuposta no pensamento jurídico, é possível argumentar que uma norma pode somente constituir o sentido de um ato de vontade, não o sentido de um ato de pensamento, porquanto existe uma correlação essencial entre dever (*Sollen*) e querer (*Wollen*).

Essa objeção, conforme sustenta, somente pode ser enfrentada reconhecendo-se que, junto à norma fundamental pensada, também deve ser pensada uma autoridade imaginária, cujo ato de vontade – fingido – encontra seu sentido na norma fundamental.

Com essa ficção, declara, a suposição de uma norma fundamental entra em contradição com a suposição de que a Constituição, cuja validade está fundada na norma fundamental, constitua o sentido do ato de vontade de uma máxima autoridade acima da qual não pode haver nenhuma outra. Com isso, a norma básica se torna uma genuína ficção no sentido da Filosofia do "Como Se", de Vaihinger.

---

42   Kelsen, *La Función de la Constitución*, p. 80.

Após explicitar que a suposição de uma norma fundamental não só contradiz a realidade, mas é, em si mesma, contraditória, Kelsen conclui o tópico em questão afirmando:

> Note-se, portanto, que a norma fundamental, no sentido da filosofia do "Como Se" vaihingeriana não constitui uma hipótese – como eu mesmo tenho caracterizado algumas vezes – mas uma ficção, que se diferencia de uma hipótese pelo fato de que a acompanha, ou deveria acompanhá-la, a consciência de que não corresponde à realidade.[43]

Os tópicos concernentes à teoria da ficção e à norma fundamental como ficção, do texto que foi, aqui, resumidamente citado, divulgado na Segunda Jornada Austríaca de Juristas, em 1964, estão praticamente repetidos no Capítulo 59, letra d, da *Teoria Geral das Normas*, obra postumamente publicada em 1979.

Na *Teoria Geral das Normas*, no Capítulo 59, intitulado "Os Problemas Lógicos Concernentes ao Fundamento de Validade", Kelsen desenvolve a concepção da norma fundamental como uma ficção, no sentido vaihingeriano. Assim diz:

> A norma fundamental de uma ordem moral ou jurídica positiva não é uma norma positiva, mas uma norma simplesmente pensada, quer dizer, uma norma fictícia, a significação de um ato de vontade não real, mas fictício. Como tal, ela é uma ficção verdadeira no sentido da "Filosofia do Como Se" de Vaihinger, uma ficção caracterizada pelo fato de que ela não somente contradiz a realidade, mas é também contraditória em si.[44]

---

43 Kelsen, *La Función de la Constitución*, p. 86 – "*Nótese, por lo tanto, que la norma básica en el sentido de la filosofia del 'como si' vaihingeriana no contituye una hipótesis – como yo mismo la he caracterizado algunas veces – sino una ficción, que se diferencia de una hipótesis por el hecho de que la acompaña, o debería acompañarla, la consciencia de que no responde a la realidad.*"

44 Kelsen, *Théorie Générale des Normes*, p. 344: "*(...) la norme fondamentale d'un ordre moral ou juridique positif n'est pas une norme positive, mais une norme simplement pensée, c'est-à-dire, une norme fictive, la signification d'un act de volonté non pas réel, mais fictif. En tant que telle, elle est une fiction véritable au sens de la 'philosophie du comme si' de Vaihinger, une fiction caracterisée par le fait que non seulement elle contredit la realité, mais aussi qu'elle est contradictoire en soi.*"

Nessa obra, Kelsen explicita que uma norma fundamental somente pensada é uma contradição, porque norma é produto de ato de vontade, do qual passa a ser o significado de dever ser, e não de ato de pensamento.

Se uma norma é simplesmente pensada, o ato de vontade do qual ela é o significado precisa ser, necessariamente, simultaneamente pensado, copensado, segundo o princípio de que não há norma sem um ato de vontade do qual ela é o significado.[45]

No tópico da letra d, do Capítulo 59, sob o título: "A norma fundamental – uma norma fictícia", Kelsen cita a obra de Vaihinger, *Die Philosophie des Als-Ob*, dela extraindo o conceito de ficção como um expediente do qual o pensamento se serve para atingir um fim que não poderia ser alcançado com os dados disponíveis, e com ela compara o fim do pensamento da norma fundamental. Aduz que esse fim somente pode ser alcançado pela via da ficção. Assim, conclui, remetendo-se à obra de Vaihinger:

> Por isso, convém remarcar que a norma fundamental, no sentido da "Filosofia do Como Se" de Vaihinger, não é uma hipótese – como a tenho, eu mesmo, algumas vezes caracterizado – mas uma ficção que se distingue da hipótese pelo fato de que ela é acompanhada ou deve ser acompanhada da consciência de que a realidade não lhe corresponde (p. 143).[46]

É relevante assinalar que a conferência, preparada para a Segunda Jornada Austríaca de Juristas, publicada em 1964, e os tópicos da Teoria Geral das Normas, de 1969, não constituíram as primeiras referências feitas por Kelsen à norma fundamental como ficção, nos moldes da Filosofia do "Como Se" de Vaihinger. Essas primeiras referências remontam, ao menos, a 1933.

---

45   Kelsen, *Théorie Générale des Normes*, p. 316.
46   Kelsen, *Théorie Générale des Normes*, p. 345: "*C'est pourquoi il convient de remarquer que la norme fondamentale, au sens de la "philosophie du comme si" de Vaihinger, n'est pas une hypothèse – comme je l'ai moi-même quelquefois caracterisée –, mais une fiction qui se distingue de l'hipothèse par le fait qu'elle est accompagnée ou doit être accompangnée de la conscience que la réalité ne lui est pas conforme (p. 143)".*

Em carta datada de 3 de agosto de 1933, endereçada ao Professor Renato Treves, que a ofereceu à publicação em 1987, Kelsen diz que, originariamente, na construção da norma fundamental, inspirou-se em Mach e na Teoria da Ficção de Vaihinger. Mas logo abandonou essa via, pelas incompreensões que se manifestaram e buscou o modelo de sua norma fundamental em Cohen. Conforme esclarece "a teoria da norma fundamental provém inteiramente do método da hipótese desenvolvido por Cohen".[47]

O retorno à teoria da ficção leva, naturalmente, a se indagar se Kelsen teria abandonado a concepção da norma fundamental exposta na Teoria Pura do Direito e se a adoção da teoria da ficção jogaria por terra as concepções que sustentam a Teoria Pura do Direito.

Alguns sinais permitem chegar-se à resposta da primeira dessas questões. Dentre eles, sobressai, de imediato, o fato de que Kelsen jamais publicou a *Teoria Geral das Normas*. Ela aparece, depois de sua morte, como fruto do recolhimento e sistematização de seus estudos, graças aos trabalhos do Instituto Hans Kelsen.

As reflexões contidas na *Teoria Geral das Normas* são, certamente, resultado de muitos anos de trabalho, como se pode ver nas extensas notas reproduzidas na parte final do livro, mas elas não têm data – o que tem data é a publicação póstuma da obra – e não é possível saber se Kelsen considerou a obra pronta para a publicação. Esse é um ponto importante, porque basta uma olhada rápida na bibliografia de Kelsen para se perceber o quanto ele prezava a divulgação e a publicação de seus trabalhos.

Por outro lado, a Teoria Pura do Direito tem data certa de publicação pelo autor. É indubitável que Kelsen poderia tê-la alte-

---

47   Kelsen, *in* Treves, *Un inédit de Kelsen concernant ses sources kantiennes*, p. 335. Este
é o conteúdo do tópico da Carta: "*ad 4) Même si, dans un certain sens, il est exact
d'affirmer que la théorie de la norme fondamentale trouve son origine dans le principe
de l'économie de la pensée de Mach et dans la théorie da la fiction de Vaihinger, je
préfère renoncer, à la suite de nombreux malentendus, à m'inspirer de ces deux auteurs.
L'essentiel est que la théorie de la norme fondamentale découle entièrement de la méthode de l'hypothèse développée par Cohen.*"

rado, se o quisesse, mas nenhuma modificação, nenhum acréscimo fez na 2ª edição de 1960, por ele considerada definitiva.

É, ainda, muito significativo o fato de que, na *Teoria Geral das Normas*, em nota de rodapé, Kelsen remeteu o leitor à teoria da norma fundamental exposta na 2ª edição da Teoria Pura do Direito. E o fez não para rejeitá-la, para modificá-la, para retificá-la, ou para introduzir nela qualquer ressalva, mas, para correlacionar o tema à norma fundamental da ordem jurídica positiva (da qual a Teoria Geral das Normas não tratou).

Eis a nota, colhida na edição francesa da *Teoria Geral das Normas*: "*1 Sur la question de la norme fondamentale d'un ordre juridique positif, comp. avec ma Théorie pure du droit, 2è éd., trad. franç., p. 12, 23, 43, 61 e s, p. 145, 248 s, 255, 264 s, 266,s, 273, 282, 287, 293, 294 s, 297, 299 s, 314, 415*".[48] Na edição em língua portuguesa de 1979, eis o rodapé da página 332: "Sobre o problema da norma fundamental de um ordenamento jurídico positivo, cf. minha Reine Rechtslehre, 2, aufl., 1960, p. 8, 17, 32, 46 s, 51, 54, 110, 119 ss., 202 ss., 208 s., 212, 214, 219, 221 s., 228 s, 232 ss., 239, 317, 325, 339, 364, 404, 443."[49]

Esses pontos mostram que a teoria da norma fundamental, exposta na *Teoria Pura do Direito*, manteve-se incólume, no âmbito dessa obra, que foi preservada sem retoques, após a edição de 1960.

Todavia, embora a *Teoria Pura do Direito*, na versão da 2ª edição, haja sido preservada sem modificações, é oportuno indagar quais poderiam ser as consequências, para ela e para o pensamento kelseniano, decorrentes da substituição da concepção da norma fundamental como hipótese lógico-transcendental pela concepção da norma fundamental como ficção, no sentido da Filosofia do "Como Se", de Vaihinger.

---

48   Kelsen, *Théorie Générale des Normes*, p. 346, nota de rodapé 1.
49   Kelsen, *Teoria Geral das Normas*, p. 332.

É a matéria da segunda questão proposta, que poderia ser desdobrada em algumas interrogações: a adoção da teoria da ficção comprometeria ou destruiria as concepções sobre as quais se sustenta a *Teoria Pura do Direito*? Que consequências ela traria para a concepção de ordem jurídica, nela exposta, considerando-se que é a norma fundamental que fornece a unidade da pluralidade de normas que a compõem, juntamente com o fundamento de validade? E quais seriam as consequências para a concepção do fundamento de validade das normas do sistema?

Para a busca de uma resposta a essas questões, é conveniente lembrar o significado da hipótese, na filosofia de Cohen, que, conforme afirmou Kelsen, em 1933, serviu de modelo para a construção da norma fundamental, e o significado da ficção, na filosofia de Vaihinger, que Kelsen apontou como modelo para sua norma fundamental, nos textos mencionados, posteriores a 1960.

Hermann Cohen, na obra *Lógica do conhecimento puro (Logik des reinen Erkenntnis)*, conforme remarcou Renato Treves, reduziu a crítica kantiana à Lógica pura e substituiu o princípio kantiano da síntese por um princípio novo, o da fecundidade do pensamento puro, que é essencialmente produção autônoma, sem contato com a sensação e 'a representação.[50]

Fundador da Escola neokantiana de Marburgo, Cohen concebe toda ciência como pensamento, no sentido de que o pensamento puro recria a ciência e à sensibilidade.

Suas concepções são desenvolvidas com base na doutrina de Kant, na qual o conhecimento transcendental não se funda nos fatos da realidade e ocupa-se, não tanto dos objetos, mas do modo de conhecê-los, enquanto deva ser *a priori*.

Assim, concebe a filosofia como uma metodologia da ciência, atribuindo-lhe o papel de indagar sobre os elementos *a priori* do conhecimento científico.

---

50   Treves, *Un inédit de Kelsen concernant ses sources kantiennes*, p. 328-329.

Nesse sentido, Reale e Antiseri sintetizam sua concepção: "(...) a ciência não se constituiu tanto pela acumulação de fatos, e sim muito mais pela unificação dos fatos por meio de hipóteses, leis e teorias. Mas as leis e teorias não extraímos nós dos fatos, e sim as impomos aos fatos. A teoria é o *a priori*."[51]

A função das hipóteses, na filosofia de Cohen, é, sobretudo, de unificar o que se manifesta como diverso para constituir o conhecimento científico, que não é uma coleção de sensações e fatos observados, mas um conhecimento sistematizado e edificado com base em leis e teorias.

A hipótese, na filosofia de Cohen, é ideia, pressuposição necessária no conhecimento do existente. Não é um juízo de probabilidade que exige ser verificado na experiência, mas desempenha o papel de princípio diretor do pensamento científico.

A Filosofia do "Como Se", de Vaihinger, também provém das heranças de Kant, cujas influências são amplamente apontadas pelo próprio autor, em sua obra publicada em 1911, com o título original de *Die Philosophie des Als Ob*.

Ao relatar as origens de sua teoria, Vaihinger explicita que o seu propósito foi o de apresentar o método da ficção que, conforme sustenta, tem sido utilizado desde a antiguidade e desempenha um importante papel em todos os ramos da ciência.[52]

No capítulo XXII, de seu livro, aponta as formas linguísticas da ficção, termo que unifica as diversas expressões voltadas para o mesmo procedimento, comparando a expressão com suas correspondentes em diferentes línguas – em inglês: "*as if*", em latim: "*quasi, sicut*", em francês: "*comme si*", "*que si*", em alemão: "*als ob*", "*wie wenn*", registrando-a, ainda, em grego.[53]

---

51   Reale; Antiseri, *História da Filosofia*, p. 441.

52   Vaihinger, *The Philosophy of "As if"* – A System of the Theoretical, Practical and Religious Fictions of Mankind, p. xli.

53   Vaihinger, *The Philosophy of "As if"* – A System of the Theoretical, Practical and Religious Fictions of Mankind, p. 91.

A Filosofia do "Como Se" sustenta que o conhecimento tem limites inerentes à própria natureza do pensamento. O objeto do mundo das ideias como um todo não é o retrato, ou uma cópia, da realidade. Como a realidade nunca pode ser verdadeiramente conhecida, construímos modelos para lidar com ela e nos comportamos "como se" esses modelos lhe fossem correspondentes.[54] Vaihinger denominou ficções às figuras que foram designadas com um grande número de termos, entre outros, invenções, fantasias, ideias imaginárias, conceito artificial, e as definiu como estruturas mentais que respondem à necessidade de nosso pensamento de dar respostas diante do mundo prático e do que lhe é inacessível.

As ficções são por ele diferenciadas em reais e semificções.

As construções ideacionais são, no sentido estrito do termo, ficções reais quando elas não estão somente em contradição com a realidade mas são autocontraditórias, em si mesmas; o conceito de átomo, por exemplo, ou da coisa-em si "Ding an sich". Distintas dessas, há construções que somente contradizem a realidade como dada, ou se desviam dela, mas não são, em si mesmas, contraditórias (e.g., classes artificiais). Essas últimas podem ser chamadas de meio-ficções ou semificções.[55]

Como características gerais da ficção Vaihinger aponta: a utilidade natural que possuem como expedientes da construção psíquica; a tendência a serem eliminadas, quando o pensamento alcança métodos definitivos; a consciência de que a ficção é apenas uma ficção, em outras palavras, o reconhecimento de sua

---

54   Vaihinger, *The Philosophy of "As if"* – A System of the Theoretical, Practical and Religious Fictions of Mankind, p. 15-16.

55   Vaihinger, *The Philosophy of "As if"* – A System of the Theoretical, Practical and Religious Fictions of Mankind, p. 16: "*Ideal constructs are in strict sense of the term real fictions when they are not only in contradiction with reality but self-contradictory in themselves; the concept of the atom, for example, or 'Ding an sich'. To be distinguished from these are constructs with only contradict reality as given or deviate from it, but are not in themselves self-contradictory (e.g., artificial classes). The latter might be called half-fictions or semi-fictions.*"

natureza ficcional e a ausência de pretensão a qualquer realidade; o seu sentido circunscrito a ser meio para um fim definido.[56]

Em sua exposição, ele enfatiza que as ficções epistemológicas, em especial, as categorias, têm um particular valor no desenvolvimento de importantes ideias filosóficas e são absolutamente indispensáveis para o pensamento, que, de outra forma, não poderia ser discursivo.[57]

Conforme ressalta, a ficção é, geralmente, tratada como uma hipótese, mas, metodologicamente, hipótese e ficção são inteiramente diferentes.

Uma hipótese está diretamente dirigida à realidade, isto é, a construção ideal contém nela mesma a reivindicação, ou a esperança, de coincidir com alguma percepção, no futuro. Ela submete sua realidade a teste e demanda verificação, isto é, deseja ser provada verdadeira, real; almeja ser uma expressão da realidade. Todas as hipóteses, sem exceção, se esforçam por estabelecer a realidade e, em relação a todo pensamento do qual não estamos ainda certos, como a atual ocorrência de alguma coisa hipoteticamente assumida, ainda mantemos a esperança de que a assunção será, eventualmente, provada verdadeira.[58]

A função de uma hipótese é, de certo, somente provisória, mas o objetivo que, em última análise, ela tem em vista, é o de ser teoricamente testada e estabelecida pelos fatos da experiência.

O objeto provisório da ficção é totalmente diferente. A ficção, na medida em que a chamamos de uma construção auxiliar provisória, deve cair no decorrer do tempo e abrir caminho para sua função real; mas na medida em que é uma pura ficção, deveria, de qualquer modo, desaparecer logo que tenha cumprido seu papel.

---

56 Vaihinger, *The Philosophy of "As if"* – A System of the Theoretical, Practical and Religious Fictions of Mankind, p. 97-110.

57 Vaihinger, *The Philosophy of "As if"* – A System of the Theoretical, Practical and Religious Fictions of Mankind, p. 107.

58 Vaihinger, *The Philosophy of "As if"* – A System of the Theoretical, Practical and Religious Fictions of Mankind, p. 85.

A real diferença entre as duas é que a ficção é uma simples construção auxiliar a ser demolida, enquanto a hipótese espera, sempre, ser definitivamente estabelecida. O que parece insustentável em uma hipótese pode prestar um excelente serviço na ficção.

A hipótese trata de descobrir, a ficção, de inventar. As leis da natureza são descobertas, mas, as máquinas, inventadas. Ficções, como instrumentos mentais científicos sem os quais um alto desenvolvimento do pensamento é impossível, são inventadas.

Vaihinger interroga se, à "necessidade de que cada hipótese seja confirmada pela verificação" corresponde algo similar com a ficção. E responde, sublinhando os termos verificação e justificação: "À *verificação* das hipóteses, corresponde à *justificação* das ficções."[59]

Se a primeira precisa ser confirmada pela experiência, a última deve ser justificada pelos serviços que presta para a ciência da experiência. Ficções que não justificam a si mesmas, que não podem provar serem úteis e necessárias, precisam ser eliminadas, não menos que hipóteses que não podem ser verificadas.

A construção de ficções é um meio tão justificável e indispensável da investigação científica como a das hipóteses, mas a metodologia de ambas é inteiramente diferente.

A metodologia das hipóteses consiste essencialmente em que a assunção não é só meramente possível para o pensamento, mas é, também, atualmente possível, e que os fatos da experiência concordam com ela. Um único fato que não se ajuste a ela pode destruir uma hipótese. Isto não ocorre no caso das ficções: nem sua contradição com a experiência, nem mesmo objeções lógicas pode perturbá-las, ou, pelo menos, sua perturbação é totalmente diferente do que ocorre com a perturbação de uma hipótese. O princípio das regras do método hipotético é a probabilidade de sua construção conceitual, o do método ficcional é sua conveniência.[60]

---

59 Vaihinger, *The Philosophy of "As if"* – A System of the Theoretical, Practical and Religious Fictions of Mankind, p. 88-89.

60 Vaihinger, *The Philosophy of "As if"* – A System of the Theoretical, Practical and Religious Fictions of Mankind, p. 89.

Vaihinger procede a uma extensa enumeração e classificação das ficções, que sempre desempenharam um relevante papel no Direito, e mostra a existência das mesmas em todos os campos do conhecimento, da antiguidade ao século XX. Oferece numerosos exemplos do moderno uso das ficções, e, na terceira parte de seu livro, apresenta uma confirmação histórica da utilização da ficção por Kant e por filósofos pós-kantianos.

Os pontos destacados, ainda que resumidamente, da Filosofia do "Como Se", permitem aquilatar o alcance da afirmativa de Kelsen de que a norma fundamental é uma verdadeira ficção no sentido vaihingeriano.

O retorno à teoria do "Como Se", de Vaihinger, no texto da conferência supracitada, anexada às Atas da Segunda Jornada Austríaca de Juristas, de 1964, e nos estudos publicados como obra póstuma intitulada *Teoria Geral das Normas*, sustentou-se na afirmação de que a norma fundamental, além de não existir na realidade, contradiz o princípio de que uma norma não pode ser produto somente de um ato de pensamento, mas, necessita, simultaneamente, de um ato de vontade, do qual ela é o sentido.

Por essa via, Kelsen insere a norma fundamental na classificação das ficções que contradizem a realidade e são autocontraditórias, que, na Filosofia do "Como Se", denominam-se ficções reais.

Volta-se, portanto, à questão: a mudança de referencial teórico teria afetado a teoria da norma fundamental, a concepção de ordem jurídica, a unidade do sistema e o seu fundamento de validade?

Convém acentuar, ainda que seja para ressaltar o óbvio, que a mudança do referencial teórico não importou em renúncia, por Kelsen, à construção teórica da norma fundamental. Kelsen não excluiu a norma fundamental, como norma pensada, norma pressuposta, de seu sistema.

A comparação da construção teorética da norma fundamental como uma hipótese lógico-transcendental com a da norma fundamental como uma ficção mostra que há mais pontos comuns a aproximá-las do que divergências a separá-las.

Em nenhuma das concepções a norma fundamental tem existência na realidade. Em nenhuma das duas, é ela concebida como uma norma do Direito positivo.

Em ambas as concepções, ela é uma pressuposição, um recurso utilizado para unificar uma pluralidade de normas positivas, sobre um fundamento comum e oferecer o fundamento de validade às normas do sistema positivo.

Como hipótese lógico-transcendental é construção do conhecimento, que não se funda na realidade. Como ficção real é um expediente, um recurso, uma construção do pensamento que não se funda na realidade.

Em ambas as concepções teóricas, a norma fundamental existe somente como norma pensada, para cumprir um papel bem definido.

A hipótese, não no sentido da lógica clássica, mas no sentido da lógica transcendental, não comporta comprovação na realidade. Como hipótese lógico-transcendental a norma fundamental não requer nenhum teste de comprovação e não poderia se submeter a nenhum, porque é ideia *a priori*. Na filosófica do "Como Se", uma hipótese que não pretenda se provar como verdadeira não é, propriamente, uma hipótese, mas, sim, uma ficção, que é uma construção do pensamento, sem pretensão à realidade.

As concepções são diferentes em suas bases teóricas, mas se aproximam em vários pontos e chegam a resultados semelhantes. Pode-se perceber que, o que é hipótese nos quadros conceituais da filosofia de Cohen corresponde ao que é ficção nos marcos conceituais da filosofia de Vaihinger.

Não parece, portanto, que, ao denominar a sua norma fundamental de ficção no sentido vaihingeriano, Kelsen estaria destruindo o seu sistema. A ficção e a hipótese, em seus respectivos quadros teóricos, são recursos similares e tanto a ficção vaihingeriana como a hipótese lógico-transcendental, inspirada no neokantismo de Hermann Cohen, não estão destinadas à comprovação na realidade.

As críticas que lhe são feitas por ter classificado a norma fundamental como uma ficção real, nos quadros da Filosofia do "Como Se", poderiam ter o mesmo alvo, quando a norma fundamental foi designada como uma hipótese lógico-transcendental. O sistema continua tão válido para os que aceitaram a construção de uma norma fundamental pensada quanto antes do retorno a Vaihinger, ou, para os que jamais admitiram a norma fundamental como uma construção puramente gnoseológica, continua tão inválido quanto antes do apelo à teoria da ficção.

Importa sublinhar que a possibilidade da pressuposição da norma fundamental, seja ela construída segundo o modelo da hipótese lógico-transcendental, ou da teoria da ficção, está condicionada por um fato da realidade, a eficácia, o que revela, outra vez, as relações do ser com o dever ser na teoria de Kelsen.

7. A Eficácia – O Ser como Condição de Validade

As normas jurídicas não regem relações necessárias de causa e efeito, subordinadas ao princípio da causalidade. Regem a conduta que se manifesta em relações humanas e, por isso, são susceptíveis de violação. A eficácia se apresenta sob essa ótica, em que são possíveis, na realidade, a violação, a observância e a aplicação da norma.

A concepção da eficácia como condição de validade do ordenamento jurídico constitui um momento especial das relações entre ser e dever ser, na teoria de Kelsen, e, também, o momento da diferenciação entre dois procedimentos possíveis no Direito positivo, o do cumprimento da norma e o da aplicação da norma.

Kelsen sublinha que a pressuposição da norma fundamental somente pode ser feita para um sistema jurídico que se apresenta globalmente eficaz. A afirmação vale tanto para a concepção da norma fundamental exposta na *Teoria Pura do Direito*, como hipótese lógico-transcendental, como para a exposta na *Teoria Geral das Normas*, como ficção no sentido vaihingeriano. Em ambas as obras, a eficácia mereceu tratamento em tópico específico.

Enquanto a norma fundamental é fundamento de validade, a eficácia é condição de validade. Enquanto a validade de uma norma consiste na sua criação em conformidade com uma norma superior do sistema, a eficácia consiste em que uma norma é, de modo geral, observada e, caso contrário, é, de modo geral, aplicada.[61]

Obviamente, existe sempre a possibilidade de que as normas jurídicas sejam descumpridas e de que não sejam aplicadas. Uma norma, que nunca é cumprida ou aplicada, perde sua validade, porém, a ineficácia de normas isoladas não afeta a validade do sistema jurídico.

A relação que se estabelece entre a eficácia e a validade é uma relação entre o ser e o dever ser, uma relação que, conforme diz Kelsen: "É apenas um caso especial de relação entre o dever ser da norma jurídica e o ser da realidade natural."[62]

A Teoria Pura do Direito se refere à eficácia em dois planos diferentes.

Há a eficácia causal, que é a motivação bem-sucedida para levar à observância da conduta desejada ou à abstenção da conduta indesejada. É a eficácia obtida quando os indivíduos se conduzem de uma determinada maneira pelo desejo do prêmio, ou pelo receio da pena. Essa eficácia se traduz pela motivação no plano psíquico, porquanto, o que as ordens normativas almejam é provocar uma determinada conduta.[63]

O Direito pode usar a técnica das sanções premiais para tentar obter condutas, mas não pode contar somente com essa motivação psíquica, porque os seres humanos agem impulsionados por infinitos motivos. Não é a eficácia causal que interessa ao Direito. É a eficácia normativa, que é um fato da ordem do ser, mas referido às normas jurídicas. A eficácia, aqui, significa que uma norma é observada, em uma certa medida, ou que é aplica-

---

61 Kelsen, *Teoria Pura do Direito*, p. 292; *Théorie Générale des Normes*, p. 184.
62 Kelsen, *Teoria Pura do Direito*, p. 292.
63 Kelsen, *Teoria Pura do Direito*, p. 51.

da, em uma certa medida. Observância de normas e aplicação de normas, essa é a eficácia normativa.

As relações entre eficácia e validade mostram, outra vez, que não existe, na *Teoria Pura do Direito*, o corte radical entre fatos do ser e o dever ser, a conduta e a norma. Existe distinção rigorosa entre ambos, mas, não, ausência de conexão entre eles.

A eficácia normativa, como observância ou aplicação da norma, como efetivação da norma na realidade social, que condiciona a própria validade da norma jurídica, sem dúvida, cumpre a função que o Professor Renato Treves atribuiu à norma fundamental: ela abre o sistema para a sociedade.[64]

As relações entre eficácia e validade demonstram que, na teoria de Kelsen, o Direito não se confunde com a força, que as normas jurídicas não adquirem efetividade somente mediante sua aplicação pelos órgãos do poder, e que os destinatários da norma não são somente os órgãos que têm competência para aplicar as consequências jurídicas.

Mostram que o Direito pode ser cumprido de modo espontâneo e que as normas sem sanção são tão válidas como as demais normas do Direito, não somente porque podem ser aplicadas com o auxílio de outras do ordenamento jurídico, como porque podem ser cumpridas de modo voluntário, e, nesse caso, são tão completas, na produção de efeitos, como as normas que contêm a sanção.

8. A Justiça – O Velho e Irrenunciável Sonho da Humanidade

Quando publicou a 2ª edição da *Teoria Pura do Direito*, de 1960, Kelsen a fez acompanhar de um apêndice. Esse apêndice, que tinha o título de "A Justiça e o Direito Natural", não acompanhou a edição das traduções francesa e portuguesa.

---

64 "(...) *Kelsen conçoit la norme fondamentale comme hypothèse qui produit la clôture du système et comme fait qui ouvre le système vers la societé (...)*" (Treves, *Un inédit de Kelsen concernant ses sources kantiennes*, p. 331).

No Prólogo da *Teoria Geral do Direito e do Estado*, de abril de 1944, Kelsen agradece ao tradutor da monografia *Die Philosophischen Grundlagen der Naturrechetslehre und des Rechtspositivismus* (1929), "que aparece no apêndice com o título *A Doutrina do Direito Natural e o Positivismo Jurídico*".[65] Entretanto, como constou da nota de rodapé nº 3, daquela obra, o mencionado apêndice não figurou na edição da tradução castelhana.[66]

A retirada dos apêndices das publicações da *Teoria Pura do Direito e da Teoria Geral do Direito e do Estado*, embora eles tenham sido publicados como livros autônomos, foi lamentável.

Kelsen não tratou do problema da justiça dentro da temática da *Teoria Pura do Direito*, entendendo que uma teoria que tem por objeto o Direito positivo não poderia comportá-lo. Todavia, ressaltou a importância daquele problema para uma política jurídica, à qual caberia decidir sobre a valoração da conduta como conteúdo das normas jurídicas.[67]

A questão da justiça sempre ocupou suas reflexões, pelo menos desde 1911, quando publicou um estudo sobre o Direito Natural em Platão. Delas resultaram vários ensaios e os livros *A Justiça e o Direito Natural, O Problema da Justiça*, publicado como desmembramento do primeiro, *O Que é Justiça?*, publicado em 1957, *A Ilusão da Justiça*, publicado postumamente.

Kelsen sustenta que a justiça é um valor constituído por uma norma de justiça, que serve como esquema de interpretação da conduta: é justa a conduta que corresponde a essa norma e injusta a que a contraria. Assim, conforme entende, um tratamento científico do tema teria por tarefa examinar as normas de justiça

---

65   Kelsen, *Teoría General del Derecho y del Estado*, p. XI: "*que aparece en apéndice con el título de La Doctrina del Derecho Natural y el Positivismo Jurídico*".
66   Kelsen, *Teoría General del Derecho y del Estado*, p. X, nota 3.
67   Kelsen, *Teoria Pura do Direito*, 2. ed., p. 14.

e buscar os elementos que elas tenham em comum, para tentar elaborar um conceito geral de justiça.[68]

À luz desse referencial, ele repassa as principais concepções sobre a justiça, desde a antiguidade clássica até o século XX, e as fórmulas delas derivadas, para tentar buscar um critério único, através do qual a justiça pudesse ser apresentada como valor absoluto.

Ao final, conclui que as fórmulas não resolvem o problema, e que a justiça é um ideal irracional – irracional no sentido de que não pode ser apreendido pela razão e pela razão evidenciado como algo absoluto.

No entanto, na perspectiva de seu relativismo, Kelsen não se furtou a oferecer a sua concepção de justiça. Ao concluir o capítulo "O que é Justiça?", que deu título ao livro de 1957, afirma:

> De fato, não sei e não posso dizer o que é a Justiça, a justiça absoluta, esse belo sonho da humanidade. Devo satisfazer-me com uma justiça relativa, e só posso declarar o que significa justiça para mim: uma vez que a ciência é a minha profissão e, portanto, a coisa mais importante em minha vida, trata-se daquela justiça sob cuja proteção a ciência pode prosperar e, ao lado dela, a verdade e a sinceridade. É a justiça da liberdade, da paz, da democracia, da tolerância.[69]

A justiça, enquanto tem por objeto o tratamento dado pelos seres humanos a outros seres humanos, nas diversas instâncias da organização social, nas diversas formas de relações intersubjetivas, nos espaços públicos e privados, continua sendo um velho sonho acalentado pela humanidade. Não é uma questão somente jurídica, confinada nos foros de criação e aplicação do Direito, mas, uma questão que envolve, em todos os planos, o relacionamento humano e a vida.

---

[68] Kelsen, *O problema da Justiça*, p. 1-16.
[69] Kelsen, *O que é Justiça?*: A justiça, o direito e a política no espelho da ciência, p. 35.

As diversas concepções sobre a justiça, desenvolvidas no curso da história, embora não ofereçam soluções acabadas, mostram que há uma permanente tentativa de vencer as insuficiências e as imperfeições das fórmulas que tentaram condensá-la. O reconhecimento das dificuldades de se enquadrar em modelos gerais de justiça a multiplicidade das relações humanas não tem servido como motivo para a renúncia, e, sim, para estimular o aprimoramento das propostas e as formas de se lidar com elas.

É, por certo, difícil aprisionar em conceitos algo tão candente, em seus apelos racionais e emocionais, como um sonho, compartilhado pelas sociedades humanas.

Kelsen chamou a atenção para o fato de que as normas jurídicas podem ter qualquer conteúdo, ressalvando-se, em razão da finalidade de provocar condutas, os limites da esfera do possível – o espaço que medeia entre o que é naturalmente necessário e o que é naturalmente impossível. Realmente, até a liberdade, o pensamento, a fé, os sentimentos, já se tornaram conteúdos das normas jurídicas, sobretudo, na proteção que as funções deônticas são capazes de estabelecer.

A questão da valoração da conduta, e de como deve ela ingressar no domínio do Direito, como conteúdo das normas, é a questão dos valores que a sociedade quer proteger e cuja efetivação almeja assegurar.

A justiça continua sendo o sonho irrenunciável da humanidade.

Os sonhos sonhados juntos às vezes se realizam, não só como utopia que nos move adiante, em direção a uma inalcançável estrela,[70] mas como o possível na esfera humana, cujos limites

---

70 Como nos versos de The Impossible Dream, de Joe Darion, de 1965, feitos para "Man of la Mancha", musical inspirado no "Dom Quixote", de Cervantes: *This is my quest, to follow that star/ No matter how hopeless, no matter how far/ To fight for the right, without question or pause /To be willing to march into hell, for a heavenly cause.*" Disponível em: http://www.lyricscrawler.com/song/107328.html, acesso em 24.06.2012.

se alargam quando a sociedade desperta para o fato de que ela pode fazer o seu destino.

Nesse sentido, é inevitável lembrar, com Gustav Radbruch, que, por problemático que tenha sido o conceito de direito natural, teve ele força suficiente para provocar, no curso da história, mudanças no Direito positivo e para inspirar as Declarações dos Direitos Humanos.[71] E os Direitos Humanos, como sublinha Mateus Afonso Medeiros, têm sido a via, por excelência, para a luta contra a violência e a construção da cidadania.[72]

Assim ocorre, também, com as concepções de justiça, que, por mais imprecisas e polêmicas que sejam, têm deixado suas marcas no Direito positivo e na história humana.

9. Conclusão

Kelsen deixou, com sua doutrina, muitas contribuições para a Teoria do Direito. Sua teoria não pretendeu ser instrumento de uma luta política, ou de propagação de ideologias. Ela não oferece uma fórmula para a obtenção dos conteúdos das normas jurídicas. Ao contrário, ela se recusa a entrar na seara desses conteúdos, porque, segundo admite, qualquer conduta humana pode ser objeto de uma norma.

O grande problema que tem de ser resolvido pelo povo que dá leis a si mesmo, maior até do que o próprio processo de elaboração das leis, é decidir que conteúdo dar àquelas leis, diz Kelsen.[73]

Entretanto, o que a *Teoria Pura do Direito* deixa antever, com suas concepções e seus pressupostos, com as relações entre ser e dever ser, com as conexões entre fatos e normas, com as conexões entre normas inseridas no sistema jurídico, é que o Direito de uma comunidade jurídica, tanto na autocracia como na democracia, somente pode ser produzido por atos humanos. Ele

---

71   Radbruch, *Filosofia do Direito*. v. II, p. 214.
72   Medeiros, *Direitos Humanos – Uma Paixão Refletida*, p. 89-100.
73   Kelsen, *Essência e Valor da Democracia*, p. 103.

não pode ser tirado de uma instância diferente. Normas não nascem automaticamente de fatos, nem de anelos. Para sua produção é necessário o ato de vontade, do qual ela é o sentido.

Ou as transformações na ordem jurídica se farão pela comunidade social, através de seus atos e de seu querer, com os significados normativos que lhes forem atribuídos, ou elas não virão.

As normas jurídicas são produtos de atos humanos, regulam a conduta humana e são observadas ou aplicadas por atos humanos. Como tal, entram no campo da responsabilidade humana.

A responsabilidade pelas transformações e pelas inovações no Direito está, portanto, sobre ombros humanos.

Os limites do que os seres humanos podem fazer, quando criam suas utopias e suas realidades, não têm dimensão conhecida.

As contribuições de Kelsen apontam para as possibilidades que se abrem em direção a um horizonte ainda não explorado, que pode ser alcançado pelas escolhas humanas.

10. Bibliografia

BOBBIO, Norberto. *Teoria do Ordenamento Jurídico*. Tradução de Cláudio de Cicco e Maria Celeste C. J. Santos. São Paulo: Polis; Brasília: Editora Universidade de Brasília, 1989.

DARION, Joe. The Impossible Dream, Man of la Mancha, 1965, disponível em: http://www.lyricscrawler.com/song/107328.html. Acesso em 24.06.2012.

GARCÍA MÁYNEZ, Eduardo. *Filosofia del Derecho*. 10. ed. México: Editorial Porrúa, 1998.

_____. *Introduccion al Estudio del Derecho*. Decimosexta Edición Revisada. México: Editorial Porrúa, 1969.

GOYARD-FABRE, Simone. *Os Fundamentos da Ordem Jurídica*. Tradução de Claudia Berliner. São Paulo: Martins Fontes, 2002.

KANT, Emmanuel. *Fundamentación de la Metafísica de las Costumbres*. Edición Luis Martínez de Velasco. Madri: Espasa Calpe, 1995.

KELSEN, Hans. *Teoria Pura do Direito*. Tradução de João Baptista Machado. 5. ed. Coimbra: Arménio Amado Editor Sucessor, 1979.

_____. *Théorie Pure du Droit*. Tradução de Henri Thévenaz. Neuchâtel: Éditions de la Baconnière, 1953.

_____. *Teoria Pura do Direito*. Tradução de J. Cretella Jr. e Agnes Cretella. São Paulo: Editora Revista dos Tribunais, 2001.

_____. *Théorie Générale des Normes*. Tradução de Olivier Beaud e Fabrice Malkani. Paris: Presses Universitaires de France, 1996.

_____. *Teoria Geral das Normas*. Tradução de José Florentino Duarte. Porto Alegre: Sergio Antonio Fabris Editor, 1986.

_____. *Teoría General del Derecho y del Estado*. Tradução de Eduardo García Máynez. México: Universidad Nacional Autónoma de México, 1995.

_____. Essência de Valor da Democracia. *A Democracia*. Tradução de Ivone Castilho Benedetti, Jefferson Luiz Carmargo, Marcelo Brandão Cipolla e Vera Barkow. São Paulo: Martins Fontes, 1993. p. 23-107.

_____. La Función de la Constitución. *Derecho y Psicoanálisis* – Teoría de las ficciones y función dogmática. Buenos Aires: Hachette, 1987. p. 80-88.

_____. *O que é Justiça?*: A justiça, o direito e a política no espelho da ciência. Tradução de Luís Carlos Borges. São Paulo: Martins Fontes, 1998.

_____. *A Justiça e o Direito Natural*. Tradução de João Baptista Machado. 2. ed. Coimbra: Arménio Amado Editor, Sucessor, 1979.

_____. *O Problema da Justiça*. Tradução de João Baptista Machado. São Paulo: Martins Fontes, 1993.

LEGAZ Y LACAMBRA, Luis. *Horizontes del Pensamiento Jurídico*. Barcelona: Bosch, Casa Editorial, 1947.

MATA-MACHADO, Edgar Godói. *Elementos de Teoria Geral do Direito*. 4. ed. Belo Horizonte: Editora da UFMG, 1995.

MEDEIROS, Mateus Afonso. *Direitos Humanos* – Uma Paixão Refletida. Belo Horizonte: Rede de Cidadania Mateus Afonso Medeiros – RECIMAM, 2006.

PRÉVAULT, Jacques. La Doctrine Juridique de Kelsen. *Annales de L'Université de Lyon*. Paris: Librairie du Recueil Sirey, p. 9-12, 1965.

RADBRUCH Gustav. *Filosofia do Direito*. Tradução de Cabral de Moncada. Coimbra: Arménio Amado Editor, Sucessor, 1961. v. II.

REALE, Giovanni; ANTISERE, Dario. *História da Filosofia:* Do Romantismo até nossos dias. São Paulo: Edições Paulinas, 1991. v. 3.

THÉVENAZ, Henri. Las Bases Epistemológicas de la Teoría Pura del Derecho de Hans Kelsen. Separata de la *Revista Universidad de San Carlos*, n. LXVII, Guatemala: Universidad de San Carlos, p. 51-63, 1965.

TREVES, Renato. Un inédit de Kelsen concernant ses sources kantiennes. *Droit et Société*. Tradução de Giorgio Bomio e Jean-François Perrin. Paris: Librairie Générale de Droit et de Jurisprudence, n. 7, p. 327-335, 1987.

VAIHINGER, H. *The Philosophy of "As if"* – A System of the Theoretical, Practical and Religious Fictions of Mankind. Tradução de C. K. Ogden. London: Routledge & Kegan Paul, 1949.

VILANOVA, Lourival. Teoria da Norma Fundamental (Comentários à margem de Kelsen). *Anuário do Mestrado em Direito*, Recife, n° 1, p. 131-170, jan.-dez. 1976.

Parte II

A Normatividade do Direito em Kelsen

O CONCEITO KELSENIANO DE "DEVER SER"*

Robert Alexy

Sumário: 1. Norma. **2.** Imputação. **3.** Dever ser e estabelecimento de poderes. **3.1.** Conceitos fundamentais e coletivos. **3.2.** Três modalidades. **3.3.** Normas primárias e secundárias. **3.4.** A Doutrina derivada da obrigação de Kelsen. **4.** Três objeções. **4.1.** O argumento da cadeia. **4.2.** O argumento da ilegalidade. **4.3.** O argumento da sobrecarga. **5.** Bibliografia.

A complexidade do conceito kelseniano de "dever ser" é tão grande quanto a de sua obra em geral. O melhor modo de explicar esse conceito é analisar sua relação com outros conceitos fundamentais da Teoria Pura do Direito. Devem ser considerados alguns aspectos de sua relação com os conceitos de norma, imputação, atribuição de poderes e obrigação.

1. Norma

O conceito de norma possui um papel central na obra de Kelsen. Segundo Kelsen, "o direito – o único objeto do conhecimento jurídico – é norma".[1] Normas devem ser diferenciadas nitidamente de "processos mentais ou eventos físicos".[2] Uma norma, enquanto tal, é um "significado".[3] Enquanto conteúdo de significado ela não pertence à "realidade natural", mas, sim, a uma "realidade ideal".[4] Essa realidade ideal pode ser comparada ao "terceiro mundo" de Frege.[5] Isso significa que o conceito kelse-

---

*   Traduzido a partir do original em inglês "Hans Kelsen's concept of the 'ought'" por Alexandre Travessoni Gomes Trivisonno.

1   Kelsen, *Introduction to the Problems of Legal Theory*, p. 11.

2   Kelsen, *Introduction to the Problems of Legal Theory*, p. 11.

3   Kelsen, *Introduction to the Problems of Legal Theory*, p. 11.

4   Kelsen, *Introduction to the Problems of Legal Theory*, p. 15.

5   Frege, *The thought: a logical inquiry*, p. 29.

niano de norma é vulnerável a todos os argumentos que podem ser apresentados contra a tese metafísica geral de que existe, além e acima dos mundos físico e psíquico, um mundo de entidades abstratas, ou seja, um mundo ideal. Essa questão não deve ser abordada aqui. É suficiente dizer que o conceito kelseniano de norma e, com ele, seu conceito de "dever ser", pressupõe que um tal terceiro mundo existe.

2. Imputação

A caracterização kelseniana da norma como conteúdo de significado pode ser considerada uma rejeição de qualquer forma de naturalismo. Porém, ela não diz nada sobre o que distingue a norma enquanto conteúdo de significado de outros conteúdos de significado, especialmente de conteúdos de significado que se referem a fatos empíricos. Poderia se supor que a dicotomia "ser/dever ser", que é frequentemente enfatizada por Kelsen,[6] determina a diferença. Há, aliás, afirmações de Kelsen que apontam nessa direção. Assim, ele caracteriza o "dever ser" como uma "categoria formal",[7] que torna possível distinguir conteúdos de significado empíricos de conteúdos de significado normativos. Mas ele imediatamente adiciona que isso "gera apenas o gênero, e não a *differentia specifica* do direito".[8] A coerção é identificada como a *differentia specifica*: "a norma jurídica é uma norma coercitiva (uma norma que prevê coerção), e (...) precisamente por esse meio a norma jurídica é distinguida de outras normas".[9] Esse pode ser denominado o modelo do gênero comum do "dever ser" jurídico. Esse modelo do gênero comum fornece apenas uma separação fraca entre direito e moral. Ambos permanecem unidos sob o conceito de "dever ser". Entretanto, há afirmações de Kelsen que rejeitam expressamente o modelo do gênero comum e postulam

---

6   Ver, por exemplo, Kelsen, *Introduction to the Problems of Legal Theory*, p. 32.
7   Kelsen, *Introduction to the Problems of Legal Theory*, p. 26.
8   Kelsen, *Introduction to the Problems of Legal Theory*, p. 26.
9   Kelsen, *Introduction to the Problems of Legal Theory*, p. 26.

uma separação completa entre o conceito de norma jurídica e o de norma moral:

> A Teoria Pura do Direito procura libertar a caracterização conceitual do direito desse elemento ideológico [a saber, "bem, correto, justo", conforme o parágrafo anterior], separando o conceito de norma jurídica de sua fonte [histórica], o conceito de norma moral, e assegurando a autonomia até mesmo em face da lei moral.[10]

Esse poderia ser caracterizado como o modelo da autonomia do "dever ser" jurídico. O modelo da autonomia ambiciona não só uma separação substantiva mas também uma separação formal do direito em relação à moral. Nem mesmo a categoria formal do "dever ser" deve conectá-los. Isso pressupõe que existe uma categoria jurídica específica. Segundo Kelsen, essa categoria jurídica específica é a imputação.[11]

O conceito de imputação representa um paralelo ao conceito de causalidade:

> assim como leis da natureza ligam um certo fato material como causa a outro como efeito, também leis positivas [na sua forma básica] ligam uma condição jurídica a uma consequência jurídica (a consequência de um denominado ato ilícito). Se, em um caso, o modo de se ligar fatos materiais é a causalidade, no outro é a imputação, que é reconhecida, na Teoria Pura do Direito, como a legalidade específica do direito, sua autonomia.[12]

Estabelecer um paralelo é alegar que duas coisas possuem algo em comum. A característica comum entre causalidade e imputação é a estrutura hipotética ou condicionada. Leis da natureza, assim como leis positivas, conectam certas consequências a certas condições. Na medida em que se diz respeito às leis da

---

10 Kelsen, *Introduction to the Problems of Legal Theory*, p. 23.
11 Kelsen distingue ainda imputação central e imputação periférica. Aqui, interessa apenas a imputação periférica, que ocorre "quando dois fatos materiais são conectados na norma jurídica reconstruída"; Kelsen, *Introduction to the Problems of legal Theory*, p. 51.
12 Kelsen, *Introduction to the Problems of Legal Theory*, p. 23.

natureza, a condição é a "causa", e a consequência é o "efeito". No caso de leis positivas a condição ou *prótase* é a "condição jurídica" e a consequência ou *apódose* é a "consequência jurídica".[13] Isso significa que a forma lógica de ambas, leis da natureza e leis positivas, é a condicional.[14]

Com certeza, no caso da imputação, nem toda "consequência" é um possível candidato a *apódose*. Se esse fosse o caso, o poder distintivo da imputação estaria minado. Normas morais frequentemente possuem uma estrutura condicional. Um exemplo é: "se alguém estiver sofrendo, você deve ajudá-lo". Segundo Kelsen, a estrutura condicional da norma tem que ser complementada pela estrutura coercitiva da consequência para que a norma seja qualificada como jurídica. A consequência da condicional no caso da imputação não é qualquer consequência, mas apenas "a consequência de um determinado ato ilícito",[15] quer dizer, uma sanção essencialmente conectada com a coerção. Essa é a segunda propriedade da imputação.[16]

Com base nisso, a diferença entre leis da natureza e leis positivas é descrita não menos distintamente. No caso da imputação, o "senso único"[17] no qual a condição e a consequência estão

---

13   Kelsen, *Introduction to the Problems of Legal Theory*, p. 24.

14   Uma segunda propriedade lógica deve ser adicionada a essa primeira. Leis, enquanto leis, possuem uma estrutura universal. Isso pode ser expresso através da inserção de um quantor universal antes do condicional. A forma elementar comum de ambas as espécies de leis é então a seguinte: $\forall x \, (Ax \rightarrow Bx)$.

15   Kelsen, *Introduction to the Problems of Legal Theory*, p. 23.

16   Essa segunda propriedade da imputação não tem um paralelo estrito nas leis da natureza. No caso das leis da natureza, a consequência, enquanto efeito, é simplesmente um efeito que não é qualificado como nada além de um efeito. No caso da imputação, somente uma subclasse de consequências ou "efeitos" é admitida: sanções. Essa é uma expressão da imputação como uma forma jurídica especial de norma. Somente sanções são concebidas como consequências jurídicas reais da forma básica da norma. Isso significa que a imputação, enquanto tal, inclui elementos que estão além dos elementos necessariamente inerentes ao condicional bem como à causalidade. Mas isso não interessa aqui. A seguir, será tomada como base a tese do paralelo.

17   Kelsen, *Introduction to the Problems of Legal Theory*, p. 24.

conectados é o "dever ser", enquanto, no caso da causalidade, é o "ter que":

> "Leis da natureza rezam: 'se A é, então B tem que ser.' Leis positivas rezam: 'se A é, então B deve ser.'"[18]

Isso significa que, além do condicional e da coerção, o "dever ser" é o terceiro elemento da imputação. Contudo, isso cria um problema. O conceito de imputação foi introduzido por Kelsen para evitar o conceito de "dever ser" como um elemento comum do direito e da moral. Mas agora o conceito de "dever ser" parece reaparecer como um elemento da definição de imputação. Isso significa que a tentativa de Kelsen em estabelecer a "legalidade específica do direito, sua autonomia"[19] fracassou? Isso depende de como é entendido o conceito de "dever ser", do modo como é usado para distinguir causalidade de imputação.

3. Dever ser e atribuição de Poderes

3.1. Conceitos fundamentais e coletivos

O conceito de "dever ser" pode ser entendido, em geral, de dois modos: como um conceito fundamental e como um conceito coletivo. Alf Ross o concebe como um conceito fundamental. De acordo com Ross, "*a 'obrigação' é a categoria diretiva fundamental, através da qual toda norma pode ser expressada*".[20] A obrigação é considerada "a categoria normativa única e irredutível".[21] Todas as outras modalidades normativas, incluindo a modalidade atribuição de poderes ou competência, podem ser reduzidas a ela.[22] Diferentemente disso, Kelsen usa o conceito de "dever ser" como um conceito coletivo, que compreende todas as modalidades deônticas:

---

18   Kelsen, *Introduction to the Problems of Legal Theory*, p. 24.
19   Kelsen, *Introduction to the Problems of Legal Theory*, p. 23.
20   Ross, *Directives and Norms*, p. 117.
21   Ross, *Directives and Norms*, p. 118.
22   Ross, *Directives and Norms*, p. 117. Sobre esse tema cf. Alexy, *Alf Ross' Begriff der Kompetenz*, p. 55-62.

Se é formulada a regra de direito: "sob certas circunstâncias certas consequências *devem* ocorrer"; se, em outras palavras, a conexão criada pela norma entre os fatos determinados em uma norma jurídica como condição e a consequência for expressada pela palavra "dever ser", então essa palavra não está sendo usada em seu sentido usual, como já foi assinalado aqui. "Dever ser" geralmente expressa um comando, não uma autorização ou permissão. Entretanto o "dever ser" jurídico, a conexão que conecta condição e consequência em uma regra de direito, abrange todos os três sentidos: o comando, a autorização e a permissão positiva de uma consequência. O "dever ser" da regra de direito designa todas as três funções normativas.[23]

3.2. Três modalidades

No que diz respeito à ideia de "dever ser" como uma categoria, são possíveis duas interpretações. A primeira é que Kelsen quer introduzir três categorias: obrigação ou "dever ser" em um sentido mais amplo, atribuição de poderes ou competência e permissão positiva. Porém, isso seria aceitável somente se Kelsen não concebesse uma dessas três modalidades como a mais fundamental. Essa é a segunda interpretação. A atribuição de um caráter fundamental à permissão positiva pode, desde o início, ser excluída. A questão é, portanto, se a obrigação ou a atribuição de poderes é o conceito fundamental, ou seja, a categoria que tem que ser inserida dentro da condicional a fim de tornar a imputação completa. Se for possível mostrar que, para Kelsen, um dos dois é fundamental, a segunda interpretação seria correta.

3.3. Normas primárias e secundárias

A pergunta sobre se a obrigação ou a atribuição de poderes é o conceito fundamental na Teoria Pura do Direito de Kelsen só pode ser respondida à luz da sua distinção entre normas primárias e secundárias. Segundo Hart, regras primárias são regras que

---

23   Kelsen, *The Pure Theory of Law*, p. 77.

O Conceito Kelseniano de Dever Ser | Robert Alexy

"impõem deveres", enquanto regras secundárias são regras que "conferem poderes, públicos ou privados".[24] A distinção de Kelsen conduz a uma direção oposta. Segundo Kelsen, a norma primária não é a norma que comanda ou proíbe um certo tipo de comportamento; essa é a norma secundária.[25] A norma secundária, afirma Kelsen, não é mais que uma "forma abreviada" da norma primária, que possui a seguinte forma:

> Dado, como condição, o comportamento oposto àquele que evita a sanção, como estabelecida pela norma, então um ato coercitivo deve ocorrer como consequência. Essa norma jurídica reconstruída é a norma jurídica em sua forma primária.[26]

3.4. A doutrina derivada da obrigação de Kelsen

Se a norma que exige um certo tipo de comportamento fosse a primária, no sentido em que Kelsen usa a caracterização "primária" – a verdadeira norma, seria inevitável conceber a obrigação como a categoria normativa fundamental. Porém, a classificação de Kelsen do "dever ser" condicional ou hipotético dirigido à autoridade jurídica, de acordo com a norma primária, deixa aberta a questão de se esse "dever ser" deve ser entendido como obrigação ou como atribuição de poderes. Nos seus trabalhos iniciais Kelsen frequentemente usa formulações que podem muito bem ser entendidas como expressão de uma obrigação das autoridades jurídicas de impor uma sanção. A citação acima, da primeira edição da *Teoria Pura do Direito*, publicada em 1934, constitui um exemplo: "então um ato coercitivo *deve* ocorrer como consequência".[27] Mas, como apontou Stanley Paulson, essa não é a forma completamente desenvolvida do conceito kelsenia-

---

24   Hart, *The Concept of Law*, p. 81.
25   Kelsen, *Introduction to the Problems of Legal Theory*, p. 30.
26   Kelsen, *Introduction to the Problems of Legal Theory*, p. 30.
27   Kelsen, *Introduction to the Problems of Legal Theory*, p. 30 (grifo meu).

no de norma jurídica.[28] Em seu estudo sobre a teoria do Direito Internacional Público de George Scelle, escrito no final dos anos 1930, mas publicado pela primeira vez em 1987, Kelsen escreve que há a possibilidade

> de basear o conceito de obrigação (...) no conceito de competência, uma possibilidade de derivar a obrigação jurídica da competência. Isso significa que se a obrigação de um indivíduo de se comportar de determinado modo é reconhecida como dada somente se, caso ocorra o comportamento oposto, outro indivíduo tiver o poder, atribuído pelo sistema jurídico, de impor uma sanção ao primeiro indivíduo e, além disso, se a atribuição do poder de impor a sanção puder ser considerada uma competência, então a obrigação jurídica do primeiro indivíduo é baseada na competência do outro de impor uma sanção.[29]

Esse argumento reduz o conceito de obrigação jurídica ao conceito de competência. Por essa razão pode-se denominá-lo "tese kelseniana da redução".[30] A tese kelseniana da redução pode ser complementada através de um argumento sistemático. Se a autoridade *A* é concebida não somente como tendo o poder de impor uma sanção mas também como obrigada a fazê-lo, uma segunda norma hipoteticamente formulada entra em jogo, norma essa que atribui poder a um oficial *B* de impor uma sanção se *A* não impuser uma sanção. Essa cadeia de normas que estabelecem sanções "não pode [contudo] ser estendida indefinidamente".[31]

---

28 Ver, por exemplo, Paulson, *An empowerment theory of legal norms*, p. 67-72; Paulson, *Der normativismus Hans Kelsens*, p. 535-536.

29 Kelsen, *Recht und Kompetenz*, p. 75; usei a tradução de Paulson, em *A "justified normativity" thesis in Hans Kelsen's Pure Theory of Law?*, p. 33-34.

30 A estrutura de tese kelseniana da redução pode ser expressa através da seguinte equivalência: $O_{j}p \leftrightarrow (\neg p \to Cs)$. "$O_{i}$" é um operador deôntico qualificado que significa obrigação jurídica. "p" é o comportamento exigido. "C" representa a modalidade da competência. Por fim, "s" significa a sanção. O ponto central dessa tese da redução é que "O_{i}" não pode simplesmente ser substituído por "O", pois "O" pode representar uma obrigação puramente moral, e nesse caso a equivalência não seria verdadeira.

31 Kelsen, *General Theory of Law and State*, p. 60.

Por essa razão, a "última sanção nessa cadeia só pode ser autorizada, não ordenada".[32]

É com isso estabelecida a fundamentabilidade da modalidade atribuição de poderes ou competência? Stanley Paulson apresentou fortes argumentos textuais a favor da tese de que essa era a opinião de Kelsen desde sua resposta a Georges Scelle, no final dos anos 1930.[33] Mas a aceitação da tese do caráter fundamental da competência como uma tese interpretativa não deve ser confundida com sua aceitação como uma tese teórico-normativa. Mais ainda, parece haver uma conexão entre a tese teórico-normativa e a tese interpretativa. Se a tese kelseniana do caráter fundamental da competência se mostrar falsa ou inadequada, isso poderia muito bem explicar por que os conceitos de obrigação e dever nunca desapareceram de seus trabalhos. Ao contrário, mesmo no apogeu da competência ou atribuição de poderes, a obrigação permaneceu ubíqua.

4. Três Objeções

Há três argumentos a favor de se conceber a modalidade deôntica da obrigação como sendo pelo menos tão fundamental quanto a modalidade da competência.

4.1. O argumento da cadeia

O primeiro argumento é o argumento da cadeia. O argumento da cadeia começa com uma análise das competências jurídicas que não são elos de uma cadeia, ou seja, com uma análise de competências como posições jurídicas que não estão conectadas com outras competências em uma cadeia hierárquica. Tais competências isoladas podem, de fato, facilmente ser separadas de todos os elementos da obrigação. A competência isolada é o que

---

32 Kelsen, *The Pure Theory of Law*, p. 25.
33 Paulson, *A "justified Normativity" Thesis in Hans Kelsen's Pure Theory of Law?*, p. 29-40.

Stanley Paulson denomina "interpretação fraca" do "dever ser".[34] De acordo com Paulson, uma formulação que reflete a interpretação fraca poderia ser a seguinte:

Se o cidadão C falha em praticar x, então uma certa autoridade jurídica A tem o poder de impor uma certa sanção a C.[35]

A fraqueza da interpretação fraca é óbvia. Paulson menciona aqui o exemplo do "pagamento de um empréstimo", do próprio Kelsen.[36] Se uma corte possui um poder apenas isolado ou fraco de impor procedimentos de execução caso o devedor não pague o empréstimo, ela é completamente livre para decidir se realiza ou não a execução, pois o conceito de competência, enquanto tal, não inclui o conceito de obrigação. Se for aceita apenas a competência, sem nenhuma obrigação, o tribunal não tem sequer obrigação de tomar conhecimento da ação. Isso não se encaixa, porém, na tese de Kelsen de que no caso de um empréstimo que não foi pago o credor tem um direito de reivindicação, em um sentido que é, como afirma Kelsen "técnico", e que consiste na "atribuição de poderes a um indivíduo... de responder à falha do cumprimento de um dever jurídico que existe em relação a ele através da propositura de uma ação".[37] Se o tribunal fosse completamente livre, no sentido jurídico, e pudesse fazer o que quisesse, não se falaria de uma "atribuição de poder" que é exercida pelo credor. Ao contrário, falar-se-ia da expressão de uma solicitação ou de um desejo que, do ponto de vista jurídico, não é nada mais que uma condição de um possível exercício da competência da corte. Poderia se supor que isso contradiz a ideia de Kelsen do direito de reivindicação no sentido técnico, como atribuição de poderes.

Ora, poder-se-ia argumentar que esse defeito decorre do fato de se considerar as competências como posições jurídicas individuais. Quando se conecta as competências com outras com-

---

34 Paulson, *An Empowerment Theory of Legal Norms*, p. 69.
35 Paulson, *An Empowerment Theory of Legal Norms*, p. 69.
36 Kelsen, *Allgemeine theorie der normen*, p. 77-78.
37 Kelsen, *The Pure Theory of Law*, p. 135.

petências em uma cadeia hierárquica as dificuldades desaparecem. Essa é precisamente a solução de Kelsen para o problema da modalidade normativa fundamental. Com certeza, o quadro de fato se modifica radicalmente quando é adicionada à atribuição de poderes à autoridade *A* uma atribuição adjacente de poderes à autoridade *B*, através da qual esta pode impor uma sanção a *A* caso *A* não imponha uma sanção ao devedor *C*. Paulson denomina essa combinação de poderes "interpretação forte"[38] do "dever ser" e oferece a seguinte formulação:

> Se o cidadão *C* falha em fazer *x*, então a determinada autoridade jurídica *A* é atribuído o poder de impor uma sanção *y* a *C*, e se *A* falha em impor *y* a *C*, então à autoridade jurídica *B* é atribuído o poder de impor uma certa sanção *z* a *A*.[39]

Uma terceira atribuição adjacente de poder pode ser acrescentada, e assim por diante. Apenas a última atribuição de poder na cadeia não pode ser apoiada por outra atribuição de poder, se ela realmente é a última atribuição de poder.

Nessa interpretação forte do "dever ser", a noção de obrigação é representada por atribuições de poder em níveis adjacentes na hierarquia normativa. A questão é se essa representação implica que a noção está presente em um sentido que permita classificá-la como fundamental. Segundo Paulson esse não é o caso. A noção de obrigação é apenas "estenografia" para algumas atribuições de poder.[40] Ela não é "nada mais que uma construção a partir de algumas atribuições de poder".[41] Por essa razão, Paulson fala em uma "doutrina derivada da obrigação em Kelsen".[42] Uma obrigação meramente derivada seria, em certo sentido, uma obrigação, mas, enquanto obrigação meramente derivada, não seria uma modali-

---

38 Paulson, *An Empowerment Theory of Legal Norms*, p. 69.
39 Paulson, *An Empowerment* Theory of Legal Norms, p. 70.
40 Paulson, A *"justified normativity" thesis in Hans Kelsen's Pure Theory of Law?*, p. 36.
41 Paulson, A *"justified normativity" Thesis in Hans Kelsen's Pure Theory of Law?*, p. 37.
42 Paulson, A *"justified normativity" Thesis in Hans Kelsen's Pure Theory of Law?*, p. 36.

dade independente. Contudo, a independência é pressuposta pelo caráter fundamental dessa ou daquela modalidade.

Portanto, o argumento da cadeia, enquanto tal, não é suficiente para estabelecer a fundamentabilidade da obrigação. Ele fornece, quando muito, um primeiro passo no caminho para o caráter fundamental da modalidade da obrigação. Um segundo e decisivo passo pode ser, porém, alcançado através de um segundo argumento, o argumento da ilegalidade.

4.2. O argumento da ilegalidade

O argumento da ilegalidade começa com uma pressuposição. A doutrina derivada da obrigação pressupõe que todas as proposições juridicamente relevantes podem ser expressadas sem se apelar ao conceito de obrigação. Isso se sustenta? Poder-se-ia imaginar um sistema jurídico que consiste numa cadeia de três atribuições de poder ou competências: E_1, E_2 e E_3. E_1 consiste a atribuição de poder a uma corte de primeira instância para impor sanções. E_2 consiste na atribuição a uma corte de segunda instância para impor sanções à autoridade da primeira instância se esta falha em impor uma sanção a um devedor inadimplente. Finalmente, E_3 consiste numa atribuição de poderes correspondentes aos da Corte Suprema. Ora, deve-se assumir que no caso em que um empréstimo deve ser pago, nenhuma das cortes exerce sua competência. Se alguém insiste que existem apenas competências e atribuições de poderes – o que pode ser denominado "suposição da pura atribuição de poderes" – todas as três cortes agiram de forma juridicamente correta, pois uma tal competência não é violada quando não é usada. O estado jurídico de coisas nesse caso consiste em nada mais que três atribuições de poder, bem como em três correlativos Hohfeldianos, três responsabilidades.[43] A situação factual pode ser ligada ao fato de que nenhuma das atribuições de poder foi exercida, ou seja, nenhuma das respon-

---

43 Hohfeld, *Fundamental legal conceptions as applied in judicial reasoning and other legal essays*, p. 50-60.

sabilidades foi estabelecida. Houve e pode ainda haver o risco de que uma responsabilidade poderia ser estabelecida, mas isso é uma questão de fato.

Poder-se-ia pensar que esse caso pode ser considerado um caso de derrogação. Se competências são de modo geral não mais exercidas, por exemplo, o caso de um parlamento que não aprovou uma lei sequer por um período de 100 anos, poder-se-ia talvez dizer que as normas que atribuem poder ao parlamento perderam sua eficácia e, com isso, sua validade. Falar em ilegalidade não faria sentido nesse caso, pois não há mais, *ex hypothesi*, lei alguma. Com certeza essa constelação da falha geral em exercer uma competência ou, na verdade, várias competências, é interessante. Mas essa não é a constelação que deve ser considerada aqui. A única situação que interessa aqui é aquela em que as cortes falham, *em um único caso*, em exercer suas competências. Isso não é suficiente para implicar qualquer derrogação de normas de competência. Se a suposição da pura atribuição de poderes fosse verdadeira, isso também não violaria qualquer norma.

Por essa razão não é possível dizer que o estado de coisas é ilegal ou contrário ao direito. Contudo, seria estranho classificá-lo como em conformidade com o direito. Isso poderia ser denominado "crítica da estranheza". Essa estranheza pode ser evitada somente se for admitida uma obrigação, pelo menos nos casos da primeira e da segunda cortes, que empreste significado à proposição jurídica de modo que o comportamento dessas cortes é ilegal. Porém, isso estabelece o caráter fundamental autônomo da modalidade da obrigação, que é incompatível com a doutrina derivada da obrigação.

Poder-se-ia objetar que o argumento da ilegalidade não leva em consideração suficientemente a tese de Kelsen de que no nível mais elevado apenas uma competência pura é possível.[44] Ora, essa

---

44 A esse respeito ver Paulson, *Die unterschiedlichen Formulierungen der "Grundnorm"*, p. 66-67.

tese pode muito bem ser contestada do modo como, por exemplo, Nawiasky fez.[45] Mas essa questão não deve ser abordada aqui. O único ponto importante é que a verdade da tese de Kelsen sobre a pureza da competência mais elevada não é argumento contra o caráter fundamental da obrigação. Mais ainda, a tese da pureza da competência mais elevada, seja ela verdadeira ou não, não pode, em todo caso, ser generalizada. O mero fato de a competência das autoridades nos nívcis inferiores da hierarquia estar conectado com competências superiores que estão relacionadas com o exercício das competências inferiores dá às competências inferiores um caráter completamente distinto, impedindo quaisquer generalizações sobre o que pode se aplicar ao nível mais elevado. Seria possível, porém, indagar se a pureza da atribuição de poderes que se encontra no nível mais elevado do sistema jurídico, se ela de fato existe, é suficiente para fornecer o caráter exclusivamente fundamental da atribuição de poderes. O ponto decisivo parece ser o fato de haver razões para o caráter fundamental da atribuição de poderes no nível mais elevado, em um sentido ou em outro. Mas esse caráter fundamental deve ser qualificado como fundamental simplesmente por decorrer de sua posição no sistema jurídico, portanto, como um caráter *sistematicamente* fundamental. Entretanto, é a questão de um caráter *conceitualmente* fundamental que surge em face da competição entre atribuição de poderes e obrigação.

4.3. O argumento da sobrecarga

O terceiro argumento a favor do caráter fundamental da obrigação é o argumento da sobrecarga. Os conceitos de imputação e atribuição de poderes são usados por Kelsen a fim de explicar "o caráter jurídico específico, a autonomia do direito".[46] A razão para isso é distinguir direito e moral no que diz respeito à forma

---

45 Nawiasky, *Allgemeine Rechtslehre als System der rechtlichen Grundbegriffe*, p. 14.
46 Kelsen, *Introduction to the Problems of Legal Theory*, p. 22.

essencial de suas respectivas normas.[47] Isso de fato tem a vantagem de que normas jurídicas e normas morais já podem ser diferenciadas no nível de seus significados, ou seja, no nível semântico. Porém, um preço é pago por essa vantagem. Se normas jurídicas são definidas como normas que hipoteticamente atribuem poderes a autoridades para impor sanções, uma decisão sobre o positivismo é tomada. A definição de normas jurídicas como atribuições hipotéticas de poderes para impor sanções implica o positivismo jurídico, pois essa definição exclui normas morais, que não são baseadas na atribuição de poderes, mas na correção.[48] A doutrina derivada da obrigação de Kelsen é, portanto, não apenas uma tese teórico-normativa. Ela é uma tese sobre o conceito e a natureza do direito. Agora parece ser possível expressar uma teoria geral do direito através de uma tese teórico-normativa, mas não é necessário fazê-lo. Um positivista também pode distinguir a obrigação jurídica da obrigação moral no plano da validade. A fim de fazê-lo o positivismo tem apenas que alegar que a validade de uma obrigação jurídica decorre da legalidade e depende da eficácia social. Talvez alguns dos enigmas do conceito kelseniano de "dever ser" pudessem ter sido evitados desse modo.[49] Contudo, parece que Kelsen não tinha intenção de seguir nessa direção.

Muito mais poderia ser dito sobre o conceito kelseniano de "dever ser". Poder-se-ia indagar, por exemplo, como as modalidades da atribuição de poderes e obrigação, do modo como

---

47 Kelsen, *Allgemeine Theorie der Normen*, p. 77-78.

48 Alexy, *The argument from injustice*. A reply to legal positivism, p. 87.

49 Um dos enigmas que poderia ser evitado dando à obrigação a sua própria posição é o problema da contradição. Se houvesse somente competências para impor sanções, não seria contraditório se tanto no caso da realização de um certo comportamento (p) quanto no caso de sua omissão ($\neg p$) fosse atribuído às autoridades o poder de impor sanções. As duas normas "$p \rightarrow Cs$" e "$\neg p \rightarrow Cs$" determinariam simplesmente que uma sanção pode ser imposta em qualquer caso. A fim de se poder falar em uma contradição (na forma de contrariedade), são necessárias duas normas secundárias "$O\neg p$" e "Op", ou seja, a modalidade da obrigação. Contudo, não poder falar em uma contradição seria no mínimo estranho.

contidas na estrutura da imputação, estão relacionadas à ideia kelseniana de uma norma fundamental (*Grundnorm*), e, por sua vez, como essa ideia está relacionada à classificação kelseniana do "dever ser" como "uma categoria relativa *a priori*".[50] Mas nenhuma dessas questões deverá ser considerada aqui.[51] Aqui deve ser suficiente dizer que o "dever ser" de Kelsen seria incompleto se ele não compreendesse a obrigação como uma modalidade que é pelo menos tão fundamental quanto a atribuição de poderes.

5. Bibliografia

ALEXY, Robert. Hans Kelsens Begriff des relativen Apriori. In: ALEXY, Robert; MEYER, Lukas H.; PAULSON, Stanley L.; SPRENGER, Gerhard Sprenger (orgs.). *Neukantianismus und rechtsphilosophie*. Baden-Baden: Nomos, 2002. p. 179-202.

_____. *The argument from injustice*. A reply to legal positivism (first publ. 1992). Tradução de Bonnie Litschewski Paulson e Stanley L. Paulson. Oxford: Clarendon Press, 2002. p. 87.

_____. Alf Ross' Begriff der Kompetenz. In: HOYER, Andreas; HATTENHAUER, Hans; MEYER-PRITZL, Rudolf; SCHUBERT, Werner (orgs.). *Gedächtnisschrift für Jörn Eckert*. Baden-Baden: Nomos, 2008. p. 43-64.

FREGE, Gottlob. The thought: A logical inquiry. In: Strawson, P. (org.). *Philosophical logic*. Tradução de A. M. Quinton e Marcelle Quinton. Oxford: Oxford University Press, 1967. p. 17-38.

HART, Herbert L. A. *The concept of law*. 2. ed. Oxford: Clarendon Press, 1994.

HOHFELD, Wesley Newcomb. *Fundamental legal conceptions as applied in judicial reasoning and other legal essays*. New Haven: Yale University Press, 1919.

KELSEN, Hans. *General theory of law and State*. Tradução de Anders Wedberg. Cambridge, Mass.: Harvard University Press, 1945.

_____. *The Pure Theory of Law*. Tradução de Max Knight. 2. ed. Berkeley: University of California Press, 1967.

_____. *Allgemeine Theorie der Normen*. In: RINGHOFER, Kurt; WALTER, Robert (orgs.).Vienna: Manz, 1979.

---

50   Kelsen, *Introduction to the Problems of Legal Theory*, p. 24.
51   A esse respeito, ver Alexy, *Hans Kelsens Begriff des relativen Apriori*, p. 193-202.

_____. Recht und Kompetenz. In: RINGHOFER, Kurt; WALTER, Robert (orgs.). *Auseinandersetzungen zur Reinen Rechtslehre*. Vienna: Springer, 1987. p. 1-108.

_____. *Introduction to the problems of legal theory*. Tradução de Bonnie Litschewski Paulson e Stanley L. Paulson. Oxford: Clarendon Press, 1992.

NAWIASKY, Hans. *Allgemeine Rechtslehre als System der rechtlichen Grundbegriffe*. Einsiedeln: Benziger, 1941.

PAULSON, Stanley L. An empowerment theory of legal norms. *Ratio Juris*, 1, p. 58-72, 1988.

_____. Die unterschiedlichen Formulierungen der "Grundnorm". In: AARNIO, Aulis; PAULSON, Stanley L.; WEINBERGER, Ota; VON WRIGHT, Georg Henrik; WYDUCKEL, Dieter (orgs.). *Rechtsnorm und Rechtswirklichkeit. Festschrift für Werner Krawietz*. Berlin: Duncker & Humblot, 1993. p. 53-74.

_____. Der Normativismus Hans Kelsens. *Juristen Zeitung*, 61, p. 529-536, 2006.

_____. A "justified normativity" thesis in Hans Kelsens Pure Theory of Law?. Rejoinders to Robert Alexy and Joseph Raz, Manuscrito.

ROSS, Alf. *Directives and norms*. London: Routledge & Kegan Paul, 1968.

CONTEÚDO DO DIREITO E NORMATIVIDADE JUSTIFICADA NA TEORIA PURA DO DIREITO: UMA CRÍTICA ÀS TESES DE JOSEPH RAZ[*]

Júlio Aguiar de Oliveira

> **Sumário: 1.** Introdução. **2.** O Direito pode ter qualquer conteú-
> do? **3.** Normatividade na Teoria Pura do Direito de acordo com Raz. **4.**
> Críticas à tese do homem jurídico. **5.** As teses de Raz, a Teoria Pura do
> Direito e o positivismo jurídico. **6.** Conclusão. **7.** Bibliografia.

1. Introdução

No contexto de suas reflexões sobre a Teoria Pura do Direito, Joseph Raz propõe duas teses sobre as quais me parece acertado
afirmar que seguem sendo valiosas a despeito de se revelarem equivocadas. A primeira delas sustenta que a afirmação de que o direito
pode ter qualquer conteúdo é, da perspectiva da própria Teoria Pura
do Direito, uma afirmação falsa.[1] A segunda sustenta que a Teoria
Pura do Direito contém uma teoria da normatividade justificada.[2]

Neste artigo, pretendo apresentar argumentos no sentido da
refutação de ambas as teses defendidas por Raz e, também, explicitar as razões pelas quais afirmo que, embora equivocadas, elas
se conservam valiosas.

---

[*]   Este artigo foi escrito durante estágio pós-doutoral realizado na Christian-Al-
brechts-Universität zu Kiel (2012-2013). Agradeço ao Prof. Robert Alexy pela
supervisão do estágio pós-doutoral, aos professores Alexandre Travessoni Gomes
Trivisonno e Stanley L. Paulson pela constante e generosa disposição para ouvir
e responder às minhas indagações sobre a Teoria Pura do Direito, à CAPES pela
concessão de bolsa de pesquisa e à UFOP e PUC Minas pelo apoio ao longo de
todo o período do pós-doutorado.

[1]   Cf. Raz, *The argument of injustice or how not to reply to legal positivism*.

[2]   Cf. Raz, *Kelsen's theory of the basic norms*.

2. O Direito Pode ter qualquer Conteúdo?

Em *Begriff und Geltung des Rechts*, Robert Alexy, refletindo sobre as diferentes caracterizações do conceito de direito propostas no campo das teorias positivistas, afirma que a tese da separação (*Trennungsthese*) é o elemento comum necessariamente presente em todas elas.[3] A tese da separação, de acordo com Alexy, "postula que não existe nenhuma conexão conceitualmente necessária entre o direito e a moral, entre aquilo que o direito ordena e aquilo que a justiça exige, ou entre o direito como ele é e como ele deve ser".[4] Para Alexy, Hans Kelsen resume essa tese numa fórmula precisa: "Por isso, todo e qualquer conteúdo pode ser Direito".[5]

Em resposta a Alexy, Raz escreve "The Argument from Justice, or How not to Reply to Legal Positivism". Nesse artigo, Raz desenvolve suas objeções às críticas propostas por Alexy ao positivismo jurídico e, refletindo sobre a tese de Kelsen de que o direito pode ter qualquer conteúdo (que é o que especificamente nos interessa aqui), Raz afirma que essa tese se sustenta sobre uma proposição que "é manifestamente falsa de acordo com a própria teoria de Kelsen".[6] Raz fundamenta sua afirmação através da explicitação de quatro condições que, segundo seu entendimento, são condições necessárias para a definição do direito pela Teoria Pura do Direito e que, desse modo, demonstram a improcedência, no âmbito da própria Teoria Pura do Direito, da afirmação de que o direito pode ter qualquer conteúdo.[7] Nos termos de Raz:

---

3   Alexy, *Begriff und Geltung des Rechts*. p. 15-17. A tradução dessa obra para o inglês, realizada por Bonnie Litschewski Paulson e Stanley L. Paulson, foi publicada, em 2001, com o título: *The Argument from Injustice: A reply to legal positivism*. A tradução para o português, intitulada *Conceito e Validade do Direito*, realizada por Gercélia Batista de Oliveira Mendes e revista por Karina Jannini, foi publicada em 2009.

4   Alexy, *Conceito e Validade do Direito*, p. 3.

5   Kelsen, *Teoria Pura do Direito*, p. 273.

6   Raz, *The Argument from Justice, or How not to Reply to Legal Positivism*, p. 18 (tradução nossa).

7   Raz, *The Argument from Justice, or How not to Reply to Legal Positivism*, p. 18 (tradução nossa).

É uma pena que o único suporte para sua pretensão seja uma afirmação de Kelsen que é manifestamente falsa de acordo com a própria teoria de Kelsen. Uma vez que Kelsen compreende o direito como normas orientando os tribunais a aplicar sanções no caso de violação de deveres, disso decorre (a) que o direito pode consistir apenas de normas, (b) que ele se dirige aos tribunais, (c) que deve estipular para a aplicação de sanções e (d) que essa aplicação deve ser condicionada à ocorrência de certa conduta. Todas essas são, de acordo com a teoria de Kelsen, restrições necessárias ao conteúdo do direito.[8]

Em sua resposta a essa crítica, Alexy observa – de início – que as quatro condições elencadas por Raz não são restrições ao conteúdo do direito. Essas condições dizem respeito exclusivamente à forma do direito. Alexy ainda chama a atenção para o fato de que, na própria sequência do período da *Teoria Pura do Direito* de onde se extrai a afirmação de que o direito pode ter qualquer conteúdo, Kelsen afirma que não há qualquer conduta humana que possa ser excluída de vir a se tornar conteúdo de norma jurídica simplesmente em virtude de sua substância.[9] Isso, diga-se de passagem, é decorrência do fato de que, não sendo, na Teoria Pura do Direito, a norma fundamental (*Grundnorm*) uma norma material (*materielle Norm*), dela não se pode deduzir o conteúdo de normas jurídicas, mas apenas o seu fundamento de validade.[10] Essa mesma tese é ainda reproduzida numa passagem especialmente significativa, na qual, enfrentando abertamente a questão do caráter jurídico do direito de estados totalitários, Kelsen escreve:

> Segundo o Direito dos Estados totalitários, o governo tem poder para encerrar em campos de concentração, forçar a quaisquer trabalhos e até matar os indivíduos de opinião, religião ou raça indesejável. Podemos condenar com a maior veemência

---

8   Raz, *The Argument from Justice, or How not to Reply to Legal Positivism*, p. 18 (tradução nossa).
9   Kelsen, *Teoria Pura do Direito*, p. 273.
10 Cf. Kelsen, *Teoria Pura do Direito*, p. 273-274.

108   Hans Kelsen: Teoria Jurídica... | Júlio A. Oliveira • Alexandre T. G. Trivisonno

tais medidas, mas o que não podemos é considerá-las como situando-se fora da ordem jurídica desses Estados.[11]

As afirmações textuais na *Teoria Pura do Direito* deixam pouca margem de manobra para a sustentação da tese de Raz. Há, porém, uma passagem – embora algo periférica – na qual parece se insinuar uma limitação ao conteúdo do direito. Essa passagem encontra-se no subtópico *O Direito como ordem normativa de coação. Comunidade Jurídica e 'bando de salteadores'*, do primeiro capítulo, *Direito e Natureza*, da *Teoria Pura do Direito*. Nesse subtópico, Kelsen – refletindo sobre a natureza do ordenamento de um "bando de salteadores" – afirma que a ordem de coerção que constitui essa comunidade não pode ser considerada uma ordem jurídica porque, em relação a ela, não é pressuposta a norma fundamental. A não pressuposição da norma fundamental, argumenta Kelsen, se deve ao fato de o ordenamento normativo do "bando de salteadores" não possuir uma eficácia global e duradoura. Para Kelsen, uma eficácia global e duradoura do sistema normativo é interpretada como condição necessária para a pressuposição da norma fundamental. Nesse ponto, a questão central é a conexão entre a norma fundamental e a eficácia, qualificada como duradoura, do sistema normativo, conexão que, vale observar, sinaliza no sentido da utilização de uma normatividade social pela Teoria Pura do Direito (algo que, como se verá mais à frente, não é admitido por Raz, que entende que a Teoria Pura do Direito utiliza exclusivamente uma normatividade justificada). Desse modo, em relação à ordem interna, que regula a conduta dos membros do bando de salteadores, não é possível, em virtude da ausência de uma eficácia duradoura, a pressuposição da norma fundamental. Kelsen expõe a questão:

> Mas – e é esta a questão decisiva – por que é que não se não pressupõe essa norma fundamental? Ela não é pressuposta porque, ou melhor, se esse ordenamento não tem aquela eficácia duradoira sem a qual não é pressuposta qualquer norma fundamental que

---

11   Kelsen, *Teoria Pura do Direito*, p. 69.

> se lhe refira e fundamente a sua validade objetiva. Ele não tem claramente esta eficácia se as normas estatuidoras de sanções da ordem jurídica em cujo domínio territorial de validade se exerce a atividade do bando são aplicadas de fato a esta atividade enquanto ela constitui uma conduta contrária ao Direito e os componentes do bando são compulsoriamente privados da liberdade, ou mesmo da vida, por meio de atos que são interpretados como pena de privação de liberdade e pena de morte e, assim, se põe um termo à atividade do bando – ou seja: quando a ordem de coação reconhecida como ordem jurídica é mais eficaz do que a ordem de coação constitutiva do bando de salteadores.[12]

O trecho citado expressa a questão central enfrentada por Kelsen no subtópico em análise. Nele, parece-me que a condição estabelecida para a pressuposição da norma fundamental (a eficácia duradoura) harmoniza-se perfeitamente com a afirmação de que todo e qualquer conteúdo pode ser direito. No entanto, num outro trecho desse mesmo subtópico, Kelsen observa o seguinte (e essa é a passagem na qual, como afirmei acima, aparece um indício no sentido da defesa de uma limitação do âmbito material de validade da norma jurídica):

> Com efeito, somente em relação aos estranhos é que o grupo se comporta como um bando de "salteadores". Se a rapina e o assassinato não fossem proibidos nas relações entre os salteadores, não estaríamos sequer em face de qualquer comunidade, não existiria um bando de salteadores.[13]

Nessa passagem, algo *sui generis* na *Teoria Pura do Direito*, Kelsen, ao afirmar que a proibição da rapina e do assassinato são condições de existência de uma comunidade (compreendida como um ordenamento normativo), parece insinuar o reconhecimento de uma limitação necessária do domínio material de vigência da norma jurídica ou, numa caracterização mais precisa, empregando a tese, proposta por Alexy, do argumento de correção (*Richtigkeitsargument*), Kelsen parece expressar o reconhecimento da pretensão

---

12 Kelsen, *Teoria Pura do Direito*, p. 79.
13 Kelsen, *Teoria Pura do Direito*, p. 79.

à correção (*Anspruch auf Richtigkeit*) enquanto condição necessária de existência de um ordenamento normativo.[14] Ao afirmar a proibição da rapina e do assassinato como condições de existência de uma comunidade, que se revela como tal enquanto ordem normativa, Kelsen confere a essas condutas (rapina e assassinato) uma significação que escapa dos marcos da Teoria Pura do Direito. Essa ultrapassagem dos limites da Teoria Pura do Direito se deixa perceber, de forma ainda mais clara, quando se observa que a proibição da rapina e do assassinado não podem ser pensados enquanto condições de existência de um ordenamento pelo fato de que, para a Teoria Pura do Direito, é só em função de um ordenamento e, ainda mais especificamente, em função de uma sanção estabelecida por esse ordenamento, que se constitui a possibilidade da existência de condutas compreendidas como rapina ou assassinato. Nos termos de Kelsen, "o ilícito (delito) não é negação, mas pressuposto do Direito":[15]

> A relação entre ilícito e consequência do ilícito não consiste, assim – como o pressupõe a jurisprudência tradicional –, em a uma ação ou omissão, pelo fato de representar um ilícito ou delito, ser ligado um ato de coação como consequência do ilícito, mas em uma ação ou omissão ser um ilícito ou delito por lhe ser ligado um ato de coação como sua consequência. Não é uma qualquer qualidade imanente e também não é qualquer relação com uma norma metajurídica, natural ou divina, isto é, qualquer ligação com um mundo transcendente ao Direito positivo, que faz com que uma determinada conduta humana tenha de valer como ilícito ou delito – mas única e exclusivamente o fato de ela ser tornada, pela ordem jurídica positiva, pressuposto de um ato de coerção, isto é, de uma sanção.[16]

---

14   O argumento de correção "afirma que tanto as normas e decisões jurídicas individuais quanto os sistemas jurídicos como um todo formulam necessariamente a pretensão à correção. Sistemas normativos que não formulam explícita ou implicitamente essa pretensão não são sistemas jurídicos" (Alexy, *Conceito e validade do Direito*, p. 43). Vale registrar que essa suspeita, obviamente, não sobrevive no contexto de uma leitura ampliada e consistente da *Teoria Pura do Direito*.
15   Kelsen, *Teoria Pura do Direito*, p. 166.
16   Kelsen, *Teoria Pura do Direito*, p. 167.

De todo modo, ainda que se possa fazer uma leitura da passagem anteriormente destacada no sentido do reconhecimento de que nem todo conteúdo pode ser conteúdo da norma jurídica, em discordância, como visto, com o que Kelsen defende muito claramente em relação à definição de ilícito, não acredito que ela tenha, dentro da *Teoria Pura do Direito*, a mesma relevância das passagens nas quais Kelsen explicitamente afirma que o direito pode ter qualquer conteúdo.[17]

Já a discrepância entre a interpretação de Alexy e a de Raz pode, talvez, ser explicada em virtude do fato de que, enquanto Alexy toma o termo "Direito", na expressão "o Direito pode ter qualquer conteúdo", como norma jurídica, Raz toma-o, na mesma expressão, com o significado de sistema normativo. Essa mudança de foco, operada por Raz em sua resposta a Alexy, ainda que ajude a compreender a divergência, não é, no entanto, suficiente para sustentar uma subsequente conclusão no sentido de que a afirmação de que o direito pode ter qualquer conteúdo seja, no interior da própria *Teoria Pura do Direito*, falsa. As quatro condições elencadas por Raz para a definição do direito, por meio das quais entende fundamentar seu juízo, referem-se, exclusivamente, a aspectos formais do direito, algo que, quer se tome o termo direito como sistema normativo, quer como norma jurídica, não implica – de acordo com Kelsen – uma limitação, seja de que tipo for, do conteúdo (substância) do direito. Quando afirma que o direito pode ter qualquer conteúdo, Kelsen não está referindo-se a questões de ordem formal. Ainda que as quatro condições elencadas por Raz sejam, de fato, condições necessárias para a definição de direito (sistema normativo) segundo Kelsen, elas não impõem qualquer restrição ao conteúdo do direito.

Consideradas essas razões, parece-me justificado afirmar que, se é fato que a veracidade da tese de que o direito pode ter

---

17 *Vide*, por exemplo, especificamente em relação ao domínio material de validade da norma jurídica, a seguinte passagem: "O domínio material de validade de uma ordem jurídica global, porém, é sempre ilimitado, na medida em que uma tal ordem jurídica, por sua própria essência, pode regular sob qualquer aspecto a conduta dos indivíduos que lhe estão subordinados" (Kelsen, *Teoria Pura do Direito*, p. 35).

qualquer conteúdo tem sido, ao longo das últimas décadas, questionada por teóricos do direito das mais diferentes orientações, é verdade, também, que parecem existir boas razões para manter o próprio Kelsen fora desse grupo.

3. Normatividade na Teoria Pura do Direito de acordo com Raz

A segunda tese de Raz afirma que Kelsen expressa, na Teoria Pura do Direito, uma teoria da normatividade justificada. Essa é uma tese que, à semelhança da anterior, se coloca na contramão das leituras tradicionais da Teoria Pura do Direito.

Há, para Raz, duas concepções correntes de normatividade, que ele denomina: normatividade justificada e normatividade social.

> Duas concepções de normatividade do Direito são correntes. Irei denominá-las normatividade justificada [*justified normativity*] e normatividade social [*social normativity*]. De acordo com uma das perspectivas, padrões normativos de conduta são normas apenas se e enquanto forem justificados. Eles podem ser justificados por algumas razões válidas, objetivas e universais. Eles podem ser intuitivamente percebidos como vinculantes ou eles podem ser aceitos e justificados em virtude de um comprometimento pessoal. Já para a outra perspectiva, padrões normativos de conduta podem ser considerados como normas a despeito do seu mérito. Eles são normas enquanto forem socialmente sustentados como padrões vinculantes e enquanto a sociedade em questão exercer pressão sobre as pessoas às quais esses padrões são dirigidos no sentido de fazê-las conformarem-se a eles.[18]

Como se poderia esperar, Raz observa que a normatividade justificada é tradicionalmente defendida por jusnaturalistas, ao passo que, juspositivistas se inclinam, normalmente, pela normatividade social. Consequentemente, no âmbito de uma normatividade justificada, afirma-se que um "sistema jurídico apenas pode

---

18   Raz, *Kelsen's Theory of the Basic Norm*, p. 57-58 (tradução nossa).

Conteúdo do Direito e Normatividade Justificada... | Júlio Aguiar de Oliveira 113

ser compreendido como normativo por pessoas que o considerem justo e aprovem suas normas, aceitando-as como parte de suas próprias concepções morais".[19] Por outro lado, no âmbito de uma normatividade social, sustenta-se que "todos deveriam considerar os sistemas jurídicos como normativos independentemente de seus juízos em relação aos méritos desses sistemas".[20]

O inesperado, no entanto, é que, para Raz, a Teoria Pura do Direito utiliza exclusivamente o conceito de normatividade justificada.[21] Em *Kelsen's Theory of the Basic Norm*, Raz afirma:

> Grande parte da obscuridade da teoria de Kelsen se deve à dificuldade de se decidir sobre qual conceito de normatividade ele está utilizando. Será afirmado que:
> (1) Kelsen utiliza apenas o conceito de normatividade justificada.
> (2) De acordo com ele, um indivíduo apenas pode considerar um sistema jurídico como normativo se ele aceita-o como moralmente bom.
> (3) A teoria do Direito considera sistemas jurídicos como normativos no mesmo sentido de "normativo", mas num sentido diferente de "considerar", que não implica a aceitação das normas como justas.[22]
> (...) Apenas através da utilização do conceito de normatividade justificada pode-se entender o verdadeiro caráter de sistemas jurídicos como sistemas normativos.[23]

O aspecto paradoxal dessa tese não é ignorado por Raz. Embora Kelsen rejeite as teorias do direito natural, ele, segundo Raz, "consistentemente se utiliza do conceito de normatividade do direito natural".[24]

Conforme observa Stanley L. Paulson, Raz reforça sua paradoxal tese de uma normatividade justificada na *Teoria Pura do*

---

19   Raz, *Kelsen's Theory of the Basic Norm*, p. 58 (tradução nossa).
20   Raz, *Kelsen's Theory of the Basic Norm*, p. 58 (tradução nossa).
21   Raz, *Kelsen's Theory of the Basic Norm*, p. 58 (tradução nossa).
22   Raz, *Kelsen's Theory of the Basic Norm*, p. 58 (tradução nossa).
23   Raz, *Kelsen's Theory of the Basic Norm*, p. 59 (tradução nossa).
24   Raz, *Kelsen's Theory of the Basic Norm*, p. 67 (tradução nossa).

Direito com um dilema:[25] a pureza da teoria do direito significa, para Kelsen, que proposições jurídicas não podem afirmar nem fatos morais e nem fatos empíricos. Porém, para Raz, se as proposições jurídicas têm significado normativo, a consequência disso é que elas enunciam fatos morais,[26] o que, como visto, não pode ser aceito em virtude da tese da pureza de Kelsen. Por outro lado, na hipótese de não se atribuir significado normativo às proposições jurídicas, aquilo que elas enunciam são fatos empíricos, o que também é inaceitável da perspectiva da exigência de pureza da teoria.

Esse dilema pode ser exposto com a seguinte pergunta: como poderia a Teoria Pura do Direito afirmar a validade de uma norma jurídica, enquanto norma que estabelece o dever de ser obedecida, e, ao mesmo tempo, conservar a sua independência da moral?

De acordo com a reconstrução proposta por Raz, Kelsen desenvolve, em três movimentos, uma solução para esse dilema.[27] Num primeiro movimento, Kelsen afirma a possibilidade de uma descrição científica do direito sem o recurso a proposições normativas. O direito poderia ser descrito, nesse sentido, em termos estritamente sociológicos. No entanto, se, por um lado, uma tal espécie de descrição sociológica do direito seria perfeitamente capaz de descrevê-lo como um complexo de fatos sociais, ela não seria capaz, por outro lado, de afirmar a validade objetiva desses fatos. O que se perde com essa abordagem é a dimensão normativa do direito. É certo que Kelsen busca estabelecer uma ciência pura do direito, mas o compromisso com a pureza da ciência não pode implicar a

---

25   Cf. Paulson, *"Justified Normativity" in Kelsen's Pure Theory?*, p. 66-67.

26   Cf. Raz, *The purity of the pure theory*, p. 243-244. Vide, em especial: "Proposições jurídicas, assim como proposições morais, são proposições normativas no mesmo sentido e do mesmo modo. Isto é, como vimos, a essência da semântica antirredutivista de Kelsen. O que decorre dessa ênfase persistente é que proposições jurídicas são proposições de "dever", não devendo ser confundidas com proposições de "ser". A ameaça que essa perspectiva acarreta para a pureza de uma teoria do Direito é evidente. Se proposições jurídicas são normativas assim como proposições morais (...) então o Direito, sua existência como também seu conteúdo (...) parecem ser essencialmente fatos morais" (Raz, *The Purity of the Pure Theory*, p. 245 – tradução nossa).

27   Cf. Raz, *The purity of the Pure Theory*, p. 245.

abdicação do caráter normativo do seu objeto. A Teoria Pura do Direito é uma teoria pura do direito enquanto sistema normativo. Desse modo, Kelsen estabelece, nesse primeiro movimento, a insuficiência de uma teoria estritamente sociológica do direito.

Num segundo movimento, Kelsen enfrenta aquilo que poderia ser chamado de ameaça de sequestro da normatividade jurídica por uma moralidade específica, o que implicaria, necessariamente, a perda da pureza da teoria. Raz, nesse ponto de sua reconstrução, introduz a figura do homem jurídico (*legal man*). É a esse personagem que cabe a tarefa de tornar possível a existência de uma Teoria Pura do Direito apta a dar a conhecer o seu objeto por meio de proposições que, embora normativas, não sejam a expressão de uma específica moralidade. Raz introduz o homem jurídico da seguinte forma:

> (...) imagine um homem cujas crenças sejam idênticas ao direito. Ele não adiciona e nem exclui uma vírgula sequer ao direito. Mais ainda, imagine que todas as suas crenças morais derivam da sua fé na autoridade moral dos processos mais elevados de elaboração do direito. Para ele, em outras palavras, sua fé na validade de todas as normas jurídicas, e apenas das normas jurídicas, não é o resultado do acaso, mas uma consequência lógica das suas crenças. Deixem-nos chamar essa pessoa de homem jurídico.[28]

Para Kelsen, as proposições jurídicas, pelas quais a ciência do direito descreve o seu objeto, são condicionais. A condição de possibilidade da descrição do direito como uma ordem normativa positiva é a pressuposição da norma fundamental. É nesse momento que se revela, para Raz, o papel do homem jurídico. Raz escreve:

> Meu homem jurídico é que aceita a norma fundamental e todas as que se seguem dela e nada mais. Proposições jurídicas científicas, enquanto proposições condicionais na forma "se o homem jurídico estiver correto, então... etc", são proposições neutras em relação a valores. Elas são livres de quaisquer pressuposições

---

28 Raz, *The purity of the Pure Theory*, p. 246 (tradução nossa).

morais. Por meio delas, a ciência jurídica pode ser pura e, ao mesmo tempo, descrever o direito como um sistema normativo.[29]

Com esse segundo movimento, Raz entende que Kelsen torna possível ao cientista do direito afirmar que o direito, enquanto ordenamento normativo, existe, sob a condição de ser válido. Isso, no entanto, ainda não é suficiente. A observação da prática cotidiana de juristas, Raz registra, revela que juristas, no exercício de suas atividades profissionais, não se limitam a afirmar que o direito é um ordenamento normativo sob a condição de ser válido. Juristas afirmam a validade do direito.[30] O problema, aqui, reside na investigação da possibilidade da passagem de um discurso limitado a descrever o direito como um sistema normativo sob a condição da pressuposição da norma fundamental para um discurso em que se afirma – por meio de proposições categóricas – a validade do direito. Juristas, e Raz entende que Kelsen abarca com esse termo tanto cientistas do direito como juristas práticos (advogados, juízes, procuradores etc.), pressupõem a norma fundamental, uma vez que a pressuposição da norma fundamental é condição necessária para a utilização do discurso normativo.[31] Essa pressuposição, entretanto, de acordo com Raz, impõe, a princípio, um comprometimento moral incompatível com as exigências de pureza da ciência do direito.[32] Faz-se necessário, então, um terceiro movimento.

A solução para esse novo impasse ou, segundo Raz, o terceiro movimento realizado por Kelsen, encontra-se na distinção entre proposições jurídicas categóricas comprometidas (*committed*) e proposições jurídicas categóricas descompromissadas (*detached*). "Proposições comprometidas são aquelas de pessoas comuns que usam a linguagem normativa quando afirmam o direito porque acreditam, ou fingem acreditar, na sua força vinculante".[33] O ca-

---

29 Raz, *The Purity of the Pure Theory*, p. 246 (tradução nossa).
30 Cf. Raz, *The Purity of the Pure Theory*, p. 246.
31 Cf. Raz, *The Purity of the Pure Theory*, p. 246.
32 Cf. Raz, *The Purity of the Pure Theory*, p. 247.
33 Raz, *The Purity of the Pure Theory*, p. 247 (tradução nossa).

ráter normativo dessas proposições é decorrência de um comprometimento moral. Já em relação às proposições categóricas descompromissadas, típicas da ciência do direito, a possibilidade do discurso normativo decorre de um movimento pelo qual se assume o ponto de vista do homem jurídico sem, no entanto, comprometer-se com ele.[34] Desse modo, segundo Raz, "a ciência do direito pode ser pura, livre de compromissos morais, a despeito de usar uma linguagem normativa".[35]

Com esse terceiro e último movimento, Raz encerra sua reconstrução da teoria da normatividade do direito na Teoria Pura do Direito: uma teoria da normatividade justificada, sustentada sobre a figura do homem jurídico.

4. Críticas à Tese do Homem Jurídico

O objetivo da tese do homem jurídico é, dentro dos marcos do positivismo kelseniano, resolver o problema da normatividade do direito, entendida, necessariamente, como normatividade justificada. Em resumo, segundo a reconstrução de Raz, diante do fato de que uma normatividade meramente social não é suficiente para explicar a normatividade jurídica e, uma vez reconhecida a necessidade de utilização de uma normatividade justificada, diante da ameaça do sequestro da normatividade do direito por uma moralidade específica, a Teoria Pura do Direito – por meio do seu homem jurídico – realiza o sequestro de toda a moralidade pelo direito. Naturalmente, não faltaram críticas a essa tese. Apresento, na sequência, um breve resumo das críticas de James W. Harris, Uta Bindreiter e Stanley L. Paulson.

Para Harris, embora a Teoria Pura do Direito expresse uma teoria da normatividade, na medida em que o conceito de dever (*ought*) encontra-se indissociavelmente contido no conceito de direito, trata-se, em virtude das limitações impostas por uma necessidade de coerência interna, de uma concepção de norma-

---

34 Cf. Raz, *The Purity of the Pure Theory*, p. 247.
35 Raz, *The Purity of the Pure Theory*, p. 247 (tradução nossa).

tividade pálida, estreita, excêntrica, estiolada, artificial e rebuscada.[36] Diante desse quadro desalentador da normatividade na Teoria Pura do Direito, a tentativa de reconstrução proposta por Raz teria, pelo menos à primeira vista, o considerável mérito de conceber o direito e a moralidade partilhando, dentro dos marcos do positivismo jurídico, de uma mesma normatividade. A partir dessa teoria reconstruída da normatividade na Teoria Pura do Direito, o jurista, ao descrever o conteúdo do direito positivo, assume, como referência, a perspectiva do "homem jurídico" (que, como visto, é o personagem que acredita encontrar-se moralmente obrigado a observar todas as disposições estabelecidas pelo direito e apenas elas). Harris observa, seguindo de perto a tese de Raz, que a situação, neste caso, é análoga àquela em que uma pessoa, que não acredita numa determinada religião, presta informações acerca de deveres próprios dos seguidores dessa determinada religião a alguém que é, de fato, um seguidor dessa religião. Uma investigação mais atenta dessa analogia, no entanto, revela, conforme observa Harris, a inconsistência da tese do homem jurídico.

> O problema com essa analogia é que, no caso do informante não crente, há um ponto de vista real que pode ser adotado por ele, ao passo que em relação ao "homem jurídico" esse ponto de vista não existe. O crente adota um sistema religioso de valores a partir do qual, do seu ponto de vista, "deveres" (*oughts*) substantivos e genuínos podem ser derivados. O hipotético homem jurídico, por definição, não possui nenhum sistema moral extrajurídico sobre o qual ele fundamenta a normatividade do direito, pois, se tivesse, não poderia haver nenhuma garantia de que a força moral seria transmitida uniformemente a toda disposição legal concebível. Ele apenas pressupõe que direito positivo e moral são uma coisa só. Ele não está na posição de alguém que acredita que existem boas razões morais para a observância do direito, uma vez que isso seria supor que podem existir fundamentos extrajurídicos para obrigações morais. O "homem jurídico" pressupõe que não existem tais fundamentos. Para essa

---

36 Cf. Harris, *Kelsen's Pallid Normativity*, p. 95 e 115.

curiosa criatura, o direito é toda a moralidade que pode existir e a moralidade é compreendida, reflexivamente, como tudo o que é requerido pelo direito.[37]

Também para Uta Bindreiter soa pouco convincente a tese do homem jurídico. O problema da fundamentação da validade do direito, que a Teoria Pura do Direito propõe resolver com sua teoria da norma fundamental, não conduz à conclusão, defendida por Raz, de que "a pressuposição da norma fundamental é idêntica à adoção não comprometida de uma atitude moral da parte do jurista".[38] Essa adoção, ainda que na forma não comprometida proposta por Raz pressupõe, observa Bindreiter, uma conexão necessária entre direito e moralidade, ao mesmo tempo em que desconsidera completamente o conteúdo do direito.[39] Além disso, Bindreiter questiona o significado de "adoção não comprometida" (*uncommitted*) ou "adoção descompromissada" (*detached*).

> (...) como pode alguém adotar algo de uma forma "não comprometida" [*uncommitted*] ou "descompromissada" [*detached*]? Segundo Raz, acredito, tanto o cientista do direito como o jurista prático estão conscientes de que em nome das aparências (profissionais), eles devem fingir que o direito é realmente vinculante, e Raz argumenta que esse fingimento torna possível para eles a utilização de termos normativos com uma consciência limpa. Porém, esse fingimento (ou adoção) parece apenas produzir proposições cuja modalidade é essencialmente obscura – para o que, exatamente, serve uma normatividade "descompromissada" [*detached*]?
> Em síntese, não estou convencida de que a doutrina do homem jurídico possa fazer justiça à questão kelseniana da pressuposição da norma fundamental – a saber, fundamentar a argumentação jurídica com um fundamento ou base que iria iniciar e transmitir normatividade sem referência à moralidade, seja ela descompromissada [*detached*] ou o que for.[40]

---

37   Harris, *Kelsen's Pallid Normativity*, p. 112-113 (tradução nossa).

38   Bindreiter, *Why Grundnorm? A Treatise on the Implications of Kelsen's Doctrine*, p. 95 (tradução nossa).

39   Cf. Bindreiter, *Why Grundnorm? A Treatise on the Implications of Kelsen's Doctrine*, p. 95.

40   Bindreiter, *Why Grundnorm? A Treatise on the Implications of Kelsen's Doctrine*, p. 94-95. (tradução nossa).

Ao atentar para a questão do significado de adoção "não comprometida" ou "descompromissada", Bindreiter aponta para algo que, na minha opinião, não pode ser – no contexto da reconstrução proposta por Raz – senão uma contradição: o engano como condição de existência de um direito capaz de oferecer razões morais para a sua observância.

De acordo com Stanley L. Paulson,[41] não faz sentido buscar uma teoria da normatividade justificada na Teoria Pura do Direito e isto pela razão essencial de que Kelsen não está preocupado em responder à questão de como se pode justificar a obrigação do sujeito de obedecer ao direito. Essa questão, que é a que se encontra na base de uma teoria da normatividade justificada, simplesmente não é uma questão para a Teoria Pura do Direito. Desse modo, apelar para o personagem do homem jurídico não só não altera esse quadro como também não é capaz de, ainda que se considerasse a possibilidade de uma teoria da normatividade justificada na Teoria Pura do Direito, torná-la compatível com a exigência, da própria Teoria Pura do Direito, de uma normatividade desvinculada da moral. Paulson observa:

> Apelar para o homem jurídico é mapear as crenças morais isomorficamente dentro das normas jurídicas. Mas Kelsen insiste em que sua doutrina da normatividade, seja ela o que for, deve ser compreendida independentemente da moralidade.[42]

Segundo Paulson, se até o final dos anos 1930 ainda se encontra em Kelsen uma preocupação no sentido de afirmar, no contexto de uma discussão com a teoria jurídica tradicional, que aquilo que a teoria jurídica tradicional chama de direito subjetivo de um sujeito é, da perspectiva de um ciência objetiva do direito, simplesmente o reflexo da obrigação jurídica de um outro sujeito, a partir do final da década de 1930, Kelsen, numa segunda fase do seu projeto de reconstrução da norma jurídica (isto é,

---

41   Cf. Paulson, *'Justified Normativity' in Kelsen's Pure Theory?*
42   Paulson, *'Justified Normativity ' in Kelsen's Pure Theory?*, p. 68 (tradução nossa).

na busca pela forma linguística ideal da norma jurídica), já não emprega mais a linguagem da obrigação.[43] Essa é, de acordo com Paulson, a posição madura de Kelsen: "Anunciada no final dos anos 1930, e culminando na segunda edição da *Teoria Pura do Direito* (1960), Kelsen, numa palavra, não tem qualquer doutrina da obrigação *qua* modalidade independente. O conceito de obrigação é derivado, dependente do conceito de atribuição de um poder ou competência (*empowerment*)."[44] Ainda de acordo com Paulson, no núcleo da tese kelseniana da normatividade nomológica (*nomological normativity thesis*), que se constitui enquanto alternativa especificamente kelseniana de uma teoria da normatividade, encontra-se a doutrina da imputação periférica (*peripheral imputation*). Imputação periférica opera uma conexão entre fatos materiais (*Tatbestände*). Diferentemente do que expressa a imputação num sentido central, pela qual um sujeito é conectado a um fato material, não há menção a um sujeito no caso da imputação periférica. "Se um ato de um certo tipo ocorre (e se...), então esse ato é tratado como 'atribuidor de responsabilidade'."[45] Trata-se, portanto, de uma modalidade de imputação sem sujeitos, algo que, é claro, só faz sentido no contexto próprio de uma normatividade nomológica.

Para além das objeções críticas de Harris e de Bindreiter à atribuição de uma tese da normatividade justificada à Teoria Pura do Direito, Paulson, ao revelar – por meio de uma leitura abrangente e profunda da obra de Kelsen – a tese da normatividade nomológica enquanto expressão própria da questão da normatividade na Teoria Pura do Direito, afasta decisivamente qualquer expectativa remanescente da possibilidade de sucesso da atribuição de uma teoria da normatividade justificada à Teoria Pura do Direito.

---

43 Cf. Paulson, 'Justified Normativity' in Kelsen's Pure Theory?, p. 82-83.
44 Paulson, 'Justified Normativity' in Kelsen's Pure Theory?, p. 83 (tradução nossa).
45 Paulson, 'Justified Normativity' in Kelsen's Pure Theory?, p. 108 (tradução nossa).

5. As Teses de Raz, a Teoria Pura do Direito e o Positivismo Jurídico

Não obstante os esforços de Raz, parece continuar fazendo sentido afirmar que, para a Teoria Pura do Direito, todo e qualquer conteúdo pode ser direito. Esta característica da Teoria Pura do Direito não expressa apenas uma exigência de coerência interna da teoria. Ela expressa, acima de qualquer outro significado, uma defesa clara e contundente da tese da separação (*Trennungsthese*).

Também não parece ser o caso de se afirmar, na Teoria Pura do Direito, a presença de uma teoria da normatividade justificada. A questão da normatividade na Teoria Pura do Direito deve ser compreendida, como Paulson esclarece, enquanto normatividade nomológica. Essa é uma forma de se conceber a normatividade que, embora possa ser tomada enquanto única alternativa vislumbrada por Kelsen no sentido de sustentar a pretensão de cientificidade da teoria do direito, não tem nada a ver com o problema da busca de razões para a obrigação de observância/aplicação do direito (que é a questão própria da normatividade justificada). Caso se sustente, no entanto, que uma teoria da normatividade simplesmente não pode se furtar a enfrentar a pergunta acerca da justificação da obrigação do sujeito de obedecer ao direito (isto é, se normatividade é essencialmente normatividade justificada, nos termos de Raz), então acredito ser mais acurado afirmar que a Teoria Pura do Direito é uma teoria do direito na qual não se encontra uma teoria da normatividade.

É esse o preço que Kelsen se dispôs a pagar por uma teoria para a qual pudesse reivindicar o atributo de uma teoria científica do direito. Talvez esse preço tenha sido alto demais. Talvez fosse mesmo o caso de se desconfiar de uma tal concepção de ciência que impõe um preço tão elevado ao cientista do direito. Essas questões podem (e devem) ser postas, mas sejam lá quais forem as respostas que se deem a elas, essas respostas não alteram o fato de que Kelsen optou por abrir mão da normatividade (enquanto normatividade justificada) em troca de um normativismo científico (enquanto normatividade nomológica). Esse pode não ter sido exatamente um bom negócio, mas não me parece possível negar que tenha sido feito. E quanto às teses de Raz? Por que sustentar a relevância dessas teses, como afirmei no início deste artigo, a despeito de serem teses insustentáveis? O esforço de Raz, assim o entendo, se orienta menos pela necessidade de iluminar pontos obscuros da Teoria Pura do Direito do que pela necessidade de resgatá-la da irrelevância. Uma teoria do direito que afirma que o direito pode ter qualquer conteúdo e que, consequentemente, não só não apresenta uma resposta para a pergunta pela fundamentação do dever de observar/aplicar o direito como se recusa mesmo a tomá-la como uma questão válida está condenada, tão logo seja percebida a gravidade dessas carências, à irrelevância. O problema aqui não é um problema de coerência interna da teoria, mas um problema de falta de teoria. Sem uma teoria da normatividade justificada (que não tem como ser harmonizada com a tese da separação), o positivismo jurídico não é capaz de formular uma definição de direito que dê conta da sua natureza normativa (daí o esforço de Raz no sentido de conferir à Teoria Pura do Direito uma teoria da normatividade justificada). No entanto, e esse já é um outro problema, com uma teoria da normatividade justificada, o positivismo jurídico, na melhor da hipóteses, não se mantém positivista (daí o esforço de Kelsen no sentido de recusar uma teoria da normatividade justificada na Teoria Pura do Direito).

Andrei Marmor, em "Legal Posivism: Still Descriptive and Morally Neutral", procura tirar o positivismo jurídico desse beco sem saída. Já no primeiro parágrafo desse artigo, Marmor afirma que a melhor compreensão do positivismo jurídico é aquela que o toma enquanto uma teoria descritiva e moralmente neutra da natureza do direito e não enquanto uma teoria normativa.

> Tem se tornado crescentemente popular, tanto entre amigos como entre inimigos, a proposição da afirmação de que o positivismo jurídico é, verdadeiramente, uma teoria normativa e

não (ou não principalmente, ou não exclusivamente) uma teoria descritiva da natureza do direito. (...). Eu irei argumentar que o positivismo jurídico é mais bem compreendido como uma teoria descritiva e moralmente neutra da natureza do direito, na esteira do caminho sugerido por H. L. A. Hart.[46]

Como se vê, Marmor, a princípio, parece confiante na possibilidade de sucesso de algo como que um regresso a uma teoria positivista do direito ainda não contaminada pela percepção da gravidade do problema da normatividade. Num certo sentido, é como se, para Marmor, o positivismo jurídico tivesse se deixado enredar por uma questão que simplesmente não lhe dissesse respeito e à qual devesse antes ignorar do que levar a sério. Mas as coisas não funcionam bem assim. Algumas páginas à frente, Marmor observa:

> (...) É verdade que nós não podemos chegar a uma compreensão adequada do direito sem levar em consideração a perspectiva dos participantes comprometidos, e também é verdade que os participantes tipicamente compreendem o direito como algo que lhes dá razões para agir. Não há dúvida alguma quanto à normatividade, parcialmente, pelo menos, num sentido político-moral, do ponto de vista interno (do participante). Mas ainda precisa ser demonstrado porque uma compreensão filosófica de uma tal perspectiva deveria estar comprometida em tomar uma posição em relação a valores ou suposições normativas que ela se propõe a explicar. Por que ela não pode permanecer essencialmente descritiva e moralmente neutra?[47]

Como Marmor mesmo reconhece, o problema da normatividade justificada para a teoria do direito é incontornável. Mas, Marmor se pergunta, por que uma compreensão filosófica atenta para a normatividade justificada não pode permanecer essencialmente descritiva e moralmente neutra? Da forma como vejo o problema, ela não só não pode permanecer essencialmente descritiva

---

46 Marmor, *Legal Positivism:* Still Descriptive and Morally Neutral, p. 683 (tradução nossa).

47 Marmor, *Legal Positivism:* Still Descriptive and Morally Neutral, p. 701-702 (tradução nossa).

e moralmente neutra como ela nunca foi, apesar das intenções nesse sentido, essencialmente descritiva e moralmente neutra. A razão disso é que não há como definir o direito sem a utilização de categorias que são essencialmente normativas. A filosofia do direito não dispõe de uma linguagem com a qual possa rigorosamente apenas descrever algo equivalente ao direito (o próprio termo direito deveria ser substituído por um equivalente neutro) da perspectiva exclusiva do espectador e acredito que, ainda que dispusesse, essa linguagem teria apenas como dar conta de uma realidade que, talvez, tivesse alguma relação com a realidade do direito, mas que de forma alguma a substitui ou a ela se equivale. Durante um período, relativamente curto em termos históricos, considerou-se possível (e até mesmo muito desejável) a elaboração de uma teoria do direito que fosse moralmente neutra (isto é, em termos mais precisos, que expressasse uma perspectiva moral relativista) e simplesmente descritiva (isto é, em termos mais precisos, que expressasse uma perspectiva moral relativista entendida como a única possibilidade de compreensão racional da moral). Na tradição do direito dos países de língua inglesa, esse projeto parte da radicalização de aspectos da filosofia política e do direito de Hobbes (1588-1679), em cuja obra, vale notar, não se encontra algo nem sequer próximo de um projeto de teoria do direito essencialmente descritiva e moralmente neutra, passa por Bentham (1748-1832), Austin (1790-1859) e culmina, já no século XX, na obra de H. L. A. Hart, *Conceito de Direito*, publicada em 1961. Na tradição do direito continental e, em especial, na tradição do direito dos países de língua alemã, o projeto positivista se inicia, possivelmente, com Puchta (1798-1846), passa pelo Jhering (1818-1892) da primeira fase, Karl von Gerber (1823-1891), Laband (1838-1918), Jellinek (1851-1911) e culmina na Teoria Pura do Direito, de Hans Kelsen, que, vale observar, sinaliza, já antes mesmo da publicação da primeira edição da *Teoria Pura do Direito*, que se dá em 1934, o esgotamento do projeto.[48]

---

48 O reconhecimento do esgotamento do positivismo tradicional enquanto tendência dominante na filosofia do direito é exposto numa interessante passagem registrada

Se não há, portanto, a possibilidade de um retorno a um projeto positivista ainda não contaminado pelo reconhecimento da necessidade de se levar a sério a perspectiva do participante, fica ainda mais evidente o sentido da proposta de Raz. As teses de Raz são, acredito ser essa a melhor maneira de compreendê-las, tentativas de extrair da Teoria Pura do Direito (ainda que abertamente às custas da coerência interna da teoria) tanto o interesse pela questão da fundamentação da obrigação de observar/aplicar o direito como também uma resposta para essa questão. No entanto, como visto, não há como extrair uma teoria da normatividade justificada da Teoria Pura do Direito simplesmente porque não há uma teoria da normatividade justificada dentro da Teoria Pura do Direito. E essa ausência se deve a uma escolha consciente: Kelsen entende que a questão da fundamentação da obrigação de observar/aplicar o direito não é uma questão a ser considerada por uma teoria científica do direito.

Vistas as coisas dessa maneira, o esforço de reconstrução de aspectos centrais da Teoria Pura do Direito realizado por Raz têm, na sua desmedida, algo que o aproxima do esforço original de Kelsen de construção de uma Teoria Pura do Direito da qual, em respeito aos cânones da ciência positivista, toda e qualquer menção à justiça é banida do conceito de direito.

6. Conclusão

O fracasso dos esforços de Raz no sentido de resgatar a Teoria Pura do Direito de suas autoimpostas limitações positivistas (buscando conservar, no entanto, um viés ainda positivista), contribui para a percepção de que a Teoria Pura do Direito, que é a mais bem elaborada teoria positivista do direito, continua a ser

---

por Stolleis: "Hans Kelsen, em 1926, constatou, num comentário dirigido contra Kaufmann: 'Agora, depois de um período de positivismo e empirismo, o chamado da metafísica é ouvido de novo por todos os lados e em todos os campos do conhecimento'" (Stolleis, *Geschichte des öffentliches Rechts in Deutschland: Dritter Band 1914-1945*. p. 176 – tradução nossa).

relevante enquanto fonte da mais radical crítica ao positivismo jurídico. Uma crítica que, diga-se de passagem, não se constrói sobre uma condenação moral. O problema essencial do positivismo jurídico não é que ele seja mau de um ponto de vista moral. O problema essencial do positivismo é que ele é ruim de um ponto de vista teórico. O positivismo jurídico, enquanto teoria, não dá conta de explicar o seu objeto sem descaracterizá-lo de forma a torná-lo irreconhecível. Assim, quanto melhor a teoria juspositivista, isto é, quanto mais atenta à coerência interna e às diretrizes positivistas (e a Teoria Pura do Direito é insuperável nesses quesitos), mais evidente é o fracasso do positivismo jurídico enquanto teoria do direito. Reside aí a relevância da Teoria Pura do Direito: a Teoria Pura do Direito segue sendo o melhor argumento contra o positivismo jurídico.

7. Bibliografia

ALEXY, Robert. *Begriff und Geltung des Rechts*. 5. Auflage. Freiburg/München: Karl Alber, 2011.

_____. *Conceito e validade do Direito*. Tradução de Gercélia Batista de Oliveira Mendes, revisão de Karina Jannini. São Paulo: WMF Martins Fontes, 2011.

_____. *The argument from injustice*: A reply to legal positivism. Tradução de Bonnie Litschewski Paulson e Stanley L. Paulson. Oxford: Oxford University Press, 2010.

BINDREITER, Uta. *Why Grundnorm?* A Treatise on the Implications of Kelsen's Doctrine. The Hague/London/New York: Kluwer Law International, 2002.

HARRIS, James W. Kelsen's pallid normativity. *Ratio Juris*. Oxford/Cambridge. 9, 1, p. 94-117, março 1996.

KELSEN, Hans. *Reine Rechstlehre*. Wien: Franz Deuticke, 1976.

_____. *Teoria Pura do Direito*. Tradução de João Baptista Machado. 6. ed. Coimbra: Armenio Amado, 1984.

MARMOR, Andrei. Legal positivism: still descriptive and morally neutral. *Oxford Journal of Legal Studies*, v. 26, n. 4, p. 683-704, 2006.

PAULSON, Stanley L. Justified Normativity in Kelsen's Pure Theory?. KLATT, Mathias (org.). *Institutionalized Reason*: The Jurisprudence of Robert Alexy. Oxford: Oxford University Press, 2012.

RAZ, Joseph. Kelsen's theory of the basic norm. **Normativy and norms: critical perspectives on kelsenian themes**. In: PAULSON, Stanley L.; PAULSON, Bonnie Litschewski (orgs.). New York:Oxford/Clarendon Press, 1998. p. 47-67.

_____. The argument from Justice, or how not to reply to legal positivism. In: PAVLAKOS, Georg. *Law, Rights and Discourse: The Legal Philosophy of Robert Alexy*. Oxford/Portland: Hart, 2007. p. 17-35.

STOLLEIS, Michael. *Geschichte des öffentliche Rechts in Deutschland:* Dritter Band 1914-1945. München: Beck, 1999.

A DOUTRINA DA ESTRUTURA ESCALONADA DO DIREITO DE ADOLF JULIUS MERKL E SUA RECEPÇÃO EM KELSEN*

Martin Borowski

Sumário: 1. Introdução. **1.1.** O âmbito do objeto da doutrina da estrutura escalonada da ordem jurídica. **1.2.** O critério formal de diferenciação de níveis. **2.** O desenvolvimento da doutrina da estrutura escalonada do direito de Merkl. **2.1.** O primeiro período, de 1915 a 1923. **2.1.1.** A estrutura escalonada do direito nos artigos de 1916 a 1922. **2.1.2.** A estrutura escalonada do direito em "Die Lehre von der Rechtskraft", de 1923. **2.2.** O segundo período, em 1931. **2.2.1.** Os "Prolegomena einer Theorie des rechtlichen Stufenbaues". **2.2.2.** O desenvolvimento ulterior não realizado de Merkl em relação à estrutura escalonada do direito. **3.** O escalonamento necessário do direito. **3.1.** A teoria de Merkl dos escalões necessários do direito. **3.1.1.** A norma originária como constituição lógica. **3.1.2.** Os atos de execução fática. **3.1.3.** A relação de condição entre os escalões necessários. **3.1.4.** O nexo de derrogação. **3.2.** Problemas da tese de Merkl do escalonamento necessário do Direito. **3.2.1.** Os atos de execução fática como parte integrante do sistema jurídico. **3.2.2.** A necessidade de um escalão intermediário das formas jurídicas necessárias. **3.2.2.1.** A interpretação dos escritos de Merkl. **3.2.2.2.** A necessidade das normas de comportamento no sistema jurídico. **4.** O escalonamento do Direito em "Estados Parlamentares de Direito". **4.1.** O sistema jurídico do "Estado Parlamentar de Direito". **4.2.** A estrutura escalonada do direito em "Estados Parlamentares de Direito", de acordo com o nexo de condição. **4.2.1.** A relação de condição. **4.2.1.1.** A transitividade da condição. **4.2.1.2.** Condição e delegação. **4.2.1.3.** Relação de subordinação e de coordenação. **4.2.1.3.1.** A relação de subordinação. **4.2.1.3.2.** A relação de coordenação. **4.2.1.3.2.1.** Formas jurídicas e fenômenos jurídicos como

---

* Publicado originalmente sob o título "Die Lehre vom Stufenbau des Rechts nach Adolf Julius Merkl", em *Hans Kelsen, Staatsrechtslehrer und Rechtstheoretiker des 20. Jahrhunderts*, organizado por Stanley L. Paulson e Michael Stolleis. Tübingen: Mohr Siebeck, 2005. p. 122-159. Traduzido do original em alemão por Alexandre Travessoni Gomes Trivisonno.

objeto da coordenação. **4.2.1.3.2.2.** Condicionamento imediato e mediato como pressuposto da coordenação. **4.2.1.3.2.3.** Os exemplos de Merkl para a relação de coordenação. **4.2.2.** A forma intermediária entre a produção absoluta do Direito e a aplicação absoluta do Direito. **4.2.3.** Concretização e individualização no curso da produção gradual do direito. **4.2.4.** Objetividade e subjetividade na aplicação e na produção do direito. **4.2.5.** A consideração dinâmica do direito. **4.2.6.** A autoprodução do direito. **4.2.7.** A constituição dos escalões. **4.2.8.** A doutrina da falha. **4.3.** O escalonamento de acordo com o nexo de derrogação. **4.3.1.** O nexo de derrogação. **4.3.2.** A fundação do nexo de derrogação. **4.4.** A relação entre estrutura escalonada de acordo com o nexo de condição e a estrutura escalonada de acordo com o nexo de derrogação na teoria de Merkl. **4.4.1.** A tese de Merkl do escalonamento contradirecional na cadeia de atos processuais. **4.4.2.** Os diferentes significados do conceito "condição". **5.** A recepção da doutrina da estrutura escalonada de Merkl por Hans Kelsen. **5.1.** A recepção da doutrina da estrutura escalonada nos escritos de Kelsen. **5.2.** Merkl como discípulo de Kelsen. **5.3.** Apreciação conclusiva. **6.** Bibliografia.

1. Introdução

O objeto desta contribuição é a doutrina da estrutura escalonada do direito,[**] de Adolf Julius Merkl (1890-1970). Adolf Julius Merkl foi um significativo membro da Escola Teórica do Direito de Viena, porém, apesar desse fato, caiu em grande medida no esquecimento como teórico do direito.[1] Geralmente quando é citado na Alemanha, é confundido não raramente com o

---

** N.T.: A expressão usada pelo autor deste artigo é "Lehre von Stufenbau des Rechts", que literalmente poderia ser traduzida por "Doutrina da construção em níveis do Direito". Kelsen usa, na segunda edição da *Teoria Pura do Direito*, a expressão "Stufenbau der Rechtsordnung", que foi traduzida por João Baptista Machado (tradutor da obra para a língua portuguesa) como "estrutura escalonada da ordem jurídica". Devido à força da tradição, usarei "estrutura escalonada", e não a tradução literal. Porém, a palavra "Stufe" será em alguns momentos traduzida como "escalão" e em outros como "nível".

1 O desconhecimento de Merkl como teórico do Direito se contrapõe de forma peculiar a sua forte influência sobre o Direito constitucional austríaco. Isso marcou Merkl em considerável medida. Conferir, dentre muitos, Funk, *Der Einfluß der "Wiener Schule des Rechtspositivismus" auf die österreichische Verwaltungsrechtswissenschaft*.

A Doutrina da Estrutura Escalonada do Direito... | Martin Borowski 131

penalista Adolf Merkel (1836-1896). Com apoio em trabalhos prévios de Oskar Bülow,[2] Albert Haenel[3] e Rudolf Bierling,[4] Merkl fundou e desenvolveu a doutrina da estrutura escalonada do direito. Essa doutrina teve grande propagação, sobretudo em virtude de sua recepção na *Teoria Pura do Direito* de Hans Kelsen. Não é exagero dizer que tudo que se encontra na estrutura escalonada de Kelsen, sem ampliação ou modificação significativa, já está contido nos escritos de Merkl. A investigação da versão da doutrina da estrutura escalonada de Merkl constitui assim um elemento central do estudo de uma doutrina da estrutura escalonada do direito.

A ideia fundamental da doutrina da estrutura escalonada consiste na diferenciação de classes de fenômenos jurídicos de acordo com critérios formais. Duas distinções possuem um significado especial para a doutrina da estrutura escalonada.

1.1. O âmbito do objeto da doutrina da estrutura escalonada da ordem jurídica

A primeira distinção diz respeito ao âmbito do objeto. Em primeiro lugar, pode-se perguntar se e até que ponto toda ordem jurídica necessariamente apresenta escalões diferentes de normas. O âmbito do objeto inclui então todas as ordens jurídicas imagináveis. Em segundo lugar, pode-se perguntar se e até que ponto ordens jurídicas de um tipo específico contêm necessariamente níveis de normas. Como ordens jurídicas de um tal tipo especial considera-se a ordem jurídica de um "Estado Parlamentar de Direito",[5] para usar um termo de Merkl. Em relação a esse tipo de

---

2 Cf., especialmente, Bülow, *Gesetz und Richteramt*. Cf. Merkl (Adolf Julius), *Die Lehre von der Rechtskraft. Entwickelt aus dem Rechtsbegriff*, p. 182-188.

3 Haenel, *Das Gesetz im formellen und materiellen Sinne*, p. 189-194. Cf. Merkl, *Die Lehre von der Rechtskraft. Entwickelt aus dem Rechtsbegriff*, p. 189-194.

4 Bierling, *Juristische Prinzipienlehre*. Cf. Merkl, *Die Lehre von der Rechtskraft*, p. 194-197.

5 Para a determinação das características dessa ordem jurídica ver VI.1.

ordem jurídica pode-se perguntar se ela contém pura e simplesmente medidas necessárias, ou, além disso, níveis adicionais necessários para uma ordem jurídica, que se seguem das qualidades que as caracterizam como ordem jurídica do "Estado Parlamentar de Direito". Esses níveis adicionais necessários podem ser designados como níveis relativamente necessários. Se e à medida que a questão sobre o nível relativamente necessário deva ser negada, poderia também se perguntar, de mais a mais, sobre um nível contingente, porém, típico. Em terceiro lugar, e por fim, poder-se-ia perguntar sobre a estrutura escalonada de uma ordem jurídica concreta. Investigações desse tipo são, em primeira linha, investigações de direito positivo, em especial investigações de direito constitucional.[6] Nesta investigação primária de teoria do direito devem ser examinadas apenas as duas primeiras questões.

1.2. O critério formal de diferenciação de níveis

A segunda distinção diz respeito ao critério formal de diferenciação de níveis. Se esse critério consiste na condição jurídica ou na relação conversa, a condicionalidade jurídica, questiona-se então o nexo da condição. Este critério formal está, em Merkl, no primeiro plano.[7] Além disso pode-se questionar o nexo de derrogação. Esta relação diz respeito à questão se uma derrogação de normas de classes diversas é possível apenas unilateralmente ou também reciprocamente. Merkl inclui esse nexo de derrogação em suas

---

6   Um exemplo é constituído pela questão sobre a categoria das "regras gerais do Direito dos povos", 25, 1, Lei Fundamental, no sistema jurídico da República Federal da Alemanha. São defendidas (1) categoria supraconstitucional, (2) categoria constitucional e (3) categoria entre a Constituição e leis ordinárias federais. Cf. entre vários, Koenig, *Das Bonner Grundgesetz*, p. 48 e segs.; Pernice, *Grundgesetz Kommentar*, Rn 23 s.; Geiger, *Grundgesetz und Völkerrecht*, p. 167 e segs. Comparar, a título de exemplo da situação jurídica em um tempo mais antigo na Áustria, Rill, *Der Rang der allgemeinen anerkannten Regeln des Völkerrechtes in der österreichischen Rechtsordnung*. Em geral sobre a estrutura escalonada no sistema jurídico da Áustria cf. Walter, *Der Stufenbau nach der derogatorischen Kraft im österreichischen Recht*.

7   Ver III.1.c) e IV.2.

considerações, embora o faça pela primeira vez no último período, de forma não demasiadamente minuciosa e um pouco apodítica.[8] Nos escritos de Kelsen procura-se em vão pelo nexo de derrogação. Porém, nos escritos modernos sobre a estrutura escalonada ele está frequentemente em primeiro plano.[9] Dependendo do âmbito do objeto da doutrina da estrutura escalonada que se considera e de quais critérios formais os níveis são diferenciados resultam diferentes concepções de estrutura escalonada.

A seguir vale a pena, em primeiro lugar, dar uma rápida olhada geral no desenvolvimento da doutrina da estrutura escalonada do direito de Merkl (2). Segue-se então, em duas seções, uma investigação sobre sua tese da graduação necessária em todo tipo de sistema jurídico (3) e sobre a graduação relativa de sistemas jurídicos de "Estados Parlamentares de Direito" (4). Por fim seguem algumas observações sobre a recepção de sua doutrina por parte da doutrina de Kelsen e sobre a contribuição de Merkl para o desenvolvimento da Teoria Pura do Direito da Escola Teórica do Direito de Viena (5).

2. O Desenvolvimento da Doutrina da Estrutura Escalonada do Direito de Merkl

É natural dividir o desenvolvimento da doutrina da estrutura escalonada de Merkl em dois períodos.[10] O primeiro período

---

8   Cf. Öhlinger, *Der Stufenbau der Rechtsordnung. Rechtstheoretische und ideologische Aspekte*, p. 18: "bastante repentino".

9   Cf. dentre outros, Walter, *Der Aufbau der Rechtsordnung*, p. 55 e segs.; Walter, *Stufenbau nach der derogatorischen Kraft* (nota 6), p. 165 e segs.; Mayer, *Die Theorie des rechtlichen Stufenbaues*, p. 41 e segs.

10   Sem dúvida são possíveis outras periodizações. Poder-se-ia dividir a primeira e a segunda parte do primeiro período da periodização aqui empregada em dois períodos independentes. A favor disso contaria o fato de que na obra "Die Lehre von der Rechtskraft" se encontra, pela primeira vez, uma representação extensa e terminada da doutrina da estrutura escalonada. Assim, Öhlinger designa três trabalhos como significativos de três níveis, em primeiro lugar "Das doppelte Rechtsantlitz", em segundo "Die Lehre von der Rechtskraft", e, em terceiro, os "Prolegomena" (Öhlinger, *Stufenbau der Rechtsordnung*, p. 11). Por outro lado, pode-se,

é datado de 1915 a 1923. O próprio Merkl menciona, no contexto dos processos de atribuição de plágio, de Fritz Sander contra Kelsen, como primeira formulação de sua doutrina da estrutura escalonada uma conferência de 1915 perante o círculo dos alunos de Kelsen.[11] Dentro do primeiro período podem ainda ser distinguidos, por um lado, uma série de artigos de 1916 a 1922 e, por outro lado, um trecho ampliado de "Die Lehre von der Rechtskraft",[12] de 1923.

O segundo período começa com a contribuição "Prolegomena einer Theorie des rechtlichen Stufenbaues"[13] (Prolegômenos de uma teoria da estrutura escalonada do direito) ao escrito em homenagem a Kelsen, de 1931. O próprio Merkl não considerava acabado, de modo algum, o desenvolvimento da doutrina da estrutura escalonada do direito, mas na verdade queria deixar seguirem-se novas investigações. Deve-se, porém, evidenciar que sua dedicação à estrutura escalonada do direito termina com esse artigo. Depois disso Merkl jamais voltou ao tema de forma sistemática.

a partir de um ponto de vista cronológico, separar os artigos de 1916 a 1922, bem como todos esses trabalhos dos "Prolegomena", não com base na obra "Die Lehre von der Rechtskraft". A resultante periodização em três níveis seria necessariamente desbalanceada. Além disso poder-se-ia pensar em olhar o período intermediário de 1924 a 1930 como um período independente. Em uma investigação bem pormenorizada, que devesse servir de base a uma extensa e detalhada avaliação também dos escritos de Merkl sobre o direito do Estado e o direito administrativo, talvez se devesse oferecer isso. A influência muito limitada desses escritos para sua doutrina da estrutura escalonada não justifica, porém, no limitado contexto dessa investigação, considerar mais de perto esse período de tempo.

11 Merkl, *Ein Kampf gegen die normative Jurisprudenz*. Zum Streit um Kelsens Rechtslehre, p. 7, nota 1 (GA/1/1, p. 343, nota 8). A seguir os escritos de Merkl serão citados basicamente em conformidade com a publicação original. Na medida em que a publicação se encontre republicada nas *Obras Completas de Merkl* (Merkl, *Gesammelte Schriften*), será referenciada também com a abreviação "GA", a indicação do volume e do volume parcial, por exemplo "(GA 1/1)" e o correspondente número da página nas *Obras Completas*.

12 Merkl, *Die Lehre von der Rechtskraft*, p. 181-228.

13 Merkl, Prolegomena einer Theorie des rechtlichen Stufenbaues, p. 252-294 (GA 1/1, p. 437-492).

2.1. O primeiro período, de 1915 a 1923

2.1.1. A estrutura escalonada do direito nos artigos de 1916 a 1922

Na primeira parte do primeiro período Merkl desenvolveu incidentalmente, no contexto da discussão de diversos problemas da teoria geral do direito, uma série de elementos centrais mais tarde reunidos sistematicamente pela primeira vez na sua doutrina da estrutura escalonada do direito. Dentre os numerosos artigos de Merkl dessa época devem ser acentuados aqui apenas quatro escritos.[14] Quando se começa pela forma cronológica, deve-se apontar no primeiro lugar da continuidade de artigos "Das Recht im Lichte seiner Anwendung", que pareceu de 1916 a 1919 no periódico "Deutsche Richterzeitung".[15] O momento central se

---

14 Entre seus escritos iniciais de teoria do direito o próprio Merkl acentua esses – até "Gesetzesrecht und Richterrecht". Ver Merkl, *Die Lehre von der Rechtskraft*, p. 207, nota 4, dentre vários outros de uma série de escritos sobre direito do Estado, que aqui não serão enfocados de perto. Em seus últimos trabalhos correspondentes aponta Merkl "Die Lehre von der Rechtskraft", "Das Recht im Lichte seiner Anwendung" e "Das doppelte Rechtsantlitz (Merkl, Prolegomena, p. 294, nota 1 [GA 1/1, 492, nota 8]). Kelsen aponta, no prefácio da segunda edição de "Hauptprobleme der Staatsrechtslehre", dois trabalhos adicionais de Merkl, publicados em "Archiv des öffentlichen Rechts", a saber: "Das Recht im Lichte seiner Anwendung" e "Das doppelte Rechtsantlitz", bem como "Die Lehre von der Rechtskraft" (Kelsen, *Hauptprobleme der Staatsrechtslehre*, p. XV). Em um artigo que apareceu nessa época ele remete a "Das Recht im Lichte seiner Anwendung" e "Die Lehre von der Rechtskraft" (Kelsen, *Die Lehre von den drei Gewalten oder Funktionen des Staates*, p. 381, nota). Novamente enfatiza Kelsen o significado dos artigos mencionados acima para o desenvolvimento da doutrina da estrutura escalonada em sua saudação por ocasião do septuagésimo aniversário de Merkl (Kelsen, *Adolf Merkl zu seinem siebzigsten Geburtstag tag am 23. März 1960*, p. 313.)

15 As duas primeiras partes apareceram sob o título "Das Recht im Spiegel seiner Auslegung", em *Deutsche Richterzeitung*, 1916 e 1917. Todas as outras partes apareceram, ao contrário, sob o título apontado no texto (*Deutsche Richterzeitung*, em 1917 e 1919). Sob o título levemente modificado "Das Recht im Lichte seiner Anwendung", apareceu uma versão um pouco modificada, como escrito independente (Merkl, *Das Recht im Lichte seiner Anwendung* [Hannover]), que contém apenas as partes que apareceram em 1917. Uma versão sinótica do artigo original-

encontra no ano de 1917, no qual também o curto artigo "Die Unveränderlichkeit von Gesetzen"[16] apareceu. Um ano mais tarde seguiu-se "Das doppelte Rechtsantlitz".[17] O último artigo, "Gesetzesrecht und Richterrecht",[18] de 1922, apareceu pouco antes de "Die Lehre von der Rechtskraft", que marca a segunda parte do primeiro período,[19] mas que no ponto central se situa porém em uma série com os artigos mencionados acima.

Nesses artigos, bem como em outros trabalhos, Merkl se volta energicamente contra a, na sua opinião exagerada, fixação da ciência do direito de seu tempo na lei.[20] Na medida em que outras fontes do direito em geral fossem consideradas, por exemplo o direito costumeiro e o direito judiciário, seriam elas colocadas como que em uma relação de coordenação ao lado da lei.[21] Merkl emprega para essa ideia a imagem do "nível" ou do "plano bidimensional". A ele contrapõe Merkl sua imagem da ordem jurídica como um espaço tridimensional.[22] Ele também caracterizou o

---

mente continuado e do escrito independente se encontra nos trabalhos completos de Merkl (GA 1/1, p. 85-146). A seguir, sob o título "Das Recht im Lichte seiner Auslegung", a referência estará sendo feita à publicação original na forma de artigos publicados em série e adicionalmente ao lugar em que pode ser encontrado na versão sinótica nos trabalhos completos.

---

16   Merkl, *Die Unveränderlichkeit von Gesetzen*.

17   Merkl, *Das doppelte Rechtsantlitz*.

18   Merkl, *Gesetzesrecht und Richterrecht*.

19   Nesse artigo Merkl se refere a sua *Die Lehre von der Rechtskraft* como "aparecida em conceito". Merkl, *Gesetzesrecht und Richterrecht*, p. 337, nota (GA 1/1, p. 317, nota 1).

20   Merkl, *Das Recht im Lichte seiner Auslegung*, p. 163 e segs. (GA 1/1, p. 98 e segs.); Merkl, *Das doppelte Rechtsantlitz*, p. 425 (GA 1/1, 227 e segs.); Merkl, *Gesetzesrecht und Richterrecht*, p. 337 e segs. (GA 1/1, p. 317 e segs.). Nesse sentido ele também fala no "nimbo da semelhança divina", que "revestiria em teoria" o legislador. Merkl, *Die Unveränderlichkeit von Gesetzen*, p. 111 (GA 1/1, p. 166).

21   Merkl, *Gesetzesrecht und Richterrecht*, p. 338 (GA 1/1, 318 e segs.).

22   Merkl, *Gesetzesrecht und Richterrecht*, p. 339 (GA 1/1, 320); Merkl, *Das doppelte Rechtsantlitz*, p. 426 (GA 1/1, p. 230). Também em trabalhos posteriores reaparece essa metáfora. Cf., por exemplo, Merkl, *Prolegomena*, p. 285 (GA 1/1, p. 480).

A Doutrina da Estrutura Escalonada do Direito... | Martin Borowski 137

direito metaforicamente como um prédio com vários andares.[23] Merkl, que em geral fala com prazer metaforicamente, emprega ainda outras imagens.[24] Certos fenômenos jurídicos não seriam da mesma categoria, mas, sim, ordenados uns acima ou abaixo uns dos outros. O conceito de escalão[25] (nível) ou de estrutura escalonada[26] é empregado nesse período apenas de forma bastante esporádica; Merkl fala preponderantemente em hierarquia dos fenômenos jurídicos[27] ou em hierarquia jurídica.[28] A relação correspondente entre esses fenômenos jurídicos seria a da condição ou condicionalidade,[29] sendo que Merkl emprega ainda o conceito de delegação.[30] Apenas essa relação permitiria a intepretação dos diversos fenômenos jurídicos como parte de um sistema jurídico uniforme.[31] Os escalões do direito até então existentes no sistema jurídico da Áustria daquela época são considerados, por Merkl, em seus diversos artigos, variando o ponto central de cada um

---

23 Merkl, *Das doppelte Rechtsantlitz*, p. 425 (GA 1/1, p. 228). Também essa metáfora reaparece em trabalhos posteriores. Merkl, *Die Lehre von der Rechtskraft*, p. 182; Merkl, Prolegomena, p. 257 (GA 1/1, p. 443). Cf. Merkl, *Hans Kelsens System einer reinen Rechtstheorie*, p. 187 s. (GA 1/1, p. 304 e segs.).

24 Apenas para apontar mais um exemplo, o do rio que desce em catarata, em cujas águas revolvidas se realiza o trabalho de esclarecimento da ciência do direito. Merkl, *Das Recht im Lichte seiner Auslegung*, p. 175 (GA 1/1, p. 115). Cf., ainda, Merkl, Prolegomena, p. 283 (GA 1/1, p. 478), em que mais uma vez a imagem da correnteza de água é mencionada.

25 Merkl, *Das Recht im Lichte seiner Auslegung*, p. 173 (GA 1/1, p. 112).

26 Merkl, *Gesetzesrecht und Richterrecht*, p. 341 (GA 1/1, 322).

27 Merkl, *Gesetzesrecht und Richterrecht*, p. 340 (GA 1/1, 320); Merkl, *Das doppelte Rechtsantlitz*, p. 465 (GA 1/1, p. 251).

28 Merkl, *Das Recht im Lichte seiner Auslegung*, p. 173 (GA 1/1, p. 112); Merkl, *Das doppelte Rechtsantlitz*, p. 444 (GA 1/1, p. 236); Merkl, *Gesetzesrecht und Richterrecht*, p. 342 (GA 1/1, 323). Cf. Merkl, *Das doppelte Rechtsantlitz*, p. 465 (GA 1/1, p. 251): "hierarquia dos escalões de fenômenos jurídicos".

29 Merkl, *Gesetzesrecht und Richterrecht*, p. 340, 341 (GA 1/1, p. 320, 322); Merkl, *Das doppelte Rechtsantlitz*, p. 427 (GA 1/1, p. 232 e segs.).

30 Merkl, *Das Recht im Lichte seiner Auslegung*, p. 171 (GA 1/1, p. 109); Merkl, *Das doppelte Rechtsantlitz*, p. 426 (GA 1/1, p. 231); Merkl, *Gesetzesrecht und Richterrecht*, p. 339 (GA 1/1, 320).

31 Merkl, *Die Unveränderlichkeit von Gesetzen*, p. 98 (GA 1/1, p. 158).

deles. Em "Die Unveränderlichkeit von Gesetzen" trata-se, em primeira linha, da relação entre a constituição e a lei[32] e em "Gesetzesrecht und Richterrecht" da relação entre a lei e a sentença judicial.[33] Em ambos longos artigos menciona-se adicionalmente o fenômeno jurídico do decreto[34] e distingue-se a legislação em legislação em branco e legislação de execução.[35] Com isso Merkl ainda não tem muita certeza sobre quais fenômenos jurídicos devem ser localizados "acima" e "abaixo" na hierarquia do direito. Em "Das Recht im Lichte seine Auslegung" ele aponta o escalão da lei como mais baixo[36] em relação ao escalão da constituição, o que corresponde ao quadro predominante hoje, segundo o qual, na estrutura escalonada do direito a constituição está acima, não abaixo. Duas colunas depois ele relativiza essa visão.[37] Em "Das doppelte Rechtsantlitz" ele começa com a constituição como base sobre a qual se situariam as leis; a "pirâmide jurídica" seria por fim "coroada" por uma infinidade de "decisões, disposições e sentenças". Ele menciona porém, logo a seguir, a possibilidade de virar a pirâmide, de modo que a constituição mudaria para o cume,[38] e duas páginas depois as duas possibilidades novamente são qualificadas como possíveis.[39]

Dentre os elementos centrais desenvolvidos na teoria da estrutura escalonada de Merkl indicados nesses artigos da primeira parte do primeiro período ou um pouco depois deve-se acentuar especialmente a concretização e a individualização no decor-

---

32 Merkl, *Die Unveränderlichkeit von Gesetzen*, p. 98 (GA 1/1, p. 158 e segs.).
33 Merkl, *Gesetzesrecht und Richterrecht*, p. 339 e segs. (GA 1/1, 319 e segs.).
34 Merkl, *Das Recht im Lichte seiner Auslegung*, p. 165, 394 (GA 1/1, p. 100, 117); Merkl, *Das doppelte Rechtsantlitz*, p. 426 (GA 1/1, p. 229).
35 Merkl, *Das Recht im Lichte seiner Auslegung*, p. 394 (GA 1/1, p. 117); Merkl, *Das doppelte Rechtsantlitz*, p. 464 (GA 1/1, p. 246).
36 Merkl, *Das Recht im Lichte seiner Auslegung*, p. 173 (GA 1/1, p. 112).
37 Merkl, *Das Recht im Lichte seiner Auslegung*, p. 175 (GA 1/1, p. 116): "o mais baixo ou também, se quisermos, o mais alto escalão em todo caso previsto no processo de produção do direito...".
38 Merkl, *Das doppelte Rechtsantlitz*, p. 425 (GA 1/1, p. 228).
39 Merkl, *Das doppelte Rechtsantlitz*, p. 427 (GA 1/1, p. 234).

A Doutrina da Estrutura Escalonada do Direito... | Martin Borowski 139

rer da aplicação do direito em níveis diferentes,[40] o cruzamento entre produção e aplicação do direito,[41] bem como aquele entre elementos objetivos e subjetivos da aplicação do direito e entre determinação e indeterminação na aplicação do direito.[42]

2.1.2. A estrutura escalonada do direito em "Die Lehre von der Rechtskraft", de 1923

Enquanto a apresentação da estrutura escalonada nos artigos mencionados aparece incidentalmente e de forma um pouco dissipada na discussão de outros problemas, Merkl dedica à doutrina da estrutura escalonada uma seção própria e extensa de seu ensaio "Die Lehre von der Rechtskraft". Ao contrário da apresentação dos artigos até então, essa seção representa um progresso qualitativo, em que, de forma não menos significativa, pela primeira vez se encontra uma representação fechada e sistemática. No começo da seção correspondente Merkl contrapõe a excessiva e predominante fixação na lei à sua imagem do direito como um prédio com vários andares.[43] Seguem-se longas apresentações de trabalhos de Bülow, Haenel e Bierling,[44] bem como de Kelsen, que é mencionado de forma breve.[45] Em uma seção de cerca de 20 páginas Merkl desenvolve, então, de forma sistemática, sua doutrina da estrutura escalonada.[46] Nessa publicação Merkl expressamente designa sua doutrina da estrutura escalonada como "doutrina dos

---

40   Merkl, *Das Recht im Lichte seiner Auslegung*, p. 170 (GA 1/1, p. 107); Merkl, *Das doppelte Rechtsantlitz*, p. 426 (GA 1/1, p. 229 e segs.).

41   Merkl, *Die Unveränderlichkeit von Gesetzen*, p. 111 (GA 1/1, p. 167 e segs.); Merkl, *Das doppelte Rechtsantlitz*, p. 426, 464 (GA 1/1, p. 247 e segs.).

42   Merkl, *Das Recht im Lichte seiner Auslegung*, p. 166 e segs. (GA 1/1, p. 102 e segs.); Merkl, *Das doppelte Rechtsantlitz*, p. 427 (GA 1/1, p. 234).

43   Merkl, *Die Lehre von der Rechtskraft*, p. 181 e segs.

44   Merkl, *Die Lehre von der Rechtskraft*, p. 182-197.

45   Merkl, *Die Lehre von der Rechtskraft*, p. 199-201.

46   Merkl, *Die Lehre von der Rechtskraft*, p. 201-223.

140   Hans Kelsen: Teoria Jurídica... | Júlio A. Oliveira • Alexandre T. G. Trivisonno

escalões",[47] e então é esclarecido que a constituição fica no alto da estrutura escalonada, e não abaixo.[48]

2.2. O segundo período, em 1931

2.2.1. Os "Prolegomena einer Theorie des rechtlichen Stufenbaues"

Enquanto nas publicações entre 1923 e 1931 a estrutura escalonada tenha sido abordada, elas se limitam antes a observações acidentais, que não vão além daquilo alcançado até então.[49] No escrito em homenagem a Kelsen, de 1931, Merkl apresenta de forma renovada a estrutura escalonada do direito em uma detalhada investigação. Sua doutrina de até então foi em linhas gerais confirmada. Ele limita porém suas considerações daí em diante expressamente às "formas da proposição jurídica" do Estado Parlamentar de Direito.[50] Com isso a pergunta até então repetidamente por ele abordada, a saber, qual escalonamento deve estar contido em todo sistema jurídico, passa consideravelmente para o segundo plano.[51] Merkl insere, na estrutura escalonada do "Estado Parlamentar de

---

47   Merkl, *Die Lehre von der Rechtskraft*, p. 207, nota 1, acima p. 220 e segs., nota 1, 221, 223 *et passim*.

48   Merkl, *Die Lehre von der Rechtskraft*, p. 215: a constituição seria "o fenômeno jurídico superior ou mais alto e a lei o inferior ou mais baixo"; cf. mais tarde, Merkl, *Prolegomena*, p. 259 (GA 1/1, p. 446): "A constituição como regra típica de produção jurídica pode significar em todo caso apenas o começo e de modo algum o fim do processo jurídico".

49   Cf., por exemplo, Merkl, *Allgemeines Verwaltungsrecht*; Merkl, *Das Problem der Rechtskontinuität und die Forderung des einheitlichen rechtlichen Weltbildes*, p. 521 e segs.; Merkl, *Hans Kelsens System einer reinen Rechtstheorie*, p. 187 e segs. (GA 1/1, p. 304 e segs.).

50   Merkl, *Prolegomena*, p. 255 (GA 1/1, p. 442): "assim deve então a presente investigação ficar nas formas da proposição jurídica, que se encontram nos denominados estados de direito cujas instituições parlamentares são características".

51   Com isso não se pode também deduzir dos "Prolegomena" sozinhos algo como a última e completa versão da doutrina da estrutura escalonada de Merkl. Quem afirma, sem outras qualificações, que a doutrina da estrutura escalonada teria encontrado nos "Prolegomena" sua "formulação definitiva" (por exemplo, Meyer, *Theorie des rechtlichen Stufenbaues*, p. 37), corre com isso perigo de trazer ao mundo do mal-entendidos.

Direito", aperfeiçoamentos e complementos. Por exemplo, os conceitos de nexo de condição e nexo de delegação,[52] que até então tinham sido empregados como sinônimos, passam de agora em diante a ser diferenciados.[53] A partir de pontos de vista sistemáticos, o complemento mais significativo consiste na introdução do nexo de delegação, que, segundo Merkl, deve poder conduzir a uma estrutura escalonada divergente da do nexo de condição.[54]

2.2.2. O desenvolvimento ulterior não realizado de Merkl em relação à estrutura escalonada do direito

O emprego do conceito "Prolegomena"[55] no título do último trabalho de Merkl sobre a doutrina da estrutura escalonada já indica que ele queria continuar a se dedicar a ela. Em diferentes lugares dos "Prolegomena" ele qualifica suas representações como grosseiras e incompletas,[56] e observações semelhantes já se encontram em "Die Lehre von der Rechtskraft".[57] É quase como se o respeito de Merkl pelo tamanho da tarefa de desenvolver a doutrina da estrutura escalonada de forma sistemática fosse tal que, quanto mais à altura se estivesse para desenvolvê-la mais intensivamente devesse se dedicar a ela. Bem ao fim dos "Prolegomena", na última frase da última nota de rodapé, ele anuncia de forma expressiva um tratamento monográfico do tema: "Uma monografia sobre a teoria da estrutura escalonada do Direito, da qual esses Prolegômenos pretendem ser uma observação indicativa,

---

52   Por exemplo Merkl, *Gesetzerecht und Richterrecht*, p. 339 (GA 1/1, p. 319).

53   Merkl, Prolegomena, p. 280 (GA 1/1, p. 474).

54   Merkl, Prolegomena, p. 284 (GA 1/1, p. 480).

55   Cuja tradução é aproximadamente "observações introdutórias", "notas prévias" ou "prólogo".

56   Merkl, Prolegomena, p. 285 (GA 1/1, p. 480): "a estrutura escalonada do direito... que nesse contexto pode ser apenas indicada, não pode ser aqui exposta", e logo a seguir: "esboço da doutrina da estrutura escalonada".

57   Merkl, *Die Lehre von der Rechtskraft*, p. 214: "indicações pobres" e p. 221: "a teoria dos escalões, esboçada aqui apenas em seus contornos externos e através de slogans".

está sendo preparada."[58] Essa monografia não veio à luz, assim como outros trabalhos de Merkl sobre o tema. As razões para a não realização dos trabalhos ulteriores permanecem desconhecidas. Nos anos 1930 Merkl se dedicou primordialmente a questões de direito constitucional.[59] Depois do final da Segunda Guerra Mundial, sob a influência da catástrofe moral do Nacional-Socialismo, ele realizou uma mudança do ponto central de seu estudo, do tratamento das formas jurídicas para considerações sobre o conteúdo do direito.[60]

3. O Escalonamento Necessário do Direito

3.1. A teoria de Merkl dos escalões necessários do direito

Nos trabalhos do primeiro período Merkl diferenciou de forma realmente clara um escalonamento necessário de um escalonamento meramente possível do direito.[61] Merkl parte de um escalonamento necessário.[62] A ordem jurídica é, para Merkl, um

---

58   Merkl, Prolegomena, p. 294, nota 1 (GA 1/1, p. 492, nota 1). Já em *Die Lehre von der Rechtskraft*. Merkl anuncia um tratamento monográfico. No que diz respeito ao problema da estrutura escalonada isso significa: "cujo tratamento monográfico eu devo reservar ao futuro" (Merkl, *Die Lehre von der Rechtskraft*, p. 224, nota 1, continuação da p. 223). Também na direção de outros trabalhos, a observação anterior aponta que "ao paralelismo entre a teoria científico-jurídica dos escalões e a teoria da evolução das ciências da natureza" (grifos omitidos), Merkl deveria "reservar um ensaio separado" (Merkl, *Die Lehre von der Rechtskraft*, p. 220 e segs., nota 1. Nos Prolegomena não se encontra um tratamento mais aprofundado dessa questão.

59   Cf. também a própria representação de Merkl em sua autobiografia, GA 1/1, XXXIII e segs., bem como Grussmann, *Adolf Julius Merkl, Leben und Werk*, p. 37 segs., Walter, *Adolf Julius Merkl*. Persönlichkeit und Wissenschaftliches Werk, p. 29 e segs.

60   Schambeck, *Ethik und Demokratie bei Adolf Merkl*, p. 268, 271; Schambeck, *Leben und Wirken von Adolf Julius Merkl*, p. 18 e segs.; Grussmann, *Adolf Julius Merkl*, p. 44 e segs.

61   Merkl, *Gesetzesrecht und Richterrecht*, p. 339 (SP) (GA 1/1, p. 320); Merkl, *Die Lehre von der Rechtskraft*, p. 213.

62   Apesar de algumas passagens nos "Prolegomena", que à primeira vista contam contra a aceitação da necessidade de um escalonamento, não se pode partir do fato de ele ter revogado, no segundo período, sua concepção relativamente ao escalonamento. A concepção clara do dualismo das formas jurídicas, do primeiro

A Doutrina da Estrutura Escalonada do Direito... | Martin Borowski 143

sistema de fenômenos jurídicos de um mesmo grupo.[63] O fenômeno jurídico constitui o conceito superior para, por um lado, normas jurídicas ou proposições jurídicas e, por outro lado, atos de execução fática.[64] Com isso Merkl não diferencia proposição jurídica e norma jurídica,[65] seguindo o uso amplo da linguagem,

---

período, não continua nos "Prolegomena". Já nas observações introdutórias sobre o caso limite de uma ordem jurídica constituída apenas por uma proposição jurídica, mostra-se que ao ato de execução não cabe uma atenção aumentada. Quando Merkl na sequência reiteradamente indica julgar possível uma ordem jurídica com apenas uma única forma de proposição jurídica (Merkl, Prolegomena, p. 252, 254 e segs., 272 (GA 1/1, p. 438, 441, 464), parece encontrar-se aí uma negação do dualismo das formas jurídicas desenvolvido nos trabalhos anteriores. Jürgen Behrend argumentou que essa diferença estaria fundamentada na mudança de perspectiva do Estado Democrático Constitucional, que Merkl teria executado nos "Prolegomena" (Behrend, *Untersuchungen zur Stufenbaulehre Adolf Merkls und Hans Kelsens*, p. 23 e segs.). Ainda que a mudança de perspectiva não possa ser contestada, ela não pode fundamentar uma negação do dualismo das formas jurídicas. Aquilo que em todo sistema jurídico necessariamente existe deve existir necessariamente em todo sistema jurídico concreto, o que o próprio Behrend, em outro lugar, vê de forma clara (Behrend, *Untersuchungen zur Stufenbaulehre Adolf Merkls und Hans Kelsens*, p. 19 e segs.). A suposta contradição se volatiliza porém quando se lê Merkl da forma tão precisa quanto ele formulou: no segundo período ele não nega o dualismo das formas jurídicas, mas apenas considera possível ordens jurídicas com apenas uma forma de proposição jurídica. No dualismo das formas jurídicas pode-se conviver com uma forma de proposição jurídica, a saber a norma originária. A outra forma jurídica consiste na categoria dos atos de execução fática, que não representam proposições jurídicas, mas meros fenômenos jurídicos.

---

63 Merkl, *Die Lehre von der Rechtskraft*, p. 218. Em passagens anteriores parece que Merkl queria enxergar o direito e a ordem jurídica como a soma das proposições jurídicas (Merkl, *Die Lehre von der Rechtskraft*, p. 202, 207). Essa determinação é, porém, completada por Merkl, na passagem posterior citada, pelo ato de execução como fenômeno jurídico. Essa aparente diferença é esclarecida pelo fato de que na primeira passagem trata-se, para ele, de argumentar contra a fixação extremamente forte da ciência jurídica de seu tempo na lei enquanto fonte do direito. Ele se refere a outras formas de proposição jurídica enquanto fontes do direito. Ele não tem em vista aqui a questão dos atos de execução fática como parte integrante do sistema jurídico, mas apenas em um contexto posterior.

64 Merkl, *Die Lehre von der Rechtskraft*, p. 218.

65 Behrend, *Untersuchungen zur Stufenbaulehre Adolf Merkls und Hans Kelsens*, p. 13, nota 9.

segundo o qual uma norma jurídica ou uma proposição jurídica representa um juízo hipotético sobre a vontade do Estado para o estabelecimento de uma consequência para o ilícito jurídico.[66] Ele considera como típico exemplo de formas jurídicas a ordem jurídica de seu tempo, especialmente a constituição, as leis, os decretos e os atos judiciais ou executivos isolados. Ele reconhece como escalões necessários ou "formas jurídicas essencialmente mínimas...", sem as quais um sistema jurídico seria impensável", apenas duas: "já a mais simples, com seu sistema de formas jurídicas reconduzíveis a suas partes inevitáveis, é biarticulada e tem ao mesmo tempo dois escalões".[67]

Isso é designado por Merkl como "dualismo" das formas jurídicas.[68] As duas formas jurídicas necessárias são, por um lado, a constituição lógica e, por outro lado, os atos de execução fática.

3.1.1. A norma originária como constituição lógica

O primeiro escalão necessário contém a "norma originária"[69] ou "constituição no sentido lógico-jurídico",[70] cujos primeiros órgãos podem adjudicar a competência para a produção do direito. Nas palavras de Merkl, deveria se "subentender" por uma norma jurídica aquela que "entroniza a autoridade produtora de direito".[71] O "caos das figuras jurídicas", que deveria ser entendido como "soma de fenômenos do mesmo grupo, em uma expressão,

---

66   Merkl, *Die Lehre von der Rechtskraft*, p. 219, nota 2; Merkl, Prolegomena, p. 264 (GA 1/1, p. 453).

67   Merkl, *Die Lehre von der Rechtskraft*, p. 210 (grifos omitidos). Cf. Merkl, *Die Lehre von der Rechtskraft*, p. 208 e segs. e Merkl, *Gesetzesrecht und Richterrecht*, p. 340 (GA 1/1, p. 320): "Não é pensável uma ordem jurídica que não apresente pelo menos duas figuras jurídicas; caso contrário não se poderia falar em uma hierarquia jurídica imanente a toda ordem jurídica." Cf. também Merkl, *Das doppelte Rechtsantlitz*, p. 462 e segs. (GA 1/1, p. 231 e segs.).

68   Merkl, *Die Lehre von der Rechtskraft*, p. 214.

69   Merkl, *Die Lehre von der Rechtskraft*, p. 209.

70   Merkl, *Die Lehrevon der Rechtskraft*, p. 209, nota 1.

71   Merkl, *Gesetzesrecht und Richterrecht*, (SP) p. 339 (GA 1/1, p. 321).

A Doutrina da Estrutura Escalonada do Direito... | Martin Borowski   145

como sistema jurídico", deveria ser "reconhecido como produto de uma origem comum".[72]

3.1.2. Os atos de execução fática

O escalão necessário na extremidade mais alta de todo sistema jurídico põe-se diante de um também necessário escalão na extremidade inferior, a execução fática.[73] A própria execução fática na verdade não mais poderia ser executável juridicamente, embora seja considerável juridicamente e, com isso, apesar de sua natureza fática, parte integrante do sistema jurídico.[74] Ela seria uma parte integrante do sistema jurídico porque o conceito de direito conteria necessariamente o elemento da coerção.[75] Ao contrário, à moral faltaria o elemento da coerção; ela não admitiria a aplicação de suas normas, do que se seguiria que a ordem moral representaria uma mera ordem uniforme de dever ser.[76]

3.1.3. A relação de condição entre os escalões necessários

A relação entre esses dois níveis necessários do direito seria de condição. Um fenômeno jurídico seria condicionante de

---

72   Merkl, *Die Lehre von der Rechtskraft*, p. 210 (grifos omitidos).
73   Merkl, *Die Lehre von der Rechtskraft*, p. 213.
74   Merkl, Prolegomena, p. 283 (GA 1/1, p. 477).
75   Merkl, Prolegomena, p. 260 (GA 1/1, p. 447): "A natureza coercitiva da ordem jurídica baseada no conceito de direito."
76   Merkl, Prolegomena, p. 253 (GA 1/1, p. 438). Isso levanta a questão, se diante disso as normas morais de fato mantêm-se indiferentes à sua aplicação. Em conformidade com sua definição, na sua qualidade de normas não institucionalizadas, não existe um processo de aplicação análogo ao do direito (sobre o critério da validade moral, cf., entre outros, Alexy, *Begriff und Geltung des Rechts*, p. 141 e segs.). Contudo coloca-se a questão se normas morais, que, por exemplo, outorgam direitos humanos como uma classe especial de direitos morais, exigem, não moralmente, a institucionalização de seus conteúdos em um sistema jurídico (sobre esse problema cf. Alexy, *Die Institutionalisierung der Menschenrechte im demokratischen Verfassungsstaat*, p. 255; Borowski, *Discourse Theory in International Law. Human Rights trough Discourse*, p. 44. Essa institucionalização poderia ser considerada como um tipo de aplicação de normas morais.

um outro quando ele é o "pressuposto da criação e da validade, em uma palavra, a origem" do outro.[77] Essa relação de condição e de condicionamento é, para Merkl, a "ideia de delegação tão própria do direito", [78] o "arquétipo da relação de ato no sistema jurídico".[79] Com isso, a prioridade da forma jurídica condicionante não seria de modo algum exclusivamente "temporal", mas também "lógica".[80] O ato condicionado não seria gerado "simplesmente depois dos atos condicionantes, mas a partir dos atos condicionantes".[81] Nesse contexto Merkl se refere expressamente ao termo "regra de produção", apresentado por Kelsen,[82] e já emprega o conceito "norma de competência".[83] Em uma passagem impressivamente clara, Merkl formula, já em 1931, a diferenciação fundamental entre, por um lado, normas que ordenam e proíbem, e, por outro lado, normas de competência, que H. L. A. Hart 30 anos mais tarde designa como "chave para a ciência do Direito"[84] que alcançou fama mundial:

> A intuição jurídico-científica da autoprodução de todo o direito se apoia no fato da experiência de que a ordem jurídica consiste em duas partes fundamentais diferentes no que diz respeito ao conteúdo: por um lado regras do comportamento humano e, por outro lado, regras que regulamentam o estabelecimento, a formação, em síntese a produção dessas regras de comportamento.[85]

Quando se aplica o nexo de condição a ambas formas jurídicas necessárias, a norma originária seria condicionante e os atos

---

77   Merkl, *Die Lehre von der Rechtskraft*, p. 216 (grifos omitidos). Cf. Merkl, Prolegomena, p. 273 (GA 1/1, p. 465).
78   Merkl, *Das doppelte Rechtsantlitz*, p. 426 (GA 1/1, p. 231).
79   Merkl, Prolegomena, p. 273 (GA 1/1, p. 465).
80   Merkl, Prolegomena, p. 275 (GA 1/1, p. 468). Sobre a anterioridade "lógica" cf. também Merkl, *Die Lehre von der Rechtskraft*, p. 217.
81   Merkl, Prolegomena, p. 280 (GA 1/1, p. 474) (grifos no original).
82   Merkl, Prolegomena, p. 280 (GA 1/1, p. 474).
83   Merkl, Prolegomena, p. 281 (GA 1/1, p. 476).
84   Hart, *The Concept of Law*, p. 79 (na segunda edição de 1994, p. 81).
85   Merkl, Prolegomena, p. 281 (GA 1/1, p. 475).

A Doutrina da Estrutura Escalonada do Direito... | Martin Borowski   147

de execução fática se constituiriam como condicionados. O especial na assim criada "estrutura ideal",[86] no sentido de Merkl, consiste na pureza como condicionante e condicionado. Ele se refere às formas jurídicas puramente condicionantes e condicionadas como "polos do mundo jurídico".[87] À diferenciação entre formas jurídicas puramente condicionantes e puramente condicionadas relaciona-se também a diferenciação entre escalões absolutos de criação jurídica e escalões absolutos de aplicação jurídica.[88]

Merkl interpreta a "estrutura ideal" do sistema jurídico não apenas sistematicamente, mas também historicamente. Ele emprega reiteradamente a figura do juiz-rei ou chefe, cujos atos de execução fática seriam considerados condicionados por uma norma originária instituidora da autoridade.[89] A "realidade histórica" dessa estrutura seria, na verdade, "sem significado", mas também "muito provável".[90]

3.1.4. O nexo de derrogação

A questão sobre se e em que medida, nos sistemas jurídicos, deve existir um nexo de derrogação necessário entre as normas a eles pertencentes pode, com base nas construções de Merkl, ser respondida de forma clara. Os princípios de ordenação de categoria para o nexo de derrogação são, como ele expressamente salienta, simplesmente "jurídica e positivamente realizados".[91] Isso consiste também nas consequências de sua apresentação mínima

---

86 Merkl, *Die Lehre von der Rechtskraft*, p. 215.
87 Merkl, *Die Lehre von der Rechtskraft*, p. 216.
88 Merkl, *Das doppelte Rechtsantlitz*, p. 427 (GA 1/1, p. 234); Merkl, *Die Lehre von der Rechtskraft*, p. 218.
89 Merkl, *Das doppelte Rechtsantlitz*, p. 427 (GA 1/1, p. 233); Merkl, *Die Lehre von der Rechtskraft*, p. 210, nota 2 (continuação da p. 209); Merkl, *Das Recht im Lichte seiner Auslegung*, p. 448 (GA 1/1, p. 130).
90 Merkl, *Die Lehre von der Rechtskraft*, p. 209 e segs., nota 2; cf. Merkl, *Gesetzesrecht und Richterrecht*, p. 339 (GA 1/1, p. 321): a constituição (em sentido lógico-jurídico) e a sentença jurídica seriam "concebivelmente e mesmo historicamente" as "únicas articulações dos elementos essenciais de um sistema jurídico limitado".
91 Merkl, *Prolegomena*, p. 284 (GA 1/1, p. 484).

do sistema jurídico, que compreende a norma originária e os atos de execução fática. A norma originária empresta meramente a competência para a produção do direito e para os atos de execução fática correspondentes, não, porém, nenhum conteúdo de estabelecimento. Entre as formas jurídicas necessárias não pode existir um conflito; nesse sentido, conflitos são contingentes. Então as derrogações se apresentam como meramente possíveis, mas não como necessárias.

Digno de nota é, além disso, que para Merkl também a mutabilidade das normas jurídicas não representa uma propriedade necessária. Ao contrário, ele postula, no ensaio "Unveränderlichkeit von Gesetzen", o "princípio normológico", segundo o qual as leis, na dúvida, seriam inalteráveis.[92] Isso não significa, de modo algum, que em uma ordem jurídica a imutabilidade das normas jurídicas poderia ser ordenada. Mas isso significa, porém, que a mutabilidade das normas jurídicas e com ela a derrogação em conformidade com a posterioridade não devam ser necessariamente reconhecidas em todo sistema jurídico.[93]

3.2. Problemas da tese de Merkl do escalonamento necessário do Direito

Dentre os problemas que a tese de Merkl do escalonamento necessário do Direito levanta, somente dois devem ser aqui enfocados.

3.2.1. Os atos de execução fática como parte integrante do sistema jurídico

Hans Nawiasky se pronunciou contra a inclusão dos atos de execução fática no sistema jurídico. Depois que ele aludiu ao fato de que, no que diz respeito a atos de execução fática, não se poderia

---

92   Merkl, *Die Unveränderlichkeit von Gesetzen*, p. 110 (GA 1/1, p. 163).

93   Merkl, *Die Lehre von der Rechtskraft*, p. 238 e segs.; Merkl, *Die Rechtseinheit des österreichischen Staates. Eine staatsrechtliche Untersuchung auf Grund der Lehre von der lex posterior*, p. 80 e segs. (GA 1/1, p. 190, 225).

"falar em uma propriedade das normas jurídicas", isso significa que "consequentemente deveriam todos esses atos referentes ao sistema jurídico homogênico ser agregados ao domínio do sociológico".[94] Essa crítica constitui uma consequência da ênfase nítida na lei humeana, segundo a qual de um ser não pode se seguir um dever ser,[95] devendo, portanto, ser e dever ser ser diferenciados nitidamente. A ênfase nessa diferença desempenha um papel muito importante nos escritos da Escola Teórica do Direito de Viena.[96] Coloca-se porém a questão se isso obriga considerar exclusivamente normas como elementos do sistema jurídico. O próprio Merkl respondeu, nos "Prolegomena", à crítica de Nawiasky:

> Ações juridicamente relevantes, que apesar dessa sua relevância não são propriamente proposições jurídicas, são inevitavelmente dadas com a existência de uma ordem de dever ser que quer ter efeitos motivantes sobre o ser, e na verdade sobre a ação humana.[97]

Em vista da função do direito de regulamentar o comportamento humano,[98] a diferenciação entre o ser em conformidade com normas e o ser em desconformidade com normas representa uma categoria fundamental do direito. A construção conceitual é, em primeiro lugar, uma questão de conveniência, e uma restrição dos elementos do sistema jurídico a normas jurídicas não está pura e simplesmente conceitualmente excluída. Um aspecto essencial do direito, a distinção entre o ser em conformidade

---

94 Nawiasky, *Kritische Bemerkungen zur Lehre vom Stufenbau des Rechts*, p. 489.

95 Hume, *A Treatise on Human Nature*, p. 302. Cf. também Simmel, *Einleitung in die Moralwissenschaften*, p. 58-61 *et passim*.

96 Cf. especialmente Kelsen, *Über Grenzen zwischen juristischer und soziologischer Methode*, p. 6 (reimpresso em *Die Wiener rechtstheoretische Schule*. Schriften von Hans Kelsen, Adolf Merkl, Alfred Verdross, p. 6); Kelsen, *Hauptprobleme der Staatsrechtslehre*, p. 7 e segs. Além disso cf. sobretudo Paulson, *Faktum/Wert-Distinktion, Zwei-welten Lehre und immanenter Sinn*. Hans Kelsen als Neukantianer.

97 Merkl, Prolegomena, p. 269 (GA 1/1, p. 459 e segs.).

98 Fuller, *The Morality of Law*, p. 96: o direito seria "o empreendimento de submeter a conduta humana ao governo das regras".

com normas e o ser em desconformidade com normas, deixa-se porém reproduzir apenas dentro do sistema jurídico, quando os atos de execução fática são considerados elementos do sistema jurídico. Com isso considera-se inteiramente conveniente, com Merkl e também com Kelsen,[99] partir do fato de que os atos de execução fática constituem elementos do sistema jurídico.

3.2.2. A necessidade de um escalão intermediário das formas jurídicas necessárias

O segundo problema consiste na questão de se o "sistema jurídico ideal" de Merkl pode, de fato, conviver com as duas formas jurídicas que ele havia mencionado.

3.2.2.1. A interpretação dos escritos de Merkl

Jürgen Bernd já apontou que das construções do próprio Merkl pode se deduzir que seu sistema deve necessariamente conter um escalão intermediário.[100] Por um lado Merkl diferencia produção absoluta do direito através da norma originária e aplicação absoluta do direito através dos atos de execução fática.[101] A isso se contrapõem, porém, passagens em que a estrutura ideal é caracterizada por duas formas jurídicas, por um lado a norma originária e, por outro lado, as "normas deduzidas entre si uniformemente a partir da norma originária".[102] Essas normas deduzidas são algo bem diferente dos atos de execução fática. Analogamente ele se refere à "decisão ou disposição" como "fim e fenômeno total do direito".[103] Se os atos de execução fática contam para o siste-

---

99 Cf. Kelsen, *Reine Rechtslehre*, p. 82: "A última fase desse processo de produção do Direito, que se inicia com o ato de pôr a constituição, é a realização do ato de coerção na consequência do ilícito."

100 Behrend, *Untersuchungen*, p. 26 e segs.

101 Merkl, *Das doppelte Rechtsantlitz*, p. 427 (GA 1/1, p. 234); Merkl, *Die Lehre von der Rechtskraft*, p. 218.

102 Merkl, *Die Lehre von der Rechtskraft*, p. 216; Merkl, *Die Lehre von der Rechtskraft*, p. 238 e segs.;

103 Merkl, *Das Recht im Lichte seiner Auslegung*, p. 164 (GA 1/1, p. 98); Merkl, Prolegomena, p. 261 (GA 1/1, p. 448).

A Doutrina da Estrutura Escalonada do Direito... | Martin Borowski   151

ma jurídico, eles representam o fenômeno final do direito, não a norma completamente concretizada e individualizada em atos isolados. Uma investigação mais acurada dos escritos de Merkl do primeiro período leva à conclusão de que, no que diz respeito às formas jurídicas necessárias, ele não diferencia de forma suficientemente consequente a decisão normativa individual[104] e o ato de execução fática referente à aplicação dessa decisão normativa individual. A decisão normativa individual como norma que ordena ou proíbe representa uma forma jurídica necessária, ao lado da norma originária e dos atos de execução fática.

Essa interpretação se apoia também em formulações dos "Prolegomena". Como já mencionado, a questão das formas jurídicas necessárias passa consideravelmente, nesse escrito, para o segundo plano. No início do ensaio encontram-se, porém, passagens elucidativas. Primeiro diz-se de forma pouco clara: "Pode-se mal pensar hipoteticamente o caso limite de uma ordem jurídica que se esgota em uma única proposição jurídica."[105] No curso do parágrafo ele expõe que, mesmo na "ordem jurídica conteudisticamente mais simples", seriam admitidas pela norma originária outras proposições jurídicas que "estabelecem como dever dos súditos um comportamento que se aproxime conteudisticamente daquilo que é determinado pelo soberano".[106] "O caso aludido da ordem jurídica estruturalmente primitiva" mostraria já "a necessidade de uma pluralidade de proposições jurídicas como pedras do edifício de uma ordem jurídica".[107] À norma originária e aos atos de execução fática deve assim se seguir uma outra forma jurídica.

---

104   A decisão normativa individual é a norma que é individualizada e concretizada integralmente a partir das circunstâncias; ela considera portanto todas as propriedades das circunstâncias relevantes para a decisão definitiva (cf. já Erlich, *Grundlegung der Soziologie des Rechts*, p. 97 e segs.). Cf. também Alexy, *Die logische Analyse juristischer Entscheidungen*, p. 33 e segs. Assim como a falta de nitidez de Merkl nesse ponto é lamentável, as claras explicações da qualificação dos atos isolados como proposições jurídicas que representam decisões normativas individuais ou delas se aproximam constituem uma grande realização de sua teoria jurídica.

105   Merkl, Prolegomena, p. 252 (GA 1/1, p. 437).

106   Merkl, Prolegomena, p. 252 (GA 1/1, p. 437).

107   Merkl, Prolegomena, p. 252 (GA 1/1, p. 437 e segs.).

3.2.2.2. A necessidade das normas de comportamento no sistema jurídico

A necessidade de um escalão intermediário de normas jurídicas, entre a norma originária e os atos de execução fática, apoia-se também em reflexões sistemáticas. Não é possível interpretar a norma originária de tal modo que ela condicione imediatamente os atos de execução fática. Já foi acentuado que Merkl diferencia, por um lado, normas que atribuem poder ou competência e, por outro lado, normas que ordenam e proíbem.[108] A norma originária é, como o próprio Merkl enfatiza, uma única norma.[109] Como norma de competência ela não ordena ou proíbe comportamento humano algum, mas apenas atribui poder para a produção de normas. Por outro lado, as normas produzidas podem, por sua vez, ser normas de competência, mas a maioria diz respeito a normas que ordenam ou proíbem, regulamentando imediatamente o comportamento humano. Em síntese, normas de competência podem condicionar apenas outras normas, mas não atos de execução fática imediatos.

Por outro lado os atos de execução fática devem representar o resultado da aplicação de normas que ordenam e proíbem. Disso resulta a necessidade de normas que ordenam e proíbem, no sentido das decisões normativas individuais como escalão intermediário, que são condicionadas pela norma originária e que condicionam os atos de execução fática. Por mais que o por várias vezes por Merkl mencionado Juiz-rei, que ao mesmo tempo representa sua própria execução, efetue ações fáticas, não só sua ação deve ser compreendida como expressão legítima do direito através da norma originária, mas também a execução fática deve significar um ato de estabelecimento de uma decisão normativa individual correspondente, cuja aplicação representa o ato de execução fática.

---

108 Ver 3.1.3.
109 Merkl, *Die Lehre von der Rechtskraft*, p. 209, 223; Merkl, Prolegomena, p. 279 (GA 1/1, p. 473).

4. O Escalonamento do Direito em "Estados Parlamentares de Direito"

Na "estrutura real do sistema das formas jurídicas"[110] os escalões do direito se multiplicam, ao contrário daqueles da estrutura ideal. Às formas jurídicas necessárias adicionam-se as meramente possíveis.[111] Merkl enfatiza repetidamente que quantos e quais escalões nos sistemas jurídicos reais deveriam ser diferenciados adicionalmente em relação aos escalões necessários seria uma questão acidental.[112] Ele interpreta especialmente a lei, que no seu entendimento é muito superestimada, como uma "casualidade introduzida pelo direito positivo".[113] No lugar do dualismo das formas jurídicas seguir-se-ia o "pluralismo das formas jurídicas".[114] O número de normas jurídicas seria potencialmente infinito. Merkl indica, porém, que as razões para a diferenciação das formas jurídicas "encontram sua satisfação já nos tradicionais postos das formas jurídicas e que uma ampliação ao absurdo dessa tendência da razão seria um benefício calamitoso."[115] Em uma passagem sobre "a abertura de uma parte da produção jurídica para diferentes grupos sociais",[116] ele repetidamente indica como razões para a diferenciação a divisão de trabalho no processo de produção do direito.[117]

---

110 Merkl, *Die Lehre von der Rechtskraft*, p. 216.

111 Merkl, *Die Lehre von der Rechtskraft*, p. 213, 216.

112 Merkl, *Die Lehre von der Rechtskraft*, p. 213: "esse enriquecimento é o resultado de um aumento de um número indeterminado de formas jurídicas meramente possíveis, casuais" (grifos omitidos). Cf. também Merkl, *Gesetzesrecht und Richterrecht*, p. 341 (GA 1/1, p. 322): outros escalões não seriam "de antemão" "inerentemente, mas historicamente acrescidos" ao conceito de direito.

113 Merkl, *Die Lehre von der Rechtskraft*, p. 213.

114 Merkl, *Die Lehre von der Rechtskraft*, p. 214 (grifos omitidos).

115 Merkl, *Die Lehre von der Rechtskraft*, p. 214.

116 Merkl, *Die Lehre von der Rechtskraft*, p. 214.

117 Merkl, *Das doppelte Rechtsantlitz*, p. 427 (GA 1/1, 232); Merkl, *Die LehreDie Lehre von der Rechtskraft*, p. 214; Merkl, Prolegomena, p. 253 (GA 1/1, p. 438).

No segundo período do desenvolvimento da doutrina da estrutura escalonada de Merkl, ao lado da estrutura escalonada de acordo com o nexo de condição, que antes e depois desempenha um papel importante, procura-se a estrutura escalonada de acordo com o nexo de derrogação. Depois que o objeto de pesquisa de Merkl, o sistema jurídico do "Estado Parlamentar de Direito", foi um pouco mais aproximadamente determinado, vale a pena dar uma olhada mais de perto na concepção desses dois nexos e suas relações.

4.1. O sistema jurídico do "Estado Parlamentar de Direito"

Uma definição clara da ordem jurídica do "Estado Parlamentar de Direito", ou, nas palavras do próprio Merkl, do "Estado de Direito, cujas organizações parlamentares são características",[118] não é por ele apresentada.[119] Não deveria, porém, haver dúvida de que essa ordem jurídica apresenta as propriedades fundamentais da ordem jurídica do Estado Parlamentar de Direito. Segundo Merkl, existe um nexo estrito entre a estrutura escalonada do direito e a doutrina da divisão de poderes: "pode-se interpretar a doutrina da estrutura escalonada do direito diretamente como interpretação das funções estatais".[120] Aquilo que, na teoria da separação de poderes, é desunido e alheio é, através da doutrina da estrutura escalonada, reduzido a uma série de funções estatais: "os denominados poderes do Estado são classes da estrutura escalonada do direito, que foram separados não pelo direito, mas pela ciência do direito."[121]

---

118 Merkl, Prolegomena, p. 255 (GA 1/1, p. 484).
119 Já em *Die Lehre von der Rechtskraft* econtram-se outras formulações, com as quais Merkl se refere ao tipo de sistema jurídico da Áustria de seu tempo, por exemplo: "sistema jurídico do Estado legislativo moderno" e "estrutura historicamente transformada do sistema jurídico" (Merkl, *Die Lehre von der Rechtskraft*, p. 213 e segs.).
120 Merkl, Prolegomena, p. 285 (GA 1/1, p. 480).
121 Merkl, Prolegomena, p. 286 (GA 1/1, p. 481).

Merkl aponta, como formas de proposição jurídica da ordem jurídica do Estado Parlamentar de Direito, a constituição e a lei, e como formas individuais de proposição jurídica o negócio jurídico, bem como atos administrativos e decisões judiciais.[122] Como forma "não tão regular", que é porém uma "parte recorrente", ele introduz o decreto.[123] As formas estatais "incompatíveis" com o Estado Parlamentar de Direito, embora às vezes encontradas, não são, porém, essencialmente formas de proposições jurídicas para a classe do Estado parlamentar, sendo também expressamente excluídas da abordagem. Por um lado, no segundo período do desenvolvimento da estrutura escalonada da ordem jurídica por Merkl, não se trata mais dos escalões pura e simplesmente necessários para a ordem jurídica. Por outro lado, não se trata também da estrutura escalonada que se realiza em um sistema jurídico determinado. Ele aborda antes um nível intermediário, a estrutura escalonada do direito em Estados Democráticos Constitucionais – para usar uma expressão moderna.[124] Com a questão sobre as formas jurídicas essenciais para essa forma de estado e seu escalonamento necessário é levantada simultaneamente a questão do escalonamento necessário relativo a essa forma de estado. Com isso a diferenciação absoluta entre formas jurídicas necessárias e não necessárias no sentido de Merkl deve ser comparada com uma diferenciação relativa entre formas jurídicas necessárias e não necessárias que se relaciona a determinados tipos de sistemas jurídicos.

---

122 Merkl, Prolegomena, p. 259 s. (GA 1/1, p. 446 e segs.).
123 Merkl, Prolegomena, p. 262 (GA 1/1, p. 451 e segs.).
124 Theo Öhlinger procurou compreender esse nível intermediário, classificando a estrutura escalonada do Estado Democrático Constitucional como "conceito de tipo ideal" (Öhlinger, *Stufenbau der Rechtsordnung*, p. 30; Öhlinger, *Zum rechtstheoretischer und rechtspolitischen Gehalt der Lehre vom Stufenbau der Rechtsordnung*, p. 92).

4.2. A estrutura escalonada do direito em "Estados Parlamentares de Direito", de acordo com o nexo de condição

Quando se emprega o nexo de condição sobre as formas de proposições jurídicas que são típicas de Estados de Parlamentares de Direito, revela-se um grande espectro de qualidades da aplicação e da produção do direito, com amplas consequências.

4.2.1. A relação de condição

O já introduzido[125] escalonamento de acordo com a relação de condição significa que uma norma representa a regra de produção para uma outra norma, de modo que esta tem portanto origem na existência daquela e é criada temporalmente de acordo com aquela. Na terminologia atual existe entre as normas combinadas através da relação de condição um nexo genético.[126]

4.2.1.1. A transitividade da condição

A relação de condição é transitiva.[127] Quando a norma A condiciona a norma B e a norma B condiciona a norma C, então A condiciona necessariamente também C. Isso vale analogamente para a relação conversa,[128] ou seja, a relação de condicionalidade, com a qual a relação de condição também é simétrica.[129] Quando

---

125   Ver 2.1.3.

126   Cf., entre outros, Behrend, *Untersuchungen*, p. 16, Eckhoff/Sundby, *Rechtssysteme – Eine systemtheoretische Einführung in die Rechtstheorie*, p. 159 e segs. O próprio Merkl emprega, em uma passagem, o conceito "genético" em sentido duplo; Merkl, *Rechtskraft*, p. 217. Cf. Também Kelsen, *Hauptprobleme der Staatsrechtslehre*, p. XV: "a ordem jurídica como sistema g e n é t i c o de normas jurídicas" (grifos no original).

127   Sobre a transitividade das relações, ver Stegmüller, *Probleme und Resultate der Wissenschaftstheorie und analytischen Philosophie*, p. 108; Ulrich Klug, *Juristische Logik*, p. 80; Herberger/Simon, *Wissenschaftstheorie für Juristen*, p. 147.

128   Uma relação é conversa em relação a outra quando, na segunda, antecedente e consequente da relação são invertidos; Klug, *Juristische Logik*, p. 79.

129   Uma relação é simétrica quando ela e sua conversa sempre valem; Klug, *Juristische Logik*, p. 79.

C é condicionada por *B* e *B* por *A*, *C* é também condicionada por *A*. Isso pode, para permanecer na relação de condição, levar à diferenciação entre condição imediata e mediata.[130] Uma condição imediata existe quando entre uma norma e a norma por ela condicionada não existe uma articulação intermediária condicionante ou condicionada. Se existe uma tal articulação intermediária o nexo de condição é, ao contrário, mediato.

4.2.1.2. Condição e delegação

No segundo período do desenvolvimento de sua doutrina da estrutura escalonada Merkl diferencia expressamente a relação de condição e a relação de delegação. Diferentemente da relação de condição, que conduziria a um "nexo de produção", a delegação produz um "nexo de referência".[131] Caso, por exemplo, uma ordem de execução fosse prevista já na constituição, seria porém necessária para sua promulgação uma lei parlamentar atribuidora de poder, ou seja, a ordem de execução (mediatamente) condicionada pela constituição e (imediatamente) condicionada pela lei que atribui poder, delegada porém somente com base na constituição. A delegação seria um condicionamento qualificado.[132] Condicionamentos imediato ou mediato seriam caracterizados de modo que o ato condicionante já remeteria ao ato condicionado, este previsto como hipótese naquele. Do nexo de condição resultaria então, segundo Merkl, complementarmente um nexo de delegação.

4.2.1.3. Relação de subordinação e de coordenação

O nexo de condição entre as formas jurídicas se organiza em uma relação de subordinação ou de coordenação. Porém, disso

---

130   Nos "Prolegomena" encontra-se um emprego divergente, por Merkl, de "condicionamento mediato", quando afirma que ele existiria quando pressupostos dependentes, que respectivamente não cumprem o pressuposto de um ato jurídico, condicionam conjuntamente uma outra norma; Cf. Merkl, Prolegomena, p. 275 (G/A 1/1, p. 468). Esse sentido não é, em todo caso, considerado no presente nexo.

131   Merkl, Prolegomena, p. 280 (G/A 1/1, p. 474).

132   Merkl, Prolegomena, p. 280 (G/A 1/1, p. 474).

resultam graves complicações que Merkl não diferencia de forma precisa o suficiente entre os objetos das duas relações: por um lado formas jurídicas e, por outro lado, fenômenos jurídicos, ou seja, normas jurídicas.[133] Sempre que uma forma jurídica contém mais que um fenômeno jurídico, podem aparecer diferenças.[134]

4.2.1.3.1. A relação de subordinação

A relação de subordinação decorre da relação de condição e não levanta grandes dificuldades. Quando existe entre as formas jurídicas a representada relação de condição, elas estão, segundo Merkl, em uma relação de subordinação: "A relação de subordinação é estabelecida pelo fato de a criação de um fenômeno jurídico ser condicionada por um fenômeno jurídico já existente."[135] O conceito de "fenômeno jurídico" forma o conceito superior para normas jurídicas e atos de execução fática. Assim, a formulação de Merkl diz respeito especialmente à relação de subordinação entre normas jurídicas ou, formulada de forma mais nítida, entre indivíduos normativos.[136] Por outro lado é indicada a relação entre "constituição" e "lei",[137] com a qual as formas jurídicas são consideradas.

---

133 Com isso, a interpretação das construções de Merkl torna-se, nesse contexto bem como em outros contextos, dificultada, pois, por exemplo, o termo "lei" pode ser empregado tanto para o fenômeno jurídico, nesse caso o indivíduo normativo (que não deve ser confundido com a norma individual) quanto para a forma jurídica das leis.

134 Há, de acordo com Merkl, uma forma jurídica que sempre contém exatamente uma norma jurídica, a saber, a forma jurídica da constituição lógica ou o fenômeno jurídico da norma originária nesse escalão.

135 Merkl, *Die Lehre von der Rechtskraft*, p. 215. Cf. Merkl, *Das doppelte Rechtsantlitz*, p. 426 (GA 1/1, 231), em que ele coordenadamente fala em "subordinação e coordenação".

136 Assim, vale a pena observar que também uma norma em grande medida complexa pode ser prontamente considerada um indivíduo normativo. Quando a norma A condiciona a norma B, B é regularmente condicionada não somente por A imediatamente, mas adicionalmente mediatamente por todas as normas que, por sua vez, condicionam A.

137 Merkl, *Die Lehre von der Rechtskraft*, p. 215.

A Doutrina da Estrutura Escalonada do Direito... | Martin Borowski   159

4.2.1.3.2. A relação de coordenação

No caso da relação de coordenação as coisas são um pouco menos complicadas. O conceito de coordenação já tinha sido citado por Merkl em seus artigos iniciais. Neles Merkl caracteriza negativamente a disposição contemporânea das fontes de direito, com a qual as variadas formas jurídicas seriam equivocadamente estabelecidas em uma relação de "coordenação", como "bidimensional" (em sentido figurado).[138] Merkl dissolve essa coordenação integral de todas as formas jurídicas através da constituição da estrutura escalonada de acordo com o nexo de condição. Essa dissolução da coordenação não pode porém ser integral, pois nem todas as formas jurídicas ou fenômenos jurídicos de um sistema jurídico se condicionam reciprocamente ou são condicionadas umas pelas outras. Permanecem, usando uma imagem, "ilhas" necessárias de coordenação. Transcrever isso metaforicamente é uma questão; fazer uma reconstrução exata certamente é outra questão. Quando, no contexto de uma reconstrução, parte-se das construções de Merkl, encontra-se a relação de coordenação introduzida na obra *"Lehre von der Rechtskraft"*: "Uma relação de coordenação entre duas formas jurídicas existe quando ambas são condicionadas em conjunto por um fenômeno jurídico de outro tipo."[139]

4.2.1.3.2.1. Formas jurídicas e fenômenos jurídicos como objeto da coordenação

Diferentemente da definição da relação de subordinação, no caso da coordenação não se trata exclusivamente de fenômenos jurídicos; trata-se antes da relação entre formas jurídicas, portanto, de acordo com critérios formais de classes determinadas de fenômenos jurídicos, em especial classes de normas jurídicas. Essa relação é porém fundada através do condicionamento por um mesmo fenômeno jurídico. Em formulações mais tardias de Merkl ele par-

---

138   Merkl, *Das doppelte Rechtsantlitz*, p. 426 (GA 1/1, 231).
139   Merkl, *Die Lehre von der Rechtskraft*, p. 215 (grifos omitidos).

160 Hans Kelsen: Teoria Jurídica... | Júlio A. Oliveira • Alexandre T. G. Trivisonno

te de relações de coordenação entre fontes jurídicas,[140] o que corresponde às formas jurídicas intermediárias. De forma admirável, no sistema de Merkl diferenciam-se respectivamente o objeto da relação de subordinação e da relação de coordenação. Por outro lado, Merkl não tematiza de forma expressa sob que pressupostos a relação de coordenação entre fenômenos jurídicos diversos existe. Como, porém, ele concebe a subordinação como relação entre fenômenos jurídicos, pode-se enxergar também a coordenação entre fenômenos jurídicos como parte integrante de sua concepção. Quando se leva isso em conta, surgem várias questões. A primeira consiste em se a "coordenação" entre fenômenos jurídicos supõe que as normas existentes nessa relação – pois antes de mais nada se trata disso – são condicionadas por um mesmo fenômeno jurídico de um escalão mais alto, especialmente por indivíduos normativos, ou se já existe coordenação quando as normas existentes na relação de coordenação são condicionadas por dois fenômenos jurídicos diferentes, isto é, indivíduos normativos de um mesmo escalão mais elevado. O primeiro caso ocorre quando, com base em um mesmo fundamento parlamentar de autorização, dois diferentes decretos são publicados. Quando se exige a primeira constelação, ou seja, o condicionamento comum através de um mesmo fenômeno jurídico, há antes uma estreita concepção de coordenação de fenômenos jurídicos. Quando se permite também a segunda emprega-se antes a concepção ampla. Uma vez que Merkl, no caso da coordenação de formas jurídicas, exige o condicionamento comum através de um único fenômeno jurídico, poderia ele supor a concepção estrita de coordenação de fenômenos jurídicos.

4.2.1.3.2.2. Condicionamento imediato e mediato como pressuposto da coordenação

A próxima questão consiste em se a coordenação de formas jurídicas ou fenômenos jurídicos respectivamente pressupõe um

---

140 Merkl, Prolegomena, p. 258, 277 (G/A 1/1, p. 445, 470).

A Doutrina da Estrutura Escalonada do Direito... | Martin Borowski   161

condicionamento imediato ou se também o condicionamento mediato é suficiente. No último caso poderia ainda se pôr a questão se o condicionamento mediato deveria ocorrer em um mesmo escalão. Só para mencionar um exemplo de possível coordenação entre formas jurídicas: com base na constituição são aprovadas duas leis. Entre elas existe, com base na constituição, que é a condicionante imediata comum, a relação de coordenação. Com base na lei *L1* produz-se um ato administrativo *A1*; com base na lei *L2* produz-se um decreto *D2*, e com base nesse decreto, por sua vez, um ato administrativo *A2*. *L1* e *L2* são, considerando a constituição, que estabelece o nexo, condicionadas em primeiro nível; *A1* e *D2* são condicionados em segundo nível; A2 é condicionado em terceiro nível. Existe entre *A1* e *D2* ou mesmo entre *A1* e *A2* uma relação de coordenação? Também aqui são possíveis diferentes concepções de relação de coordenação ampla e estrita. A questão central é se entre todas as formas jurídicas ou fenômenos jurídicos de um sistema jurídico deve existir uma relação de subordinação ou coordenação, ambas sendo portanto contravalentes uma em relação a outra. Isso só é possível através de uma concepção extraordinariamente ampla de relação de coordenação, que abrange todas as relações entre formas jurídicas ou fenômenos jurídicos que não cumprem os pressupostos da relação de subordinação. Isso é possível através da norma originária, que funda a unidade de todo o sistema jurídico. Quando não se quer estender a relação de coordenação dessa maneira, é inevitável que existam relações entre formas jurídicas ou fenômenos jurídicos que não são suficientes nem para a exigência da relação de subordinação nem para a relação de coordenação.

4.2.1.3.2.3. Os exemplos de Merkl para a relação de coordenação

Como se a relação de coordenação já não estivesse ligada a dificuldades suficientes, a situação ainda se complica através de alguns dos exemplos que Merkl oferece. O primeiro exemplo indicado por ele, o condicionamento comum de uma lei de um estado federal e da lei de um estado membro através da constituição, está bem na linha do que já foi exposto até aqui: duas formas jurídicas são condicionadas por um mesmo fenômeno jurídico. Bem diferente é porém o segundo exemplo, que sem menores esclarecimentos aparece despretensiosamente na mesma linha: "ou uma decisão dos órgãos da administração pública ou regulamentação através de uma lei ou através de um decreto".[141] Este exemplo se diferencia fundamentalmente, em sua estrutura, do primeiro, pois nele um ato jurídico isolado da administração é condicionado por uma lei ou por um decreto. Aqui não ocorre, como na coordenação estabelecida, um fenômeno condicionante diante de duas formas jurídicas condicionadas. As formas jurídicas condicionadas de escalão relativamente mais baixo não são coordenadas, mas, sim, os fenômenos jurídicos condicionantes de escalão relativamente mais alto. Não é nada fácil falar se Merkl deu simplesmente um exemplo inútil ou se ele queria introduzir, com seu segundo exemplo, pelo menos de forma implícita, essa segunda forma da relação de coordenação. Assim, deve-se enfatizar que a concepção de relação de coordenação de Merkl levanta várias questões.

4.2.2. A forma intermediária entre a produção absoluta do direito e a aplicação absoluta do direito

Em sistemas jurídicos de Estados Democráticos Constitucionais existem, segundo Merkl, entre a norma originária e a decisão normativa individual, ao contrário do que ocorre no sistema jurídico ideal, as já indicadas formas típicas do "Estado Parlamentar de Direito". Enquanto a norma originária se apresenta como puramente condicionante e o ato de execução fática se apresenta como puramente condicionado, todas essas formas intermediárias, sejam elas necessárias ou contingentes, são tanto condicionantes quanto condicionadas. Enquanto a norma originária constitui o escalão da pura produção jurídica e o ato de

---

141   Merkl, *Die Lehre von der Rechtskraft*, p. 215.

A Doutrina da Estrutura Escalonada do Direito... | Martin Borowski   163

execução fática constitui o escalão da pura aplicação do Direito, nos escalões intermediários chega-se a um "paralelismo geral entre produção e aplicação jurídicas".[142] Com isso se mostra a "dupla face" do Direito.[143] Quando, na aplicação de uma lei, um ato administrativo isolado é promulgado, aplica-se a lei e cria-se direito dentro da moldura deixada pela lei. Isso foi introduzido de forma expressiva por Merkl: "produção e aplicação do direito" se diferenciam "somente pelo ponto de vista, não pelo objeto".[144] Considerando a situação da doutrina do método de seu tempo, a dimensão dessa visão sobre a estrutura escalonada como um todo foi uma visão realmente moderna. Em especial a apresentação da legislação como aplicação da constituição foi tudo menos uma coisa evidente, pois o legislador era amplamente compreendido como soberano, apesar da validade da constituição.[145]

4.2.3. Concretização e individualização no curso da produção gradual do direito

No curso da produção e da aplicação gradual do direito modificam-se duas propriedades das normas jurídicas em questão. A primeira diz respeito à classe dos destinatários:

> As formas jurídicas do escalão superior cultivam uma estrutura geral, as formas jurídicas do escalão inferior apresentam uma estrutura individual... O progresso de escalão a escalão significa o progresso do mais geral ao mais especial, até finalmente se alcançar, na gradação das formas jurídicas, o escalão das particularidades completas, podendo-se designar então o processo de produção jurídica também como individualização jurídica.[146]

---

142   Merkl, Prolegomena, p. 255 (GA 1/1, p. 442).
143   Merkl, *Das doppelte Rechtsantlitz*, p. 427 (GA 1/1, 234).
144   Merkl, *Das doppelte Rechtsantlitz*, p. 464 (GA 1/1, 246).
145   Cf. Merkl, *Das Recht im Lichte seiner Auslegung*, p. 164 (GA 1/1, p. 99); Merkl, *Die Lehre von der Rechtskraft*, p. 218; Merkl, Prolegomena, p. 282 (GA 1/1, p. 476 e segs.).
146   Merkl, *Die Lehre von der Rechtskraft*, p. 221 (grifos omitidos). Cf. ainda Merkl, Prolegomena, p. 291 (GA 1/1, p. 488).

A segunda mudança perceptível de normas entre os escalões diferentes diria respeito à abstração ou à concreção:

> Na medida em que o progresso das formas jurídicas gerais a forma jurídicas especiais significa tratar ao mesmo tempo de uma passagem gradual de formações abstratas a formações concretas, pode-se, do mesmo modo, falar no processo de produção jurídica como um processo de concretização jurídica.[147]

Nesse sentido ele designa os escalões do sistema jurídico também como "escalões de concretização".[148] A individualização e a concretização pelos diversos escalões são mencionadas frequentemente por Merkl em um só fôlego.[149]

Merece ênfase o fato de Merkl, com sua ênfase no significado das normas individuais e concretas, ter estado bem à frente da doutrina do método de seu tempo. O lugar de destaque que as leis habitualmente possuem é ocupado em seu sistema pela concepção de ato isolado, em outras palavras, pela decisão normativa individual:[150]

> No fenômeno final e total do direito, ou seja, na decisão ou disposição, de fato se encontra aquela qualidade que se procura erroneamente naquele estado não desenvolvido de desenvolvimento dos fenômenos jurídicos, que é a lei.[151]

---

147 Merkl, *Die Lehre von der Rechtskraft*, p. 221 (grifos omitidos).
148 Merkl, *Das doppelte Rechtsantlitz*, p. 426 (GA 1/1, 229).
149 Merkl, *Das doppelte Rechtsantlitz*, p. 426 (GA 1/1, 232): "a produção ou a aplicação do direito sabidamente caminham de modo que um órgão concretiza ou individualiza em maior ou menor medida dado material, proporcionalmente abstrato ou concreto". Cf. Merkl, Prolegomena, p. 255 (GA 1/1, p. 442): "e assim pode-se caracterizar a produção do direito como concretização e individualização do Direito". Cf., ainda, Merkl, *Das Recht im Lichte seiner Auslegung*, p. 170 (GA 1/1, p. 107), bem como Merkl, *Gesetzesrecht und Richterrecht*, p. 343 (GA 1/1, p. 325 e segs.).
150 Ver nota 104.
151 Merkl, *Das Recht im Lichte seiner Auslegung*, p. 164 (GA 1/1, p. 98). Cf. Merkl, Prolegomena, p. 260 e segs., 264 e segs. (GA 1/1, p. 447 e segs., 453 e segs.).

A Doutrina da Estrutura Escalonada do Direito... | Martin Borowski

4.2.4. Objetividade e subjetividade na aplicação e na produção do direito

A construção de Merkl da produção e aplicação graduais do direito propicia uma interessante reconstrução da relação entre vinculação e "discricionariedade" do aplicador do direito. Quando e na medida em que normas de escalão superior fazem determinações, elas são vinculantes para o aplicador de uma determinada norma. Elas são acessíveis à cognição do aplicador do direito bem como da ciência do direito; a existência delas independe de sujeitos individuais e, nesse sentido, é objetiva. Na medida em que a norma a ser aplicada ou a norma a ela superior não fazem determinações quaisquer, não é possível ao próprio aplicador do direito bem como à ciência do direito uma cognição objetiva. Quais outras determinações o aplicador do direito faz depender de seu "poder discricionário",[152] que seria exercido não de forma cognitiva, mas de forma volitiva: "na função de cognição reservada ao aplicador do direito, na medida em que ela deve ser competente e refletida por toda teoria jurídica, trata-se não de um pensamento, mas, sim, de um querer ou de um agir".[153] A "interpretação intelectual" sobre as determinações vinculantes da moldura se contrapõe à "interpretação autêntica" do aplicador do direito dentro dessa moldura.[154] Isso constitui o componente subjetivo da aplicação jurídica.[155] Com isso Merkl considera esse componente subjetivo, o poder discricionário, como juridicamente livre: "O poder discricionário é o portão do edifício jurídico, através do qual motivações extrajurídicas podem ser introduzidas".[156] Em

---

152 Merkl, *Das Recht im Lichte seiner Auslegung*, p. 172 (GA 1/1, p. 111); Merkl, *Das doppelte Rechtsantlitz*, p. 427, 464 (GA 1/1, 233, 246).

153 Merkl, *Das Recht im Lichte seiner Auslegung*, p. 172 (GA 1/1, p. 110).

154 Merkl, *Das Recht im Lichte seiner Auslegung*, p. 175 (GA 1/1, p. 116).

155 Segundo Merkl, não se deve confundir esse componente subjetivo da aplicação jurídica com a "manifestação subjetiva" do direito. Sob este último entende ele todo "fenômeno jurídico que indica inequivocamente os obrigados ou autorizados", Merkl, Prolegomena, p. 291 (GA 1/1, p. 488).

156 Merkl, *Allgemeines Verwaltungsrecht*, p. 152.

outra terminologia Merkl diferencia também "determinantes heterônomas" objetivas e "determinantes autônomas" subjetivas.[157] Merkl salienta que o componente subjetivo de um escalão se junta ao componente objetivo, e que tudo isso junto entra novamente, no fenômeno, no próximo escalão inferior, como componente objetivo. Somente na medida em que se desse a moldura objetiva desse espaço para algumas determinações do aplicador jurídico, chegar-se-ia a sua interpretação autêntica, ao componente subjetivo. No próximo escalão inferior repetir-se-ia a objetivação do componente subjetivo do nível imediatamente superior, e assim por diante.[158]

4.2.5. A consideração dinâmica do direito

A relação de condição entre normas jurídicas tornaria possível primeiro uma consideração dinâmica do sistema jurídico. Somente com base nessa relação poderia uma ordem genética de normas do sistema jurídico ser posta, e somente se essa relação fosse admitida em um sistema jurídico poderiam, a partir de normas existentes, novas normas ser produzidas, normas estas que completam ou antes alteram esse sistema jurídico. Se faltassem normas de competência no sistema jurídico, ele seria necessariamente estático: "Na falta de tais regras de produção jurídica seria a ordem jurídica uma vez dada absolutamente imóvel e seria pensável apenas a estática jurídica, e nenhuma dinâmica jurídica".[159] Porém, o direito seria essencialmente uma ordem dinâmica.[160]

4.2.6. A autoprodução do direito

A partir da dinâmica jurídica existente através do nexo de condição seguir-se-ia também a "autoprodução do direito". Na verdade

---

157 Merkl, *Allgemeines Verwaltungsrecht*, p. 142.
158 Merkl, *Das doppelte Rechtsantlitz*, p. 427 (GA 1/1, 234); Merkl, *Die Lehre von der Rechtskraft*, p. 219.
159 Merkl, *Die Lehre von der Rechtskraft*, p. 217; Merkl, Prolegomena, p. 281 (GA 1/1, p. 475).
160 Merkl, Prolegomena., p. 280, 281 (GA 1/1, p. 473, 475).

A Doutrina da Estrutura Escalonada do Direito... | Martin Borowski 167

seriam necessários, para a produção jurídica, também os órgãos chamados à produção jurídica. Porém, qual órgão, sob quais determinações, seria autorizado à produção do direito determinar-se-ia através do direito. Somente quando uma tal legitimação existisse dever-se-ia interpretar um ato humano como produtor de direito. Merkl designa a renúncia a "uma tal separação entre direito e não--direito" como "abdicação de toda ciência do direito".[161]

4.2.7. A constituição dos escalões

Instrutiva é também uma análise daquilo que, segundo Merkl, constitui os escalões do direito. Ele diferencia os "membros condicionantes do processo jurídico", que deveriam ser reconhecidos como proposições jurídicas, de outros casos em que isso não acontece. Primeiramente ele qualifica também os "produtos intermediários nominados reconhecíveis".[162] Deveriam ser reconhecidos como proposições jurídicas os elementos introduzidos como formas jurídicas que, na sua visão, caracterizam o Estado Parlamentar de Direito, por exemplo, uma determinada lei parlamentar. Não deveriam ser reconhecidas como proposições jurídicas, ao contrário, condições da formação de um determinado nível, como, por exemplo, a iniciativa de lei, a conclusão de uma lei na entidade legislativa ou o ato de promulgação da lei. No contexto de uma análise estática teriam algum papel apenas as proposições jurídicas que devem ser reconhecidas como independentes, enquanto no caso de uma análise dinâmica também as condições intermediárias possuiriam significado. Merkl fala em "sistema do processo jurídico", que deveria ser contraposto ao "sistema de normas jurídicas".[163] As condições intermediárias não constituiriam nunca um escalão próprio: "Com isso cada ato parcial do processo jurídico não constitui nunca um escalão da

---

161   Merkl, Prolegomena, p. 280 (GA 1/1, p. 476).
162   Merkl, Prolegomena, p. 274 (GA 1/1, p. 466).
163   Merkl, Prolegomena, p. 274 (GA 1/1, p. 466).

estrutura escalonada do direito, a não ser um tal ato em que seja inerente o sentido normativo."[164] Merkl fundamenta isso especialmente com a afirmação de que seria "simplesmente sem sentido" perguntar pela categoria superior de diferentes condições intermediárias como, por exemplo, a necessidade da iniciativa legislativa ou da publicação da conclusão de uma lei. As construções de Merkl indicam um ponto importante. Na verdade poderia ser o caso de a necessidade da iniciativa legislativa, a conclusão de uma lei e a publicação de cada determinação da constituição serem deixadas de lado. Poderia também ser o caso de os passos do processo deverem decorrer um do outro. As três normas que normatizam essas necessidades não são porém normas independentes que estabelecem poderes ou competências ou, no sentido técnico da condição de Merkl, normas condicionantes. Antes trata-se de três condições para a promulgação de leis – condições essas necessárias e pertencentes ao mesmo escalão da estrutura escalonada do direito – que são completadas por outras condições necessárias de uma determinada ordem cronológica. Sem dúvida constitui algo sem sentido perguntar pela categoria dos atos nos passos desse processo,[165] pois jamais se diria justificadamente que a iniciativa de lei atribui o poder para a conclusão da lei, e esta por sua vez para a promulgação. A atribuição de poderes existe apenas para o processo legislativo em conjunto, e seu exercício pressupõe a execução de todos os já denominados procedimentos, considerando todas suas respectivas determinações.

4.2.8. A doutrina da falha

Da própria estrutura escalonada do direito resulta a doutrina das falhas jurídicas. A correção ou incorreção de um ato não representa uma propriedade descontextualizada e absoluta,

---

164 Merkl, Prolegomena, p. 284 (GA 1/1, p. 479).
165 Merkl, Prolegomena, p. 284 (GA 1/1, p. 479).

mas sempre correção ou incorreção em relação à ordem jurídica, no contexto em que ela se põe. Um ato não teria "falhas" (sendo assim correto), no que diz respeito a determinada ordem jurídica, somente quando ele fosse realizado em conformidade com as condições de realização de atos jurídicos dessa ordem jurídica:

> um ato de escalão inferior se legitima então como correto através da conformidade com o ato condicionante do escalão superior, que constitui um conjunto de regras para sua produção. O fundamento da cognição e critério de medida da correção de um ato só pode então ser a progressão dos atos que o condicionam.[166]

Isso levanta a questão de como pode ser reconstruída, por exemplo, a reparação ou a insignificância de lesões a condições de existência de atos jurídicos, cuja possibilidade é fundamentalmente reconhecida nas ordens jurídicas modernas. Merkl introduz, para esse fim, seu "cálculo de falha":

> deve-se falar em cálculo de falha em toda instituição que reduz a necessidade dos atos do escalão mais elevado em relação aos atos do escalão inferior de acordo com o padrão deduzido de modo contrário a partir da ordem jurídica, e assim alcança a possibilidade de computar também os atos incorretos do Estado.[167]

Na medida em que um órgão estivesse coberto pelo cálculo de falha, ele seria juridicamente infalível.[168] Merece ainda ênfase a doutrina do poder jurídico de Merkl.[169]

---

166 Merkl, Prolegomena, p. 292 e segs. (GA 1/1, p. 490).
167 Merkl, Prolegomena, p. 293 e segs. (GA 1/1, p. 491). Cf. ainda, especialmente Merkl, *Die Lehre von der Rechtskraft*, p. 293 e segs.; Merkl, *Justizirrtum und Rechtswahrheit*, p. 457 e segs. (G/A 1/1, p. 375 e segs.).
168 Merkl, *Die Lehre von der Rechtskraft*, p. 297.
169 Merkl, *Die Lehre von der Rechtskraft*; Merkl, Prolegomena, p. 291 e segs. (GA 1/1, p. 489). Cf. Merkl, *Das doppelte Rechtsantlitz*, p. 445 e segs. (GA 1/1, 236 e segs.).

4.3. O escalonamento de acordo com o nexo de derrogação

4.3.1. O nexo de derrogação

Nos trabalhos do primeiro período do desenvolvimento da doutrina da estrutura escalonada não há qualquer dúvida de que os escalões se determinam exclusivamente a partir do nexo de condição.[170] Essa fundamentação dos escalões foi recepcionada e representada resumidamente nos "Prolegomena": "A linha de proposições jurídicas condicionantes e condicionadas se representa como uma linha gradual, em linguagem metafórica como hierarquia de atos superiores e inferiores."[171] Logo depois dessa passagem Merkl introduz, sem preparar o leitor, a estrutura escalonada de acordo com o nexo de derrogação:

> Diferenças de grau, que permitem uma qualificação do ato como relativamente superior ou inferior, põem em relevo porém não simplesmente, sob o ponto de vista de uma apreciação lógica, suas relações de dependência, mas também, sob o ponto de vista de uma apreciação jurídica, suas capacidades de estabelecimento do direito. Uma proposição jurídica que tem poder derrogativo em relação a uma outra proposição jurídica, enquanto essa outra proposição jurídica não tem nenhum poder derrogativo em relação à primeira, é, por essa razão, de um grau superior, e a proposição derrogável, em comparação com a proposição jurídica derrogante, é de um grau inferior.[172]

De tal derrogabilidade unilateral deveria se diferenciar a derrogabilidade recíproca, que conduziria à aceitação de graus iguais de acordo com o nexo de derrogação.[173] Infelizmente também nessa passagem a fala de Merkl quanto à diferenciação entre "norma jurídica" e "forma jurídica" não é consistente. Surge certa confusão

---

170   Cf. Merkl, *Das Recht im Lichte seiner Auslegung*, p. 175 (GA 1/1, p. 116); Merkl, *Das doppelte Rechtsantlitz*, p. 426 e segs., 444 e segs. (GA 1/1, 230 e segs.); Merkl, *Die Lehre von der Rechtskraft*, p. 217.

171   Merkl, Prolegomena, p. 276 (GA 1/1, p. 468) (grifos omitidos).

172   Merkl, Prolegomena, p. 276 (GA 1/1, p. 468 e segs.).

173   Merkl, Prolegomena, p. 276 (GA 1/1, p. 469).

A Doutrina da Estrutura Escalonada do Direito... | Martin Borowski   171

quando ele fala da derrogabilidade recíproca de dois atos jurídicos, ou seja, normas jurídicas, pois em relação a um par concreto
de normas, em princípio[174] apenas uma pode derrogar a outra, ou
vice-versa. Deveria, porém, ser bastante claro aquilo que Merkl
tem em vista, a saber, a tradicional regra de colisão "*lex superior
derogat legi inferior*". Dentro dos escalões em conformidade com a
superioridade, determina-se a precedência de acordo com a posterioridade e a especialidade, de tal maneira que normas do mesmo escalão de superioridade são reciprocamente derrogáveis.

4.3.2. A fundação do nexo de derrogação

Como já exposto, para Merkl o nexo de derrogação não se
constitui como juridicamente essencial. Isso vale não apenas para
a questão de se em um sistema jurídico em geral deve-se verificar
um nexo de derrogação, mas também para a questão de como é
elaborado esse nexo de derrogação, quando ele existe. A determinação do nexo de derrogação teria que resultar da consideração
de "toda necessidade jurídico-positiva".[175] Em outra passagem
Merkl fala nos "diferentes imagináveis princípios de ordenamento
de grau realizados através do direito positivo".[176] A introdução e a
estruturação dos escalões de superioridade seriam então somente uma questão do direito positivo. Quando se aborda o "Estado
Parlamentar de Direito", com suas formas características, não se
pode, porém, dizer que a introdução do nexo de derrogação é
contingente. O Estado com separação de poderes, com seu sistema jurídico complexo, não é possível sem os escalões de acordo
com o nexo de derrogação. Quando se quer sustentar, ao contrário, também não ser impossível a derrogabilidade de leis e decretos, então o Estado no qual não exista precedência da constituição sobre outras formas jurídicas não merece mais a designação
de "Estado Parlamentar de Direito". Também a superioridade de

---

174   Exceto no caso especial da derrogação parcial de uma norma por outra e vice-
        -versa.
175   Merkl, Prolegomena, p. 277 (GA 1/1, p. 470).
176   Merkl, Prolegomena, p. 284 (GA 1/1, p. 480).

leis e decretos sobre atos individuais não poderia em tal forma de Estado ser em princípio renunciável. O escalonamento fundamental de acordo com a relação de derrogação na constituição, normas universais abaixo do grau constitucional e atos isolados em princípio necessários é relativo à forma de estado do Estado Parlamentar de Direito. A contingência só pode ser afirmada em relação a outras formas de Estado ou em relação a outras formas jurídicas dentro do Estado Parlamentar de Direito.

4.4. A relação entre estrutura escalonada de acordo com o nexo de condição e a estrutura escalonada de acordo com o nexo de derrogação na teoria de Merkl

Merkl dedica apenas umas poucas observações ao nexo de derrogação. Assim, também a relação entre o escalonamento de acordo com o nexo de condição e o escalonamento de acordo com o nexo de derrogação não está no centro de sua atenção. Com grande clareza ele insiste porém que ambas formas de estrutura escalonada podem levar a diferentes escalonamentos. Após sua diferenciação entre as duas formas de estrutura escalonada, isso significa: "podem ser destacados assim em uma mesma ordem jurídica estatal várias séries de escalonamentos com diferentes tipos de escalões jurídicos."[177] A inserção, por Merkl, do nexo de derrogação em seu sistema até então montado de acordo como o nexo de condição é, falando de forma cortês, tudo menos algo elaborado. Em seus escritos é citado somente um exemplo expresso: a cadeia de atos processuais.

4.4.1. A tese de Merkl do escalonamento contradirecional na cadeia de atos processuais

Já na "Die Lehre von der Rechtskraft" Merkl indica que o ato de uma instância inferior representaria o condicionamento de

---

177   Merkl, Prolegomena, p. 284 (GA 1/1, p. 480). Cf. também a citação em III. 3. a).

A Doutrina da Estrutura Escalonada do Direito... | Martin Borowski   173

um outro ato da instância superior. De acordo com as exposições sobre o negócio jurídico isso significa:

> Do mesmo modo, o ato individual, por exemplo, a decisão judicial ou uma disposição do serviço administrativo das denominadas instâncias inferiores (consideradas na hierarquia do serviço administrativo), é o pressuposto do ato corretivo da instância imediatamente superior, de modo que a hierarquia dos atos processuais, característica do processo, desenvolve-se num sentido oposto, como deixa presumir a hierarquia dos órgãos participantes do processo.[178]

Também nos "Prolegomena" Merkl insiste expressamente nessa hierarquia em conformidade com o nexo de condição. Nessa obra é meramente acrescentado que, como base na determinação das ordens processuais, ou seja, do direito positivo, os atos da instância jurídica intermediária de grau superior ocorrem de acordo com o nexo de derrogação.[179] Com isso está completo seu exemplo da diferença entre escalonamento de acordo com o nexo de condição e escalonamento de acordo com o nexo de derrogação.

4.4.2. Os diferentes significados do conceito "condição"

É difícil contestar que a existência – para registrar um aspecto do exemplo de Merkl – de uma sentença representa um pressuposto da promulgação de uma sentença na correspondente instância jurídica intermediária. A instância jurídica intermediária não seria uma instância jurídica intermediária se no caso jurídico em questão não existisse uma sentença jurídica até então. A questão decisiva é, porém, se aqui se trata do tipo de condição que Merkl queria dizer com seu "nexo de condição". A questão indica uma diferenciação cujo significado não deve ser subestimado. Infelizmente a terminologia de Merkl é propícia exatamente para confundir essa diferenciação, e ele mesmo provavelmente foi a

---

178   Merkl, *Die Lehre von der Rechtskraft*, p. 215.
179   Merkl, Prolegomena, p. 278 e segs. (GA 1/1, p. 472 e segs.).

primeira vítima desse fenômeno. Uma norma que segundo Merkl era condicionadora seria denominada na linguagem de hoje uma norma que estabelece poder ou competência. Uma atribuição de poder pode ser considerada em um sentido correto como uma condição de normas. Quando todas as exigências para interpretar o comportamento humano como produtor de direito são cumpridas resultam as normas pretendidas pelo órgão produtor de direito. Mas, e esse é o ponto decisivo, nem toda condição – no sentido do uso geral desse conceito – do surgimento de normas é parte de uma norma que estabelece poder ou competência ou, no sentido técnico em que Merkl emprega o conceito, uma norma condicionadora. De acordo com o uso geral do conceito de condição, ela constitui um acontecimento incerto.[180] Em princípio, a criação de normas pode depender de qualquer forma de condicionamento. A título de exemplo, a validade de um decreto poderia depender do fato de, em um primeiro sorteio de uma determinada loteria, depois da publicação do decreto, a soma dos algarismos dos números sorteados resultar três. Embora nesse caso sem dúvida se trate de uma condição, ninguém teria a ideia de que a alguém (entre os participantes da loteria) ou a algo (o aparato usado no sorteio) teria sido concedido o poder de "promulgar" o decreto. Uma condição no sentido do nexo de condição de Merkl ou, na linguagem atual, uma atribuição de poder, pode assim somente ser um acontecimento inseguro, que entra no mundo da vontade humana, ou seja, uma condição potestativa.[181] Isso não pode ainda ser dirigido contra a argumentação de Merkl, pois a promulgação da sentença da primeira instância remonta à vontade do juiz que a produziu, ou seja, pode ser considerada uma condição potestativa. Mas deve-se fazer uma diferenciação mais sutil. O exercício de um poder pressupõe não apenas ações humanas, mas, além disso, a consciência e a vontade de produzir uma de-

---

180 Cf. Ennecerus; Nipperdey, *Allgemeiner Teil des Bürgerlichen Rechts*, p. 1.185: dependência "de uma circunstância incerta para o saber humano".

181 Cf. Ennecerus; Nipperdey, *Allgemeiner Teil des Bürgerlichen Rechts*, p. 1.190.

terminada norma jurídica. Quando juízes de primeira instância se pronunciam através de uma sentença, isso acontece com a vontade subjetiva de apaziguar o conflito jurídico, e esse é também o sentido objetivo desse ato. Independentemente da questão de que os juízes somente apenas tenham consciência da anulação de sua sentença pela instância jurídica intermediária, eles não pretendem – junto com os outros pressupostos necessários – produzir uma sentença de uma instância superior, e sua sentença também não significa objetivamente isso. Portanto trata-se, no caso da sentença da instância anterior, na verdade, de condições potestativas para a instância jurídica intermediária, mas de condições que não podem ser interpretadas como exercício da atribuição de poder para a promulgação da sentença da instância jurídica intermediária.[182] Assim, *contrario sensu*, a interpretação de Merkl do escalonamento dos atos processuais de acordo com o nexo de condição como hierarquia de derrogação dos atos processuais não pode, ao contrário, ser mantida.

Na verdade, resta insistir porém que seu exemplo é adequado para apoiar a tese da diferença de escalões de acordo com diferentes nexos. Exceto pelas incertezas da determinação da relação de coordenação de acordo com o nexo de condição,[183] pode-se considerar os diferentes atos processuais também como condicionados e coordenados pelo direito comum, ao qual correspondem as ordens processuais.[184] Uma vez que as ordens processuais preveem a derrogação de decisões de instâncias inferiores através de decisões de instâncias superiores, estando assim as primeiras subordinadas às segundas no que diz respeito à derrogação, pode-se averiguar uma diferença.

Uma determinação sistemática da relação entre escalonamento de acordo com o nexo de condição e escalonamento de

---

182   Pode estar querendo se dizer mais ou menos isso, quando Behrend diferencia "pressupostos fáticos" e "normativos"; Behrend, *Untersuchungen*, p. 40.

183   Ver 4.2.1.3.

184   Behrend, *Untersuchungen*, p. 40.

acordo com o nexo de derrogação procura-se em Merkl, porém, em vão, como já afirmado. Até os dias de hoje não se encontrou uma concepção satisfatória de estrutura escalonada da ordem jurídica em que esses elementos estivessem adequadamente conectados. Portanto, isso continua a representar um tema em relação ao qual investigações adequadas devem ser reservadas.

5. A Recepção da Doutrina da Estrutura Escalonada de Merkl por Hans Kelsen

Hans Kelsen recepcionou, em seus escritos, a doutrina da estrutura escalonada de Merkl. Com a "Teoria Pura do Direito" e sua defesa determinada e polarizada por Kelsen a referida doutrina tornou-se conhecida no mundo inteiro.

5.1. A recepção da doutrina da estrutura escalonada nos escritos de Kelsen

Já no prefácio da segunda edição de "Hauptprobleme der Staatsrechtslehre", Kelsen designa a doutrina da estrutura escalonada como uma "parte essencial" no "sistema da *Teoria Pura do Direito*".[185] No artigo que apareceu quase ao mesmo tempo, "Die Lehre von den drei Gewalten oder Funktionen des Staates", Kelsen recepcionou expressamente a doutrina da estrutura escalonada de Merkl.[186] Esse artigo foi reimpresso, em 1925 sem grandes modificações como parte da "Allgemeinen Staatslehre";[187] aqui também se encontra uma indicação a Merkl,[188] deslocada porém a uma nota final, em que Kelsen indica sua própria obra, a saber, o prefácio à segunda edição de "Hauptprobleme der Staatsrechtslehre".[189] Na saudação de Kelsen, quando do septuagésimo aniversário de Merkl, encontra-se uma avaliação: Merkl deveria ser considera-

---

185 Kelsen, *Hauptprobleme der Staatsrechtslehre*, p. XVI.
186 Kelsen, *Di Lehre von den drei Gewalten*, p. 381.
187 Kelsen, *Allgemein Staatslehre*, p. 229 e segs.
188 Kelsen, *Allgemein Staatslehre*, p. 234.
189 Kelsen, *Allgemein Staatslehre*, p. 402.

do "cofundador" da Teoria Pura do Direito.[190] Em vista do papel central da doutrina da estrutura escalonada na Teoria Pura do Direito[191] e do trabalho de Merkl no desenvolvimento dessa doutrina, essa avaliação corresponde muito mais à verdade do que a uma lisonja do discurso falado e escrito. Sem dúvida Kelsen claramente trabalhou mais aprofundadamente uma linha de aspectos que se conectam com a doutrina da estrutura escalonada, como, por exemplo, a problemática da norma fundamental. Sem poder nesse contexto entrar em detalhes da teoria da estrutura escalonada do direito de Kelsen,[192] poder-se-ia com toda razão dizer que Kelsen recepcionou sem alterações significativas as partes centrais da doutrina da estrutura escalonada, em especial da ideia de um nexo genético entre os elementos do sistema jurídico, o nexo de condição, bem como a diferenciação perspectiva entre aplicação e produção do direito no processo gradual de individualização e concretização do direito.[193] Na primeira edição da *Teoria Pura do Direito* Kelsen dedica 17 páginas à doutrina da estrutura escalonada,[194] e na segunda edição 55 páginas.[195] Em vista do fato de Kelsen ter simplesmente recepcionado os elementos centrais da doutrina de Merkl, é desconcertante o fato de Merkl não ser mencionado ou citado sequer uma vez nessas passagens.

---

190   Kelsen, *Adolf Merkl zu zeinem siebzigsten Geburtstag*, p. 313.
191   Sobre o papel central da doutrina da estrutura escalonada cf. Paulson, *Zur Stufenbaulehre Merkls in ihrer Bedeutung für die Allgemeine Rechtslehre*.
192   Sobre a concepção da estrutura escalonada do direito de Kelsen, ver especialmente Behrend, *Untersuchungen*, p. 49 e segs.; Hauser, *Norm, Recht und Staat. Überlegungen zu Hans Kelsens Theorie der Reinen Rechtslehre*, p. 59 e segs.
193   Cf., por exemplo, Behrend, *Untersuchungen*, p. 93. Uma restrição da recepção é, porém, regularmente acentuada: Kelsen não teria recepcionado o nexo de derrogação; nesse sentido, por exemplo, Walter, *Aufbau der Rechtsordnung*, p. 54, nota 94. É preciso em princípio concordar com ele, mesmo considerando todavia que em Kelsen são encontradas observações sobre o nexo de derrogação (cf., por exemplo, Kelsen, *Reine Rechtslehre*, p. 75 e segs.). Assim ele não teria integrado o referido problema da relação entre ambas as formas de estrutura escalonada em sua concepção, que era somente nessa medida um pouco mais pobre que a concepção de Merkl.
194   Kelsen, *Reine Rechtslehre*, 1. ed., p. 73-89.
195   Kelsen, *Reine Rechtslehre*, 2. ed., p. 228-282.

Também no prefácio Merkl não é mencionado; no prefácio da primeira edição da *Teoria Pura do Direito* encontra-se uma mera indicação geral à "escola" de Kelsen.[196]

5.2. Merkl como discípulo de Kelsen

A partir do pano de fundo que acabamos de descrever deve-se colocar a questão se a caracterização de Merkl como "discípulo" de Kelsen ou Kelsen como "mestre" de Merkl, encontrada na literatura, é justificada.[197] Em primeiro lugar, é preciso enfatizar que Kelsen várias vezes caracterizou Merkl como seu discípulo,[198] assim como o próprio Merkl se caracterizou como discípulo de Kelsen.[199] Merkl era nove anos mais jovem que Kelsen e frequentou as preleções de Kelsen no seu primeiro semestre como *Privatdozent*. A diferença de idade não era portanto demasiadamente grande, e Merkl também fazia rapidamente carreira; depois de sua habilitação em 1919 na Faculdade de Viena ele tornou-se professor extraordinário.

A questão de quanto Merkl influenciou Kelsen e quanto Kelsen influenciou Merkl não é fácil de se responder. Merkl visitou por muitos anos as reuniões do círculo de Kelsen, tendo lá palestrado. No que diz respeito à respectiva obra completa as influências recíprocas são de tal maneira múltiplas e complexamente entrelaçadas umas nas outras que elas não podem simplesmente

---

196 Kelsen, *Reine Rechtslehre*, 1. ed., p. IX.
197 Nesse sentido, Walter, *Hans Kelsens Rechtslehre*, p. 23. Cf., ainda, Walter, *Adolf J. Merkl*, p. 18: Merkel teria sido "o primeiro e mais leal discípulo de Kelsen". Nesse sentido, ainda Nawiasky, *Kritische Bemerkungen*, p. 488.
198 Cf. especialmente Kelsen, *Adolf Merkl zu zeinem siebzigsten Geburtstag*, p. 313.
199 Cf. Merkl, *Ein Kampf*, p. 4, continua na nota da página inicial (GA 1/1, p. 340, nota 2). Ao lado de Edmund Bernatzik, indica ele, em sua autobiografia, também Kelsen como "mestre acadêmico"; Merkl, *Autobiographie*, GA 1/1, p. XXI. No estudo dedicado a Edmund Bernatzik, *Die Lehre von der Rechtskraft*, ele intitula Kelsen seu "admirado professor, mestre e amigo"; Merkl, *Die Lehre von der Rechtskraft*, p. VII. Ele dedicou a Kelsen seu trabalho que apareceu quatro anos mais tarde, *Allgemeines Verwaltungsrecht*: "dedicado a Kelsen, com lealdade"; Merkl, *Allgemeines Verwaltungsrecht*, p. III.

ser desemaranhadas. Para a integralidade da relação entre Kelsen e Merkl, além da doutrina da estrutura escalonada, não pode haver dúvida de que o raro talento de Kelsen foi o mestre de Merkl. Quando se considera apenas a doutrina da estrutura escalonada, que Kelsen recepcionou praticamente toda e sem alterações, deve-se então, porém, forçosamente antes afirmar que Merkl foi o "mestre" e Kelsen o "discípulo". Esse juízo setorial, tão inevitável quanto ele de fato possa ser, é desconcertante, pois a diferenciação mestre-discípulo deve ser colocada de modo a abranger a totalidade das relações entre pessoas.

Permanece a questão sobre o motivo que teria levado Merkl a tolerar a recepção de sua doutrina nos escritos de Kelsen sem as indicações adequadas sobre sua verdadeira autoria. A declarada natureza modesta de Merkl pode ter um papel importante no esclarecimento desse fenômeno. Ao contrário, a autoestima de Kelsen não tinha fronteiras. Pode-se supor que Merkl modestamente pouco se opunha à esmagadora superioridade da forte personalidade de Kelsen. No que diz respeito a isso abrem-se questões – sempre picantes – sobre a autoria de conhecimentos científicos e também sobre a relação mestre-discípulo em Viena no início do século XX. Pode-se perceber isso quando se considera a repercussão da exagerada acusação de plágio de Fritz Sander contra Kelsen.[200]

5.3. Apreciação conclusiva

Em síntese convém enfatizar que a recepção da doutrina da estrutura escalonada do direito de Merkl na "Teoria Pura do Direito" foi uma coisa completamente ambígua. Por um lado, essa doutrina de Merkl tornou-se, junto com a *Teoria Pura do Direito* de Kelsen, mundialmente conhecida. Por outro lado ela não é re-

---

200 De longe pode ser considerado como ápice dessa acusação de plágio de Sander contra Kelsen o fato de Sander ousar apontar Kelsen, mais velho e mais bem estabelecido que ele, como "seu discípulo"; Sander, *In eigener Sache*, p. 6; Cf. sobre isso Merkl, *Ein Kampf*, p. 3 e segs., nota 1 (GA 1/1, nota 2).

conhecida praticamente por ninguém mais como uma doutrina de Merkl – exceto naturalmente pelos compatriotas de Merkl e pelos especialistas em teoria do direito, que se ocupam especialmente com a Escola Teórica do Direito de Viena. Tendo em vista o fato de que a doutrina da estrutura escalonada constitui uma das partes mais convincentes da *Teoria Pura do Direito*,[201] ela seguramente teria tido – sem a absorção na doutrina de Kelsen – uma ampla recepção como doutrina de Merkl. Os escritos de teoria do direito de Merkl do período anterior à Segunda Guerra Mundial possuem uma qualidade impressionante e merecem sair da sombra em que a obra de Kelsen os coloca. Entre os teóricos do direito quase esquecidos seguramente há poucos com a qualidade de um Adolf Julius Merkl.

6. Bibliografia

ALEXY, Robert. *Begriff und Geltung des Rechts*. 2. ed. Freiburg im Breisgrau/ München: 1994.

_____. Die Institutionalisierung der Menschenrechte im demokratischen Verfassungsstaat. In: GOSEPATH, Stefan; LOHMANN, Georg (orgs.). *Philosophie der Menschenrechte*. Frankfurt/M.: 1988. p. 244-264.

_____. Die logische Analyse juristischer Entscheidungen. In: ALEXY, Robert (org.). *Recht, Vernunft, Diskurs*. Frankfurt/M.: 1995. p. 13-51.

BEHREND, Jürgen. *Untersuchungen zur Stufenbaulehre Adolf Merkls und Hans Kelsens*. Berlin: 1977.

BIERLING, Ernst Rudolf. *Juristische Prinzipienlehre*. Bd. 2. Freiburg im Breisgrau: 1898.

BOROWSKI, Martin. Discourse Theory in International Law. Human Rights Trough Discourse. *German Yearbook of International Law*, 44, p. 38-71, 2001.

BÜLOW, Oscar. *Gesetz und Richteramt*. Leipzig: 1985.

ECKHOFF, Torstein; SUNDBY, Nils Kristian. *Rechtssysteme – Eine systemtheoretische Einführung in die Rechtstheorie*. Berlin: 1988.

ENNECERUS, Ludwig; NIPPERDEY, Hans Carl. *Allgemeiner Teil des Bürgerlichen Rechts*. 2. Halbbd. 15. ed. Tübingen: 1960.

ERLICH, Eugen. *Grundlegung der Soziologie des Rechts*. 3. ed. Berlin, 1967.

---

201 Entre vários, cf. Walter, *Aufbau der Rechtsordnung*, p. 53.

FUNK, Bernd-Christian. Der Einfluß der "Wiener Schule des Rechtspositivismus" auf die österreichische Verwaltungsrechtswissenschaft. In: HEYEN, Erk Volkmar (org.). *Wissenschaft und Recht der Verwaltung seit dem Ancien Regime.* Frankfurt/M.: 1984. p. 105-128.

GEIGER, Rudolf. *Grundgesetz und Völkerrecht.* 3. ed. München: 2002

GRUSSMANN, Wolf-Dietrich. *Adolf Julius Merkl, Leben und Werk.* Wien: 1989.

HAENEL, Albert. *Das Gesetz im formellen und materiellen Sinne.* Leipzig: 1888.

HART, Herbert L. A. *The Concept of Law.* Oxford: 1961; 2. ed. 1994.

HAUSER, Raimund. *Norm, Recht und Staat.* Überlegungen zu Hans Kelsens Theorie der Reinen Rechtslehre. Wien/New York: 1968.

HERBERGER, Maximiliam; SIMON, Dieter. *Wissenschaftstheorie für Juristen.* Frankfurt/M.: 1980.

HUME, David. In: NORTON, David Fate (org.). *A Treatise on Human Nature.* Oxford: 2000.

KELSEN, Hans. Adolf Merkl zu seinem siebzigsten Geburtstag tag am 23. März 1960. ÖZÖR, 10, p. 313-315, 1959-1960.

_____. *Allgemeine Staatslehre.* Berlin: 1925.

_____. Die Lehre von den drei Gewalten oder Funktionen des Staates. *Archiv für Wirtschafts – und Rechtsphilosophie*, 17, p. 374-408, 1923-1924.

_____. *Hauptprobleme der Staatsrechtslehre.* 2. ed. Tübingen: 1923.

_____. *Reine Rechtslehre.* 1. ed. Wien: 1934.

_____. *Reine Rechtslehre.* 2. ed. Wien: 1960.

_____. *Über Grenzen zwischen juristischer und soziologischer Methode.* Tübingen: 1911 (reimpresso em KLECATSKY, Hans; MARCIC, René; SCHAMBECK, Herbert (orgs.). *Die Wiener rechtstheoretische Schule.* Schriften von Hans Kelsen, Adolf Merkl, Alfred Verdross. Bd. 1. Wien/Frankfurt/M/Zürich: 1968, p. 3-36).

KLUG, Ulrich. *Juristische Logik.* 4. ed. Berlin/Heidelberg/New York: 1980.

KOENIG, Christian. *Das Bonner Grundgesetz.* H. Von Mangoldt; F. Klein/C. Starck (orgs.). Bd. 2. 4. ed. München: 2000.

MAYER, Heinz. Die Theorie des rechtlichen Stufenbaues. In: WALTER, Robert (org.). *Schwerpunkte der Reinen Rechtslehre.* Wien: 1992. p. 37-46.

MERKL, Adolf Julius. *Allgemeines Verwaltungsrecht.* Wien/Berlin: 1927.

_____. Autobiographie. *Adolf Julius Merkl* – Gesammelte Schriften. Dorothea Mayer-Maly, Herbert Schambeck, Wolf-Dietrich Grussmann. 1/1. 1993-2002.

_____. Das doppelte Rechtsantlitz. Eine Betrachtung aus der Erkenntnistheorie des Rechts. *Juristische Blätter*, p. 425-427, 444-447, 463-465, 1918.

_____. Das Problem der Rechtskontinuität und die Forderung des einheitlichen rechtlichen Weltbildes. *ZÖR*, 5, p. 497-527, 1926.

_____. Das Recht im Lichte seiner Anwendung. *Deutsche Richterzeitung*, col. 394-398, 443-450, 1917; col. 290-298, 1919.

_____. *Das Recht im Lichte seiner Anwendung*. Hannover: 1917.

_____. Das Recht im Spiegel seiner Auslegung. *Deutsche Richterzeitung*, col. 584-592, 1916; col. 162-176, 1917.

_____. Die Lehre von der Rechtskraft. Entwickelt aus dem Rechtsbegriff. *Wiener Staatswissenschaftliche Studien*, 15, 2. Leipzig/Wien, p. 182-188, 1923.

_____. Die Unveränderlichkeit von Gesetzen. *Juristische Blätter*, p. 97-98, 109-111, 1917.

_____. *Ein Kampf gegen die normative Jurisprudenz*. Zum Streit um Kelsens Rechtslehre. Wien: 1924.

_____. *Gesammelte Schriften*. Dorothea Mayer-Maly, Herbert Schambeck, Wolf-Dietrich Grussmann. 1993-2002.

_____. Gesetzesrecht und Richterrecht. *Prager Juristische Zeitschrift*, 2, col. 337-344, 1922.

_____. Hans Kelsens System einer reinen Rechtstheorie. *AöR*, 41, p. 171-201, 1921.

_____. Justizirrtum und Rechtswahrheit. *ZStW*, 45, p. 453-465, 1925.

_____. Prolegomena einer Theorie des rechtlichen Stufenbaues. In: VERDROSS, A. (org.). *Gesellschaft, Staat und Recht*. Untersuchungen zur Reinen Rechtslehre. Festschrift Hans Kelsen zum 50 Geburtstag gewidmet. Wien: 1931. p. 252-294.

NAWIASKY, Hans. *Kritische Bemerkungen zur Lehre vom Stufenbau des Rechts*. ZöR, 4, p. 488-496, 1927.

ÖHLINGER, Theo. *Der Stufenbau der Rechtsordnung*. Rechtstheoretische und ideologische Aspekte. Wien: 1975.

_____ Zum rechtstheoretischer und rechtspolitischen Gehalt der Lehre vom Stufenbau der Rechtsordnung. In: MOKRE, Johann; WEINBERGER, Ota (orgs.). *Rechtsphilosophie und Gesetzgebung*. Überlegungen zu den Grundlagen der modernen Gesetzgebung und Gesetzanwendung. Wien/New York: 1976. p. 79-96.

PAULSON, Stanley L. Faktum/Wert-Distinktion, Zwei-welten Lehre und immanenter Sinn. Hans Kelsen als Neukantianer. In: ALEXY, Robert; MEYER, Lukas H.; PAULSON, Stanley L.; SPRENGER, Gerhard (orgs.). *Neukantianismus und Rechtsphilosophie*. Baden-Baden: 2002. p. 223-251.

_____. Zur Stufenbaulehre Merkls in ihrer Bedeutung für die Allgemeine Rechtslehre. In: WALTER, Robert (org.). *Adolf J. Merkl und Wirksamkeit.* Wien: 1990. p. 93-105.

PERNICE, Ingolf. Grundgesetz Kommentar. In: DREIER, H. (org.) Bd. 2. Tübingen: 1988.

RILL, Heinz Peter. Der Rang der allgemeinen anerkannten Regeln des Völkerrechtes in der österreichischen Rechtsordnung. ÖZÖR, 10, p. 165-174, 1959-1960.

SANDER, Fritz. *In eigener Sache.* Prag: 1923.

SCHAMBECK, Herbert. Ethik und Demokratie bei Adolf Merkl. WALTER, Robert (org.). *Adolf J. Merkl und Wirksamkeit.* Wien: 1990. p. 267-275.

_____. *Leben und Wirken von Adolf Julius Merkl.* Wien: 1990.

SIMMEL, Georg. *Einleitung in die Moralwissenschaften.* Bd. 1. Berlin: 1892.

STEGMÜLLER, Wolfgang. *Probleme und Resultate der Wissenschaftstheorie und analytischen Philosophie.* Bd. 1.: Erklärung, Begründung, Kausalität. 2. ed. Berlin/Heidelberg/New York: 1983.

ULLER, Lon L. *The Morality of Law.* 2. ed. New Haven/London, 1969.

WALTER, Robert. Adolf Julius Merkl. Persönlichkeit und Wissenschaftliches Werk. WALTER, Robert (org.). *Adolf J. Merkl und Wirksamkeit.* Wien: 1990. p. 9-36.

_____. *Der Aufbau der Rechtsordnung.* 2. ed. Wien: 1974.

_____. Der Stufenbau nach der derogatorischen Kraft im österreichischen Recht. ÖJZ, p. 165-174, 1965.

_____. *Hans Kelsens Rechtslehre.* Baden-Baden: 1999.

PRINCÍPIOS JURÍDICOS E POSITIVISMO JURÍDICO: AS CRÍTICAS DE DWORKIN A HART SE APLICAM A KELSEN?*

Alexandre Travessoni Gomes Trivisonno

Sumário: 1. Um modelo de regras? **1.1.** A crítica de Dworkin a Hart e a concepção de direito e de princípios na teoria de Hart. **1.2.** Princípios na teoria de Kelsen. **2.** O poder discricionário nas teorias de Hart e Kelsen. **3.** O significado da distinção entre regras e princípios para a Filosofia do Direito. **4.** A separação entre direito e moral e a falta de uma teoria da interpretação desenvolvida no positivismo de Hart e Kelsen. **5.** Bibliografia.

As teorias positivistas, dentre elas a de Kelsen, foram alvo das mais variadas críticas. Uma delas, que embora originalmente dirigida a Hart vem sendo aplicada, sobretudo no Brasil, a Kelsen, afirma que o modelo positivista teria ignorado a presença de princípios no sistema jurídico. Essa crítica, como se sabe, foi originalmente formulada por Dworkin, para quem os positivistas em geral e sobretudo Hart teriam concebido o direito como um sistema de regras e para regras, e, em virtude disso, teriam defendido que o direito apresenta várias soluções para casos particulares, possuindo aquele que o aplica poder discricionário para escolher uma delas.[1] Neste ensaio, vou procurar mostrar (i) que o modelo positivista defendido por Hart e Kelsen não era um mo-

---

* Este ensaio constitui o extrato de uma palestra proferida no *Seminário Superior da Cátedra de Filosofia do Direito e Direito Público da Universidade de Kiel* (Alemanha), em fevereiro de 2011, que foi posteriormente reapresentada com modificações no *XXV Congresso da IVR – Internationale Vereinigung für Rechts- und Sozialphilosophie*, realizado em Frankfurt, em agosto de 2011. Agradeço à *Fundação Alexander von Humboldt*, que financiou a pesquisa em Kiel e ao Prof. Robert Alexy, pela supervisão da pesquisa e por seus valiosos comentários.

1 Mais tarde Dworkin parece ter mudado o foco de suas críticas, como veremos abaixo.

delo de regras (no sentido em que Dworkin emprega o termo), (ii) que, mesmo que fosse, conceber o direito como um sistema de regras não necessariamente tem como consequência a defesa do poder discricionário, (iii) que a razão pela qual Hart e Kelsen defenderam o poder discricionário foi a ausência, em suas teorias, de uma abordagem mais elaborada sobre a interpretação jurídica, (iv) que a distinção entre regras e princípios é de extrema importância para a teoria do direito, mas exige o complemento de teorias da aplicação do direito e, por fim, (v) que a razão pela qual e o modo como o poder discricionário deve ser combatido depende de como se concebe a relação entre direito e moral.

1. Um Modelo de Regras?

Na teoria do direito contemporânea a distinção entre regras e princípios tem desempenhado um papel importante, especialmente na aplicação e na interpretação do direito. Alguns teóricos têm advogado que princípios não eram parte do direito na concepção positivista, especialmente no positivismo de Hart, que, de acordo com Dworkin, teria concebido o direito como um sistema de regras. Mas, como afirma Shapiro, hoje parece ser consenso que Hart nunca afirmou ser o direito um modelo de regras (no sentido em que Dworkin emprega o termo).[2] Em outros termos, na visão de Shapiro parece ser consenso que o conceito de regra de Hart engloba tanto aquilo que Dworkin denomina regra quanto aquilo que Dworkin denomina princípio. Portanto a crítica ou pelo menos uma das críticas de Dworkin a Hart, a saber, aquela que afirma ser o positivismo um modelo de regras, é, hoje, de modo geral, considerada improcedente.[3] Como no Brasil preva-

---

2   Shapiro, *The "Hart-Dworkin" Debate*, p. 22.
3   Infelizmente essa constatação, amplamente difundida nos países de língua inglesa, ainda não obteve grande repercussão entre nós. Surpreendentemente, aqui a crítica de Dworkin ainda é aceita sem maiores reflexões críticas, com algumas honrosas exceções. Aguiar de Oliveira ressalta que as regras, como concebidas por Dworkin, não existem (Aguiar de Oliveira, *Sistema de regras? Uma crítica à concepção po-*

Princípios Jurídicos e Positivismo... | Alexandre Travessoni Gomes Trivisonno 187

lece ainda a visão oposta, ou seja, aquela que afirma ter Dworkin razão nas suas críticas dirigidas ao positivismo, convém analisar essa questão com maior profundidade. Por isso, a seguir tratarei da crítica de Dworkin a Hart, verificando em que medida ela é procedente ou não, para então verificar em que medida ela se aplica ao modelo de Kelsen, isto é, se o modelo de Kelsen, assim como o de Hart, engloba princípios.

1.1. A crítica de Dworkin a Hart e a concepção de direito e de princípios na teoria de Hart

Dworkin inicia sua crítica ao positivismo afirmando que, ao contrário do que pensa Hart, o direito tem padrões que não funcionam como regras: os princípios. Na visão de Dworkin, princípios e regras indicam decisões particulares, mas regras são aplicáveis de um modo tudo-ou-nada, ou seja, se os fatos que uma regra estipula ocorrem, então, ou a regra é válida e a resposta que ela oferece deve ser aceita, ou ela não é válida, e neste caso ela não contribui para a decisão.[4] Já os princípios funcionam de um modo diverso: de acordo com Dworkin, eles possuem uma dimensão de peso e não estabelecem as consequências que seguem automaticamente quando as condições por eles determinadas

---

sitivista de Direito como sistema de regras, p. 18) e que normas, como entendidas por Kelsen, não se encaixam no modelo de Dworkin (Aguiar de Oliveira, *Sistema de regras? Uma crítica à concepção positivista de Direito como sistema de regras*, p. 25-27). Dimoulis e Lunardi, que abordam o papel dos princípios no positivismo jurídico, enfatizam que, ao contrário do que habitualmente se defende, essa corrente não é incompatível com um modelo de princípios (Dimoulis; Lunardi, *O positivismo jurídico diante da principiologia*). Dimoulis e Lunardi abordam o conceito de princípios como normas gerais, para concluir que eles não estão ausentes nos modelos jurídicos da maioria dos positivistas, inclusive de Kelsen. Embora as conclusões a que chego neste ensaio se assemelhem em certa medida às conclusões de Dimoulis e Lunardi, minha linha de argumentação diverge consideravelmente daquela por eles adotada, sobretudo porque eu foco as críticas de Dworkin a Hart, e verifico sua aplicabilidade a Kelsen. Para uma interessante análise do debate em língua inglesa cf. Shapiro, *The "Hart-Dworkin" Debate*.

---

4   Dworkin, *Taking rights seriously*, p. 23.

ocorrem.[5] Além disso, o fato de existirem exemplos contra um princípio não significa que ele não seja válido.[6]

Segundo Dworkin, a regra de reconhecimento de Hart, que implica serem as regras jurídicas válidas apenas quando produzidas por uma instituição competente, não funciona com princípios, pois sua origem não é uma decisão particular de uma legislatura ou de uma corte,[7] mas um senso de adequação desenvolvido pelos profissionais do direito e pelo público ao longo do tempo.[8] Ainda segundo Dworkin, não se pode modificar a regra de reconhecimento, de modo que ela passe a incluir princípios,[9] nem compreender os próprios princípios como a regra de reconhecimento.[10]

A meu ver, Dworkin mistura dois critérios diversos de distinção entre regras e princípios: um critério lógico e um critério que podemos, com base em Raz, denominar critério da fonte.[11] O critério lógico é um critério relacionado à estrutura do padrão normativo. Como acabamos de ver, ele diz que tanto regras quanto princípios indicam decisões particulares, mas que regras são aplicáveis no modo tudo-ou-nada, enquanto princípios não obrigam uma determinada decisão, sendo, nas palavras de Hart, não-conclusivos.[12] Segundo o critério da fonte os princípios nem sempre são oriundos da legislação positiva ou de decisões judiciais; eles têm sua origem em outras fontes, sobretudo a moral.

Já temos uma visão elementar da classificação de Dworkin entre regras e princípios. Agora podemos compará-la com a teoria de Hart e verificar quais padrões de Dworkin pertencem ao conceito de direito de Hart.

---

5   Dworkin, *Taking Rights Seriously*, p. 25.
6   Dworkin, *Taking Rights Seriously*, p. 23.
7   Mas o próprio Dworkin aceita que, em alguns casos, princípios podem ser oriundos de decisões judiciais ou mesmo da legislação.
8   Dworkin, *Taking Rights Seriously*, p. 40.
9   Dworkin, *Taking Rights Seriously*, p. 43.
10   Dworkin, *Taking Rights Seriously*, p. 43-44.
11   Raz, *Legal principles and the limits of law* (1984), p. XX.
12   Hart, *The concept of law*, p. 261.

A regra de reconhecimento de Hart não exclui do direito qualquer padrão normativo (ou regra na nomenclatura de Hart) em virtude de seu tipo lógico, mas, na verdade, apenas em virtude de sua fonte. Na visão de Dworkin, a regra de reconhecimento de Hart evita que princípios entrem no sistema normativo, pois ela testa se uma regra foi produzida por uma autoridade competente ou não. Dworkin afirma enfaticamente que princípios não passam nesse teste. Mas o critério da fonte não é um critério adequado para distinguir regras de princípios. Ele pode distinguir dois tipos de princípios ou, eventualmente, dois tipos de regras: princípios (ou regras) produzidos por autoridades de princípios (ou regras) oriundos de outras fontes (não-autoritativas). Já que o próprio Dworkin admite que às vezes princípios são retirados da legislação e de decisões judiciais, podemos concluir que, para ele, existem dois tipos de princípios: autoritativos e não-autoritativos.[13]

Isso significa que, para Hart, padrões (ou regras) não-conclusivos que são produzidos por uma autoridade prevista pela regra de reconhecimento são regras jurídicas. Isso deveria ser suficiente para se perceber que alguns dos padrões que Dworkin denomina princípios, a saber, princípios autoritativos, estão presentes no sistema de Hart. Para se chegar a essa conclusão não é sequer necessário provar que a distinção entre regras e princípios de Dworkin é uma questão de grau, como sugerem Raz e o próprio Hart,[14] pois o argumento aqui utilizado é que a regra de reconhecimento de Hart não exclui princípios mesmo se eles forem considerados padrões não-conclusivos, como sugere Dworkin.

O conceito de regra de Hart não é pois equivalente ao de Dworkin,[15] mas, na verdade, bem mais amplo. Embora essa cons-

---

13   Poder-se-ia usar os termos "positivos" e "não-positivos" que, a meu ver, seriam compatíveis com a ideia de Dworkin aqui descrita. Mas como alguns teóricos, como Kelsen, consideram as normas morais normas positivas, prefiro usar os termos "autoritativos" e "não-autoritativos".

14   Cf. Raz, *Legal Principles and the Limits of Law* (1972), p. 838 e Hart, *The Concept of Law*, p. 264.

15   Cf. Raz, *Legal Principles and the Limits of Law* (1984), p. 75.

tatação não seja novidade, pelo menos no debate de língua inglesa, ela constitui um ponto importante para a minha argumentação.

Portanto, a diferença entre o conceito e a extensão dos padrões jurídico-normativos em Hart e em Dworkin não é que o conceito de Hart não inclui princípios de modo algum, mas, na verdade, que o conceito de Dworkin inclui necessariamente padrões não-autoritativos (princípios não-autoritativos) e o de Hart não necessariamente os inclui. É preciso notar que, se por um lado a regra de reconhecimento de Hart não necessariamente exclui princípios não-autoritativos (isto é, princípios oriundos da moral), por outro lado ela não necessariamente os inclui. Portanto, princípios não-autoritativos, isto é, princípios morais, não estão nem necessariamente incluídos nem necessariamente excluídos do sistema jurídico de Hart.

Segundo Hart, mesmo princípios não-autoritativos exigem uma regra de reconhecimento, pois eles são retirados do direito estabelecido, que só pode ser identificado através da regra de reconhecimento.[16] O argumento de Hart parece ser procedente, pois, de fato, Dworkin parece em muitos casos retirar os princípios não-autoritativos do direito positivo (da legislação e de decisões judiciais), o que faria com que eles não fossem, no fim das contas, não-autoritativos. Mas, como vimos, Dworkin afirma que a fonte dos princípios pode ser também um senso de adequação desenvolvido nos profissionais do direito e no público ao longo do tempo. Isso significa que, para Dworkin, princípios podem se retirados da legislação e de decisões judiciais, mas também de outras fontes, sobretudo da moral. Dworkin pode ser criticado por adotar algo tão vago como padrões oriundos de "um senso de adequação desenvolvido nos profissionais do direito e no público ao longo do tempo", mas é preciso notar que a regra de reconhecimento de Hart não *necessariamente* inclui esses padrões. Mas, por outro lado, a teoria de Hart não *necessariamente* os exclui; ao

---

16 Hart, *The Concept of Law*, p. 266.

tratar das relações entre direito e moral, Hart afirma que o uso de padrões morais na aplicação do direito é fato.[17] A meu ver, o argumento de Hart demonstra *que em alguns casos* de uso de princípios não-autoritativos no direito, a saber, os casos em que eles são retirados do espírito de decisões judiciais ou da legislação positiva, é preciso se basear na regra de reconhecimento para se identificar o direito estabelecido, do qual tais princípios são retirados. Aqui podemos notar claramente que Hart é um positivista inclusivo, isto é, um positivista que não afirma uma conexão necessária entre direito e moral, mas que admite essa conexão.[18] Para o propósito deste ensaio é suficiente concluir que na teoria de Hart padrões não-conclusivos autoritativos integram necessariamente o sistema jurídico, e padrões não-conclusivos não-autoritativos podem integrar o sistema jurídico, mas podem não integrá-lo.[19]

Duas observações são ainda necessárias para terminar nossa comparação entre os modelos de Hart e de Dworkin. Em primeiro lugar, uma vez que Hart não concorda com a ideia de Kelsen de que normas genuínas devem necessariamente possuir sanção, não temos sequer que abordar, neste ponto, a afirmativa de Dworkin de que os princípios de modo geral não estabelecem consequências específicas para sua violação. Em segundo lugar, os princípios autoritativos de Dworkin entram no sistema normativo de Hart tanto como regras primárias quanto como regras secundárias, pois existem tanto princípios autoritativos que dizem respeito às obrigações que as pessoas possuem quanto princípios autoritativos que dizem respeito à criação, à modificação e à adjudicação de outras regras.

---

17   Hart, *The Concept of Law*, p. 204.
18   Voltarei a esse tema abaixo.
19   Para o conceito de positivismo inclusivo, bem como para as outras formas de positivismo e ainda para as formas de não-positivismo cf. Alexy, *On the concept and nature of law*.

1.2. Princípios na teoria de Kelsen

A análise desenvolvida acima mostra que o conceito de regra apresentado por Hart não é equivalente ao de Dworkin, mas na verdade mais amplo, englobando, portanto, parte daquilo que Dworkin denomina princípios, a saber, os princípios autoritativos e alguns princípios não-autoritativos (aqueles que, como vimos acima, dependem indiretamente de uma regra de reconhecimento). E a teoria de Kelsen? Será que ela também inclui padrões normativos não-conclusivos?

Antes de tudo é preciso lembrar que a crítica de Dworkin foi dirigida a Hart, e não a Kelsen. Será válido indagar se ela se aplica à teoria kelseniana? Há várias razões que me levam a crer que sim. Em primeiro lugar, embora Dworkin não mencione expressamente Kelsen, ele afirma que o positivismo jurídico é, em geral, um sistema de regras e para regras. Checar se a crítica de Dworkin se aplica a Kelsen pode portanto mostrar sua força ou sua fraqueza. Em segundo lugar, se for válida a minha tese de que o que falta no positivismo jurídico não é a inclusão de princípios, mas, na verdade, uma teoria mais elaborada sobre a aplicação jurídica, que seja capaz de recuperar o papel da racionalidade prática no âmbito do direito, então é preciso verificar o papel que Kelsen atribui aos princípios jurídicos. Em terceiro lugar, alguns, sobretudo no Brasil, afirmam que o modelo de Kelsen, assim como o modelo de Hart, seria um modelo puro de regras.[20] Em quarto lugar a verificação do papel dos princípios na teoria de Kelsen pode ajudar a desfazer uma noção equivocada que se difunde no Brasil, a saber, que o positivismo de Kelsen seria "menos evoluído" que o positivismo de Hart. Na verdade, as teorias de Kelsen e Hart, enquanto teorias analíticas, são mais parecidas do que se pode supor. Elas são mais parecidas, aliás, que os próprios Hart e Kelsen supunham, embora, a meu ver, a teoria de Kelsen, em virtude de sua completude e profundidade,

---

20   Com algumas exceções, como já notado. Cf. a nota 3 acima.

seja superior à de Hart.[21] Verificar se a crítica de Dworkin a Hart é válida para Kelsen, ou melhor dizendo, é tão improcedente em relação a Kelsen quanto é em relação a Hart, pode reforçar ou rechaçar essa minha intuição.

À primeira vista parece difícil defender que princípios, como definidos por Dworkin, sejam parte do sistema jurídico em Kelsen. Poderia se objetar (i) que Kelsen acredita que a autêntica norma jurídica estabelece um ato de força como sanção, enquanto princípios não parecem ter essa característica, ou ainda (ii) que o próprio Kelsen afirmou expressamente que princípios não são parte daquilo que se denomina direito, tanto em obras da segunda fase de sua obra (fase transcendental), como *Jurisdição Constitucional* (1928), como em obras da última fase (fase analítico-linguística), como a *Teoria Geral das Normas*.[22] Contudo, quero apresentar uma interpretação dos escritos de Kelsen na qual os princípios autoritativos de Dworkin são parte do direito, e na qual os princípios não-autoritativos de Dworkin podem ser usados no processo de criação e aplicação do direito.

Em primeiro lugar é preciso ressaltar que não parece haver nada no conceito kelseniano de direito que exclua padrões normativos não-conclusivos. Para Kelsen o direito é um sistema de normas. Por uma norma Kelsen entende um dever ser (*Sollen*), e por um dever ser ele entende que um comportamento está prescri-

---

21 Não é possível, nos limites deste ensaio, demonstrar essa tese.

22 Adoto aqui a periodização de Heidemann, que afirma existirem quatro fases na obra de Kelsen. A primeira fase é denominada construtivista, aparece na tese de Habilitação (*Problemas fundamentais da Teoria do Direito Público*) e vai até 1915. Após ela houve, segundo Heidemann, um período de transição, de 1916 a 1922. A segunda fase, denominada transcendental, começa em 1922 e vai até 1934, com a publicação da *Teoria Pura do Direito*. A terceira fase, denominada realista, vai de 1935 a 1962, incluindo, portanto, a *Teoria Geral do Direito e do Estado* (1945) e a segunda edição da *Teoria Pura do Direito* (1960). A quarta e última fase, que Heidemann denomina analítico-linguística, começa em 1962 e vai até o final da vida de Kelsen, sendo conhecida principalmente pela publicação da obra póstuma *Teoria Geral das Normas* (cf. Paulson, *Four phases in Hans Kelsen's Legal Theory? Reflections on a periodization*, publicado neste volume, Capítulo I).

to, ou seja, que ele é obrigatório, proibido ou permitido.[23] Kelsen não afirma que uma norma tem que ser um padrão tudo-ou-nada, e que padrões não-conclusivos não são normas. Aliás, Kelsen aceita que normas com alto grau de indeterminação, o que para ele está ligado à generalidade da norma, integram o sistema jurídico.[24] A meu ver, padrões como "ninguém deve poder obter lucro de sua própria fraude", ou suas formulações equivalentes como "ninguém pode levar vantagem do mal que praticou, levantar qualquer pretensão com base em sua própria iniquidade ou adquirir propriedade através de seu próprio crime", mencionados por Dworkin como princípios,[25] não estão excluídos do sistema jurídico em Kelsen e, portanto, de seu conceito de direito. Mas isso ainda não responde às duas objeções mencionadas acima. Como se pode enfrentá-las?

(i) A primeira objeção dizia que padrões normativos não--conclusivos não se encaixam no conceito kelseniano de norma, pois eles não possuem estrutura hipotética, isto é, eles não conectam a um determinado pressuposto um ato de força como sanção; portanto, eles não seriam normas no sentido kelseniano. Para mostrar que padrões normativos não-conclusivos são normas para Kelsen, teríamos então que mostrar ou que esses padrões possuem sanções ou que Kelsen admite, pelo menos em alguns casos, normas sem sanção.

Ora, normas primárias hipotéticas são, para Kelsen, normas gerais. Na verdade, Kelsen nunca conectou o caráter hipotético de uma norma à sua especialidade. Portanto, um padrão não-conclusivo, ou seja, um princípio no sentido de Dworkin, encaixa--se no conceito Kelseniano de norma primária, desde que possua uma sanção. Se novamente tomarmos o já mencionado padrão normativo utilizado por Dworkin "ninguém deve poder obter lucro de sua própria fraude" ou qualquer uma de suas formulações equivalentes acima mencionadas, podemos concluir que ele

---

23   Kelsen, *Reine Rechtslehre*, p. 15.
24   Kelsen, *Reine Rechtslehre*, p. 235-236, 247-251 e 346-348.
25   Dworkin, *Taking Rights Seriously*, p. 23.

se encaixa no conceito kelseniano de norma primária desde que possua sanção. Ele precisaria ter, portanto, uma formulação do tipo "se alguém obtiver lucro de sua própria fraude, deverá ser sentenciado a x". Poder-se-ia sugerir, por exemplo, que a nulidade fosse considerada a sanção, e então muitos dos padrões que Dworkin denomina princípios teriam sanções. O problema é que Kelsen expressamente rejeita a nulidade como sanção. Em virtude disso, para que se possa afirmar que padrões não-conclusivos são normas hipotéticas é preciso mostrar que eles possuem sanções diversas da nulidade, ou seja, sanções que sejam atos de força como sanção (coerção).

O fato de Kelsen não aceitar a nulidade como sanção me parece problemático, mas não posso, no contexto deste ensaio, tratar dessa questão com maior profundidade. Assumindo que a nulidade não seja uma espécie de sanção, princípios podem ser considerados normas hipotéticas somente se possuírem sanções que sejam atos de força (coerção). Isso significa que, no caso da já mencionada norma, "se alguém obtiver lucro de sua própria fraude, deverá ser sentenciado a x", x não pode ser a nulidade, tendo que ser um ato de força. Poder-se-ia afirmar que uma formulação como essa não faz parte dos sistemas jurídicos modernos, porque ela é geral em seu pressuposto ("se alguém obtiver lucro de sua própria fraude") e específica em sua prescrição ("deverá ser sentenciado a x"). O argumento seria que normas gerais como os padrões não-conclusivos de Dworkin não podem possuir sanções específicas, pois, de acordo com Dworkin, uma das características lógicas dos princípios é que eles não prescrevem sanções específicas quando violados. Contudo, acredito que em determinadas situações os sistemas jurídicos modernos apresentam prescrições relativamente indeterminadas que estão conectadas a sanções que são atos de coerção. Se isso é verdade, falta então na abordagem de Dworkin uma separação analítica mais precisa entre as duas partes dos padrões normativos (o pressuposto e a consequência), e isso poderia comprometer sua distinção lógica entre regras e princípios.

O argumento acima mostra que normas não-conclusivas que possuem sanções são parte do sistema jurídico-normativo em Kelsen, mas não mostra que normas não-conclusivas em geral são parte desse sistema, pois, como já notamos, Dworkin não exige que essas normas não-conclusivas tenham sanções (ao contrário, seus escritos sugerem que elas não as possuem). Para mostrar que princípios no sentido lógico de Dworkin, isto é, normas não-conclusivas, são parte do sistema jurídico em Kelsen, temos então que verificar em que medida ele aceita a existência de normas sem sanção. Em outras palavras, é necessário mostrar que normas não-conclusivas que não possuem sanção são parte do sistema jurídico-normativo na visão de Kelsen.

Se olharmos com atenção, perceberemos que normas sem sanção pertencem ao sistema jurídico kelseniano, desde que sejam produzidas por uma autoridade competente. A norma "ninguém deve poder obter lucro de sua própria fraude", considerada por Dworkin um princípio, assim como suas formulações equivalentes, seria considerada por Kelsen uma norma não-autônoma (*unselbständige Rechtsnorm*), uma norma que estabelece as condições mediante as quais outras normas são aplicadas, uma norma que limita a aplicação de outras normas.[26] No caso *Riggs vs. Palmer*, mencionado por Dworkin, a norma acima referida seria considerada por Kelsen uma norma que estabelece condições mediante as quais alguém tem o poder de exigir a aplicação (coercitiva se necessário) de normas sucessórias. Muitos outros exemplos de padrões não-conclusivos, que geralmente são considerados princípios no sentido de Dworkin, poderiam ser mencionados. Aqui é suficiente destacar que não há nada no conceito de norma jurídica de Kelsen (se considerado em sua integralidade) que exclua padrões autoritativos que possuem as características lógicas que Dworkin acredita pertencer aos princípios.

---

26 Kelsen, *Reine Rechtslehre*, p. 56.

(ii) A segunda objeção dizia que o próprio Kelsen declarou expressamente que princípios não fazem parte do direito, pelo menos em duas obras: *Jurisdição Constitucional*, de 1928, e a obra póstuma *Teoria Geral das Normas*.

Na obra *Jurisdição Constitucional*, Kelsen declara a dificuldade que a inclusão de normas muito gerais traz para o controle de constitucionalidade. Em usa opinião, ideais como "equidade, justiça, liberdade, igualdade, moralidade etc.",[27] por sua indeterminação, tornam a produção de normas inferiores tanto pelo legislador quanto pelo Judiciário (mais especificamente uma Corte Constitucional) extremamente subjetivas.[28] Isso poderia ser interpretado como rejeição da inclusão de princípios no sistema jurídico. Mas como ressaltam Lunardi e Dimoulis, o argumento de Kelsen não é um argumento teórico-dogmático, mas, sim, de política jurídica,[29] ou seja, Kelsen não está, do ponto de vista teórico-jurídico, dizendo que o direito não contém ou não pode conter normas indeterminadas (princípios), mas apenas ressaltando algo, a saber, que quanto mais geral uma norma maior a indeterminação de sua aplicação (fato que Kelsen viria a repetir posteriormente, no capítulo VIII da segunda edição da *Teoria Pura do Direito*), e que a inclusão de normas muito gerais em uma Constituição aumenta consideravelmente a indeterminação de sua aplicação, representando assim um fator complicador para o controle de constitucionalidade.

Na *Teoria Geral das Normas* Kelsen afirma que princípios, no sentido em que Esser emprega o termo,[30] não fazem parte do sistema jurídico.[31] Mas o que exatamente Kelsen critica na inclu-

---

27   Kelsen, *Jurisdição Constitucional*, p. 168.
28   Kelsen, *Jurisdição Constitucional*, p. 169 .
29   Dimoulis; Lunardi, *O positivismo jurídico diante da principiologia*, p. 187-189.
30   Kelsen se refere à teoria de Esser como a "teoria da transformação", pois ela trata a forma pela qual princípios éticos tornam-se jurídicos (cf. Kelsen, *Allgemeine Theorie der Normen*, p. 92-99; Esser, *Grundsatz und Norm in der richterlichen Fortbildung des Privatrechts: rechtsvergleichend Beiträge zur rechtsquellen*, partes 1 e 2); para uma análise da controvérsia entre Kelsen e Esser cf. Wiederin, *Regel – Prinzip – Norm: zu einer Kontroverse zwischen Hans Kelsen und Joseph Esser.*
31   Kelsen, *Allgemeine Theorie der Normen*, p. 92-99.

são, por parte de Esser, de princípios no conceito de direito? Kelsen afirma que princípios morais e políticos, assim como costumes, podem influenciar a produção de normas jurídicas gerais e individuais.[32] Contudo, ele nega que, por causa disso, esses padrões devam ser incluídos no conceito de direito: eles podem ser denominados princípios jurídicos apenas na medida em que influenciam a criação do direito, mas permanecem padrões morais (ou políticos) e devem portanto ser distinguidos das normas jurídicas.[33] Essas afirmações de Kelsen demonstram duas coisas, a saber, que Kelsen admite a influência e o uso de padrões morais na produção e aplicação do direito e que Kelsen não está criticando a inclusão, no conceito de direito, de normas que possuem determinadas propriedades lógicas. Na verdade, o que ele está criticando é a inclusão, no direito, de padrões oriundos da moral. Normas que possuem as propriedades lógicas atribuídas por Dworkin aos princípios, ou seja, princípios no sentido lógico de Dworkin, não estão excluídas do sistema normativo em Kelsen, mas, ao contrário, fazem parte dele, desde que produzidas em conformidade com uma norma superior e por uma autoridade determinada por essa norma superior, ou seja, por uma autoridade competente.

Ora, padrões morais, para Kelsen, quaisquer que sejam as propriedades lógicas que possuam, podem influenciar a produção (e aplicação) de normas jurídicas, mas não são eles próprios normas jurídicas. Podemos pois concluir que os princípios autoritativos de Dworkin fazem parte do conceito kelseniano de norma (e, portanto, de direito) e que os princípios não-autoritativos de Dworkin, que na visão de Kelsen são princípios morais, podem ser usados por autoridades na produção e aplicação de normas jurídicas, mas isso não faz que eles sejam parte do direito.

Minha análise dos escritos de Kelsen me leva portanto a concluir que aquilo que Dworkin denomina princípio é parte da-

---

32   Kelsen, *Allgemeine Theorie der Normen*, p. 93.
33   Kelsen, *Allgemeine Theorie der Normen*, p. 93-94.

quilo que Kelsen denomina norma. Normas, no sentido de Kelsen, exatamente como princípios no sentido de Dworkin, são padrões que determinam como as pessoas devem agir ou, em outros termos, são dever ser (*Sollen*).

Portanto, se eu estiver certo, a ideia central da crítica de Dworkin ao positivismo em geral e, especificamente, ao positivismo de Hart, a saber, a crença de Dworkin de que o modelo positivista é um modelo de regras e para regras é falsa não só no que diz respeito à teoria de Hart, mas também no que diz respeito à teoria de Kelsen.

2. O Poder Discricionário nas Teorias de Hart e Kelsen

Por que Hart defendeu o poder discricionário? Uma análise da obra *O Conceito de Direito* fornece uma resposta clara a essa questão: Hart afirma que a textura aberta do direito significa que há casos em que muito deve ser desenvolvido pelas cortes, que devem ponderar interesses que se chocam e variam de peso caso a caso.[34] Ao tratar da aplicação das regras jurídicas, após descrever a aplicação das regras de um jogo, ele adiciona que a textura aberta do direito deixa às cortes um poder criativo maior do que aquele atribuído aos marcadores (de um jogo), cujas decisões não são usadas como precedentes.[35] E no Pós-escrito, respondendo às críticas de Dworkin, ele reafirma sua posição, afirmando que há pontos em que o direito existente falha em determinar uma decisão correta, e a fim de decidir tais casos o juiz deve exercer seu poder de criação do direito.[36]

As passagens que acabei de mencionar demonstram que Hart acredita ser a textura aberta a causa do poder discricionário.

E Kelsen? Qual é sua posição no que diz respeito a esse tema? No último capítulo da *Teoria Pura do Direito* ele afirma

---

34　Hart, *The Concept of Law*, p. 135.
35　Hart, *The Concept of Law*, p. 145.
36　Hart, *The Concept of Law*, p. 273.

que normas jurídicas, em virtude de sua generalidade, possibilitam diferentes interpretações quando de sua aplicação. Há uma indeterminação tanto quando uma norma é produzida a partir de uma norma superior quanto quando uma norma é executada. Essa indeterminação é relativa, isto é, a produção de uma norma ou a execução de uma norma é parcialmente determinada e parcialmente indeterminada pela norma superior. Para Kelsen, essa indeterminação relativa sempre existirá, pois mesmo quando uma norma é muito específica ela ainda deixa àquele que a aplica uma margem de manobra.[37]

Essa indeterminação ocorre não apenas quando o juiz produz uma sentença, mas também quando o legislador aplica a constituição e produz uma lei. Kelsen não aceita aquilo que denomina visão tradicional, segundo a qual o legislador produz o direito enquanto o juiz o aplica. Na sua visão, ambos, legislador e juiz, criam e aplicam o direito, pois ambos aplicam uma norma superior a fim de criar uma norma inferior.[38] Portanto, na visão de Kelsen, a diferença entre legislação e jurisdição não é qualitativa, mas quantitativa, pois a limitação exercida pela constituição sobre o legislador não é tão forte quanto a limitação exercida pela lei sobre o juiz.[39]

A textura aberta (ou generalidade) é, pois, tanto para Hart quanto para Kelsen a principal causa do poder discricionário. A natureza da linguagem (jurídica) torna impossível que uma norma preveja todos os detalhes de um comportamento, deixando, portanto, sempre ao aplicador uma margem para decidir. Mas deve ser enfatizado que o poder discricionário não significa, para ambos, que a decisão possa ser arbitrária: a indeterminação é relativa e o juiz deve apresentar razões para a decisão.

---

37 Kelsen, *Reine Rechtslehre*, p. 346-347.
38 Para Kelsen a sentença é uma norma individual, já que é um dever ser.
39 Kelsen, *Reine Rechtslehre*, p. 350-351.

3. O Significado da Distinção entre Regras e Princípios para a Filosofia do Direito

Portanto, se eu estiver correto, a causa principal que levou tanto Hart quanto Kelsen a defenderem o poder discricionário não foi a ausência de princípios em suas teorias, mas, na verdade, a textura aberta ou generalidade das regras (ou normas) jurídicas (aliada, como veremos abaixo, à ausência, em suas teorias, de uma abordagem mais elaborada sobre a interpretação jurídica). Se admitirmos que princípios são frequentemente (embora nem sempre) gerais,[40] temos então que concluir que a causa principal da defesa do poder discricionário, tanto em Hart quanto em Kelsen, foi a presença de princípios (autoritativos) em suas teorias![41]

As duas principais teses que apresentei até agora, a saber, (i) que as teorias positivistas de Hart e Kelsen incluem (pelo menos em parte) aquilo que Dworkin denomina princípios e (ii) que exatamente a presença de princípios nessas teorias constitui a causa do poder discricionário, podem soar estranhas. Se essa estranheza de fato existir, ela não decorre da falsidade das referidas teses, mas, na verdade, do fato de as teses opostas (as teses de Dworkin) serem repetidas com maior frequência, sem uma reflexão mais aprofundada.[42]

Com isso não estou defendendo que autores positivistas como Hart e Kelsen abordaram a distinção entre regras e princípios do modo como autores posteriores como Dworkin e Alexy fizeram. Estou apenas sugerindo que o conceito de regra de Hart

---

40 Ver, por exemplo, Alexy, que afirma que a generalidade não pode ser usada como critério definitivo para distinguir regras de princípios, mas que os princípios tendem a ser mais gerais que as regras (Alexy, *Theorie der Grundrechte*, p. 92-93), e também Raz, que defende ser a distinção entre regras e princípios uma questão de generalidade (Raz, *Legal Principles and the Limits of Law*, 1972, p. 838).

41 Para Kelsen a inclusão, em uma Constituição, de padrões muito indeterminados, aumenta o poder discricionário tanto do juiz quanto do legislador (cf. Kelsen, *Jurisdição Constitucional*, p. 167-170).

42 Se este ensaio conseguir, de algum modo, incentivar uma maior reflexão sobre os temas aqui debatidos, terá ele já cumprido seu objetivo.

e o conceito de norma de Kelsen eram amplos o suficiente para englobar grande parte daquilo que posteriormente Dworkin denominou princípios.[43]

A meu ver, a distinção entre regras e princípios possui grande significado na Filosofia do Direito contemporânea. Qualquer classificação que tenha por objeto as normas jurídicas tem já alguma

---

[43] Não abordarei aqui se no conceito de direito de Hart e Kelsen estão incluídos princípios no sentido de Alexy. Isso não significa que considero a teoria de Dworkin superior à de Alexy. Na verdade, exatamente o contrário é o que eu acredito. A razão pela qual não investigarei se os conceitos de regra de Hart e norma de Kelsen abrangem normas que admitem cumprimento em graus, ou seja, princípios no sentido de Alexy, é simplesmente que Alexy, ao contrário de Dworkin, não afirma a inexistência de princípios nas teorias positivistas. Precisa ficar claro, porém, que o fato de as teorias de Hart e Kelsen incluírem princípios no sentido de Dworkin não significa, necessariamente, que suas teorias também englobam princípios no sentido de Alexy, pois as teorias de Dworkin e Alexy são consideravelmente diferentes. Uma vantagem da teoria de Alexy sobre a teoria de Dworkin é uma distinção mais nítida entre regras e princípios. As distinções de Alexy e de Dworkin possuem alguns pontos em comum: Alexy afirma que a "tese da separação rigorosa" entre regras e princípios, defendida por Dworkin, segundo a qual a distinção não é meramente gradual, é uma tese correta (Alexy, *Zum Begriff des Rechtsprinzips*, p. 67-68). Ele aceita também o "teorema da colisão" de Dworkin, segundo o qual princípios funcionam de forma diferente das regras quando há um conflito (Alexy, *Zum Begriff des Rechtsprinzips*, p. 71-78), mas questiona o modelo de regras tudo-ou-nada de Dworkin, no qual as regras não são *prima facie* (Alexy, *Zum Begriff des Rechtsprinzips*, p. 71). Além disso, Alexy introduz uma característica lógica para explicar o teorema da colisão de Dworkin, a saber, a ideia de que princípios podem ser satisfeitos em graus variados, o que ele originalmente denominou "dever ser ideal" (Alexy, *Zum Begriff des Rechtsprinzips*, p. 79-82), e mais tarde definiu como comandos de otimização, ou seja, normas que exigem que algo seja realizado na maior medida possível, de acordo com as circunstâncias factuais e jurídicas do caso (Alexy, *Theorie der Grundrechte*, p. 100-102). A meu ver, a ideia de que princípios são comandos de otimização, defendida por Alexy, não está presente em Dworkin, que diz apenas que princípios possuem uma dimensão de peso. Isso não é o mesmo que caracterizar os princípios como comandos de otimização. Aliás, o conceito lógico de princípios de Dworkin pode ser descrito através de duas características (que as regras não possuem): eles são *prima facie* e não-conclusivos. A primeira característica significa que eles admitem exceções enquanto a segunda significa que eles não obrigam uma certa decisão, mas simplesmente indicam essa decisão. Para Alexy, regras também são *prima facie*, mas seu caráter *prima facie* é diferente do caráter *prima facie* dos princípios, pois estes são comandos de otimização, e isso é que essencialmente os diferencia das regras (Alexy, *Theorie der Grundrechte*, p. 87-90).

importância, na medida em que possibilita compreender melhor seu funcionamento e quão diferentemente elas se comportam em sua aplicação a casos concretos. No caso da distinção entre regras e princípios essa compreensão ganha um relevo especial, pois os princípios desempenham um papel importante, talvez o papel mais importante, nas teorias da aplicação jurídica atuais.

Na próxima seção tentarei demonstrar que o conceito de direito de Alexy, que inclui não apenas princípios mas também a ideia de proporcionalidade, e que defende uma conexão necessária entre direito e moral, apoia a ideia de que o que falta nas teorias positivistas de Hart e Kelsen é uma abordagem mais elaborada sobre a interpretação jurídica.

4. A Separação entre Direito e Moral e a Falta de uma Teoria da Interpretação Desenvolvida no Positivismo de Hart e Kelsen

Tanto Hart quanto Kelsen defenderam a separação entre direito e moral. Esta defesa se deve ao fato de que, para ambos, valores morais são relativos e, em virtude disso, estabelecer a moral como critério para a validade do direito tornaria o conceito de direito obscuro.[44] Kelsen defendeu abertamente o relativismo filosófico, e Hart parece também ter aderido a uma visão relativista sobre a moral, embora não tão forte quanto a de Kelsen.[45] Isso levou ambos, especialmente Kelsen, à conclusão da existência de diferentes sistemas morais e ideais de justiça. O argumento de Kelsen é muito simples: se não há apenas um sistema moral, mas, na verdade, vários, então o direito positivo não precisa estar em consonância com a moral para ser válido.[46] Hart parece

---

44 Kelsen, *Reine Rechtslehre*, p. 65-71; Hart, *The Concept of Law*, p. 208.

45 Hoerster afirma que Hart defendeu uma teoria da validade jurídica que é moralmente neutra (Hoerster, *Kritischer Vergleich der Theorien der Rechtsgeltung von Hans Kelsen und H. L. A. Hart*, p. 1). Contudo, o relativismo parece ser mais forte em Kelsen que em Hart.

46 Kelsen, *Reine Rechtslehre*, p. 66-67.

compartilhar uma visão semelhante, mas não exatamente igual: ele acredita que uma moral convencional pode ser compartilhada pela maioria da população de um país, mas parece concordar com Kelsen que essa moral não é universal. Por causa disso, e a fim de separar as disputas teóricas das disputas morais ele prefere defender a separação entre direito e moral.[47]

Enfatizei, ao longo de minha argumentação, que parte dos padrões normativos não-conclusivos de Dworkin, a saber, os autoritativos, fazem parte daquilo que os positivistas Kelsen e Hart denominam normas (ou regras). Aquilo que Hart e Kelsen denominam regras ou normas jurídicas Dworkin entende serem padrões autoritativos (regras e princípios autoritativos). Os três autores concordam que normas jurídicas positivas, ou seja, normas postas por autoridades jurídicas, fazem parte do conceito de direito.[48] O ponto em que discordam é o seguinte: princípios não-autoritativos (ou morais) são, na visão de Dworkin, parte do direito, enquanto para Kelsen e Hart eles não necessariamente o são: eles são padrões morais, para Kelsen padrões morais positivos, que, embora possam ser utilizados na criação e aplicação do direito, não fazem parte do conceito de direito. Além disso, para Kelsen e Hart, esses princípios morais não são vinculantes, isto é, eles não obrigam aquele que aplica o direito, enquanto para Dworkin eles o obrigam. Kelsen expressamente afirmou que eles *podem* ser usados na criação do direito, ou seja, que não há obrigação expressa de empregá-los, e Hart não declarou expressamente que eles não são vinculantes, mas seus escritos não sugerem ter aquele que cria ou aplica o direito uma obrigação de empregá-los.

Em síntese, para Dworkin, princípios morais *devem* ser usados na aplicação do direito. Por isso pode-se dizer serem eles obrigatórios. Por outro lado, para Kelsen e Hart eles *podem* ser usados na aplicação (e criação) do direito, eles de fato *são* usados,

---

47 Hart, *The Concept of Law*, p. 208.

48 É importante ressaltar que Kelsen admite o direito consuetudinário, caso a constituição o preveja.

mas as autoridades não têm um dever (ou obrigação) de usá-los, ou seja, eles não são vinculantes (seu uso não é obrigatório). Denominarei essa diferença "o fator vinculante": os princípios não-autoritativos (ou morais) existem e são usados na aplicação (e criação) do direito para os três autores, mas apenas para Dworkin eles são vinculantes.

É preciso enfatizar ainda que, no artigo "O Modelo de Regras I",[49] Dworkin parece pensar que a introdução de princípios (sobretudo de princípios morais) no conceito de direito pode resolver o problema do poder discricionário. Kelsen e Hart descordariam dessa posição de Dworkin: ambos pensam que princípios morais podem ajudar uma corte a decidir um caso, mas ambos não acreditavam que princípios (morais) podem fornecer uma única resposta correta para um caso (como pensa Dworkin).

O poder discricionário significa que há diferentes soluções que se encaixam no direito que a autoridade tem que aplicar a um caso concreto, e ainda que esse mesmo direito não oferece, pelo menos *prima facie*, um critério para escolher uma dessas soluções. A existência de várias possíveis soluções pode decorrer de diversos fatores, como *generalidade das normas jurídicas* (textura aberta, indeterminação), *colisões entre normas jurídicas, ausência de uma norma* para resolver um caso concreto e, por fim, *necessidade de decisões "contra legem".*[50] Positivistas jurídicos como Hart e Kelsen analisaram esses quatro fatores: Kelsen enfatizou que o primeiro e o segundo são causas do poder discricionário, e Hart se dedicou apenas ao primeiro. Ambos corretamente notaram que o direito não é um sistema de normas (ou regras) específicas e deta-

---

49   Originalmente publicado em 1967, republicado em 1979 no livro *Levando direitos a sério.*

50   Alexy, *Theorie der juristischen Argumentation,* p. 17-18. Alexy apresenta esses quatro motivos como motivos para insuficiência da concepção de interpretação como mera subsunção lógica.

lhadas como pensava Kant.[51] O problema do positivismo jurídico não é a ausência de princípios em seu conceito de direito. A meu ver, não se pode dizer, como fez Dworkin, que o positivismo (sobretudo de Hart, o que vale também, como vimos, para Kelsen) é um modelo de regras e para regras, isto é, que princípios não estavam presentes no modelo positivista desses autores. O que é correto dizer é que ambos, Hart e Kelsen, não trabalharam a distinção entre regras e princípios do modo como fazemos hoje.

Se o direito realmente fosse, para os positivistas Hart e Kelsen, um sistema de regras tudo-ou-nada, como Dworkin sugeriu ser o modelo de Hart, eles não teriam defendido o poder discricionário ou, pelo menos, o poder discricionário seria, para eles, bem reduzido.[52] Como vimos, a verdadeira diferença entre o modelo positivista de Hart e Kelsen e o modelo de Dworkin diz respeito ao papel dos padrões morais na criação e na aplicação do direito, ou seja, diz respeito à relação entre o direito e a moral. Portanto, é preciso analisar um pouco mais detidamente essa relação.

Segundo Alexy, o conceito positivista de direito contém dois elementos: legalidade em conformidade com o ordenamento e eficácia social. Diferentes teorias positivistas enfatizam mais ou menos cada um desses dois elementos, mas elas permanecem sempre ligadas a eles. Um conceito não-positivista de direito inclui necessariamente um terceiro elemento: a correção moral.[53] Tanto a exclusão do terceiro elemento no conceito positivista de direito quanto sua inclusão no conceito não-positivista de direito estão

---

51 Kant afirma que o direito tem precisão matemática, determinando exatamente o que alguém tem que fazer (Kant, TL: VI, p. 411)

52 Se o direito fosse concebido como mero modelo de regras (no sentido de Dworkin), o que, a meu ver seria uma concepção inapropriada de direito, o poder discricionário ainda existiria, mas seria significativamente mais restrito que em um sistema de princípios (ou de princípios e regras), pois, como as regras são mais específicas, elas deixam ao aplicador uma margem de manobra consideravelmente menor que os princípios.

53 Alexy, *Begriff und Geltung des Rechts*, p. 13; Alexy, *On the concept and nature of Law*, p. 294-296.

ligadas à relação entre direito e moral. Segundo Alexy, positivistas jurídicos defendem a tese da separação, enquanto não-positivistas defendem a tese da conexão. Isso não significa que Alexy não tenha ciência do fato de que alguns positivistas como Hart e Kelsen aceitem que a moral influencia a criação e a aplicação do direito. Aliás, em *Conceito e Validade de Direito*, Alexy afirma que, embora eles percebam essa influência, para eles a dimensão ideal, isto é, a dimensão moral, não está *necessariamente* conectada ao direito e, portanto, não faz parte do conceito de direito.[54]

Na concepção de Alexy os dois elementos do conceito positivista de direito permanecem no domínio da dimensão factual (ou real) do direito. Mas o direito tem, em seu entendimento, duas dimensões, a factual (ou real) e a ideal, às quais correspondem dois princípios gerais: *segurança jurídica* e *correção moral*.[55] Todo aquele que apresenta um conceito de direito tem que ponderar esses dois princípios. As teorias positivistas, por não incluírem a *correção moral* como elemento necessário do conceito de direito, consideram apenas a dimensão factual (ou real). Já as teorias não-positivistas (sobretudo em sua versão inclusiva) consideram as duas dimensões.

Entre as teorias não-positivistas do direito Alexy diferencia três concepções: não-positivismo exclusivo, não-positivismo inclusivo e não-positivismo superinclusivo. A primeira concepção privilegia a dimensão ideal em um grau extremamente elevado, como a teoria de Beyleveld e Brownsword, em que todo erro moral conduz à invalidade do direito.[56] Segundo Alexy, essa concepção é muito radical, por desconsiderar completamente a segurança jurídica. A segunda concepção, o não-positivismo inclusivo, defende que erros morais conduzem à invalidade do direito apenas quando o limiar de extrema injustiça é alcançado.[57] Essa

---

54   Mas Alexy reconhece que Kelsen era um positivista inclusivo, como veremos abaixo (cf. Alexy, *On the concept and Nature of Law*, p. 285).

55   Alexy, *Begriff und Geltung des Rechts*, p. 13-19; Alexy, *The dual Nature of Law*, p. 167.

56   Alexy, *On the concept and Nature of Law*, p. 287.

57   Alexy, *Begriff und Geltung des Rechts*, p. 40-62; Alexy, *On the concept and Nature of Law*, p. 287.

concepção, que é sustentada por Radbruch (após 1945) e pelo próprio Alexy, leva em consideração tanto a dimensão factual (ou real) quanto a dimensão ideal do direito.[58] A terceira concepção, o não-positivismo superinclusivo, que na opinião de Alexy era a concepção de Kant, afirma que, embora o direito seja derivado da moral, erros morais não afetam a validade do direito.[59] Entre as teorias positivistas Alexy distingue o positivismo exclusivo e o positivismo inclusivo. O primeiro afirma não existir nenhuma conexão necessária entre direito e moral, enquanto o segundo afirma ser a conexão uma questão convencional. Na opinião de Alexy Raz é um positivista exclusivo, enquanto Coleman, Hart e Kelsen, por admitirem ser a relação entre direito e moral uma questão de convenção, são partidários do positivismo inclusivo.[60]

Não é possível tratar aqui dos diferentes aspectos da posição de Alexy, nem das inúmeras discussões que ela vem gerando. Para a argumentação que desenvolvo neste ensaio é suficiente notar que o conceito de direito apresentado por Alexy (assim como o de Dworkin) difere do conceito positivista de direito de Hart e Kelsen, pois para os positivistas inclusivos, como vimos, padrões morais influenciam a criação e a aplicação do direito, mas não fazem parte do conceito de direito. É importante também ressaltar que o conceito de direito de Alexy engloba um importante elemento ausente nas teorias positivistas de Hart e Kelsen: para ele, também fazem parte do conceito direito os argumentos que são utilizados em seu processo de aplicação.[61] Esse ponto é de grande importância. Para Hart e Kelsen o direito é uma ordem normativa; na visão deles não fazem parte do conceito de direito os argumentos utilizados em sua aplicação.[62]

---

58   Alexy, *On the concept and Nature of Law*, p. 287-288.

59   Alexy, *On the concept and Nature of Law*, p. 288-290.

60   Alexy, *On the concept and Nature of Law*, p. 285-296.

61   Alexy, *Begriff und Geltung des Rechts*, p. 127.

62   Os positivistas jurídicos não afirmam isso expressamente, mas a aplicação e a interpretação jurídicas não constituíam o foco principal de seus estudos. O próprio Hart reconheceu que esse era um problema de sua teoria (cf. Hart, *The concept of Law*, p. 259).

O que falta nas teorias de Hart e Kelsen é uma teoria da aplicação do direito que possa resolver ou pelo menos minimizar o problema do poder discricionário, que eles corretamente perceberam decorrer da generalidade da linguagem jurídica. Nessa teoria princípios morais exercem um papel importante, mas não suficiente. A meu ver, o fato de Dworkin ter mudado o rumo de sua crítica ao positivismo jurídico é uma prova disso. Em 1979 Alexy já notava que a teoria dos princípios de Dworkin precisava do complemento de uma teoria da interpretação (ou argumentação).[63] Após isso houve uma virada na teoria de Dworkin, virada essa que podemos denominar virada interpretativa. Ela começou com alguns artigos que Dworkin publicou originalmente em *Levando Direitos a Sério*, mas se intensificou com *O Império do Direito* (1986), obra em que Dworkin apresenta seu empreendimento interpretativo: o direito como integridade.[64] Se Dworkin obteve êxito ou não em seu empreendimento é questão polêmica, que não pode ser enfrentada nos limites deste ensaio. Alguns teóricos contemporâneos entendem ter ele falhado.[65] O fato é que, após a virada interpretativa de Dworkin, alguns autores como Raz afirmaram que as teorias de Hart e de Dworkin passaram a não competir entre si. Citando Hart, que já havia afirmado, no Pós-escrito da obra *O Conceito de Direito*, que o seu empreendimento e o de Dworkin eram diferentes, e por isso não entravam em conflito,[66] Raz afirma que Dworkin está mais preocupado com algumas províncias do direito que com seu império.[67] Ainda segundo Raz, Dworkin estaria interessado não em explicar a natureza do direito, mas, na verdade, em descrever como as cortes americanas e britânicas deveriam

---

63   Alexy, *Zum begriff des Rechtsprinzips*, p. 86-87.
64   Cf. Dworkin, *Law's Empire*.
65   Cf. Pavlakos, *Two concepts of objectivity*.
66   Hart, *The concept of Law*, p. 241.
67   Raz, *Two views of the nature of the Theory of Law – A partial comparison*, p. 36.

decidir casos concretos.[68] Em outras palavras, na visão de Raz, as teorias de Dworkin e Hart não competem entre si porque a primeira é uma teoria da aplicação do direito anglo-americano, enquanto a segunda é uma teoria sobre o conceito ou a natureza do direito. Interessante notar que em 1984 Raz tinha afirmado exatamente o contrário, a saber, que as teorias positivistas (incluída a de Hart) e a teoria de Dworkin se assemelhavam mais do que geralmente se percebe.[69] Como pode o mesmo Raz, que em 1984 tinha afirmado essa semelhança entre a teoria de Dworkin e a teoria de Hart, em 2001 afirmar exatamente o contrário? Ele pode, e de fato aqui ele está certo, porque em 1984 havia grande semelhança entre as teorias de Hart e Dworkin, mas, com o tempo, após a virada interpretativa de Dworkin, essas teorias tornaram-se consideravelmente diferentes.

Portanto, Raz parece acertar ao afirmar que a teoria de Dworkin acabou se tornando uma teoria da aplicação do direito que não possui, junto de si, uma teoria de base sobre o conceito de direito, enquanto a teoria de Hart se constitui como uma teoria sobre o conceito de direito. Se, por um lado, como ressalta Raz, isso traz problemas sérios para a teoria de Dworkin, por outro lado é preciso ressaltar que a teoria de Hart não aborda satisfatoriamente as questões ligadas à aplicação do direito, fato reconhecido, aliás, pelo próprio Hart.[70] O que falta a Raz, a meu ver, é enfatizar que as duas questões, o conceito e a aplicação do direito, devem estar juntas na mesma teoria. Essa percepção está presente na teoria de Alexy, que aborda, de forma coerente, tanto o conceito quanto a aplicação do direito. Devido aos limites deste ensaio, não posso abordar aqui com maior profundidade essa importante teoria, devendo me contentar, neste momento, com a exposição, feita acima, de alguns de seus elementos.

---

68   Raz, *Two views of the nature of the Theory of Law – A partial comparison*, p. 37.
69   Raz, *Legal principles and the Limits of Law* (1984), p. 85.
70   Cf. acima, nota 56.

5. Bibliografia

AGUIAR DE OLIVEIRA, Júlio. Sistema de regras? Uma crítica à concepção positivista do Direito como sistema de regras. *Revista de Informação Legislativa.* Brasília, 181, p. 17-28, 2009.

ALEXY, Robert. *Begriff und Geltung des Rechts.* Freiburg/Munique: Alber, 1992.

_____. On the concept and nature of law. *Ratio Juris.* 21(3), p. 281-299, 2008.

_____. The dual nature of law. *Ratio Juris,* 23(2), p. 167-182, 2010.

_____. *Theorie der Grundrechte.* Frankfurt/M.: Suhrkamp, 1994.

_____. Theorie der juristischen Argumentation. Frankfurt/M.: Suhrkamp, 1983.

_____. Zum Begriff des Rechtsprinzips. Rechtstheorie. Berlin, Beiheft 1, p. 59-86, 1979.

DIMOULIS, Dimitri; LUNARDI, Soraya Regina Gasparetto. O positivismo jurídico diante da principiologia. In: DIMOULIS, Dimitri; DUARTE, Écio (orgs.). *Teoria do Direito Neoconstitucional.* São Paulo: Método, 2008. p. 179-197.

DWORKIN, Ronald. *Law's Empire.* Cambridge/MA: Harvard University Press, 1986.

_____. *Taking rights seriously.* Cambridge/MA: Harvard University Press, 1977.

ESSER, Joseph. *Grundsatz und Norm in der richterlichen Fortbildung des Privatrechts:* rechtsvergleichend Beiträge zur rechtsquellen. Tübingen: Mohr-Siebeck, 1974.

HART, Herbert L. A. *The Concept of Law.* Oxford: Clarendon Press, 1994.

HOERSTER, Norbert. Kritischer Vergleich der Theorien der Rechtsgeltung von Hans Kelsen und H. L. A. Hart. In: PAULSON, Stanley L.; WALTER, Robert (orgs). *Untersuchungen zur Reinen Rechtslehre.* Viena: Manz, 1986. p. 1-19.

KANT, Immanuel. Die Metaphysik der Sitten. In: Königlich Preußischen Akademie der Wissenschaften (org.). *Kants gesammelte Schriften.* Bd. VI. Berlin: De Gruyter, 1968. p. 203-494.

KELSEN, Hans. *Allgemeine Theorie der Normen.* Viena: Manz, 1979.

_____. *Jurisidição constitucional.* Tradução de Alexandre Krug, Eduardo Brandão e Maria Ermantina Galvão. São Paulo: Martins Fontes, 2003.

_____. *Reine Rechtslehre.* 2. ed. Viena: Verlag Österreich, 2000.

PAULSON, Stanley L. Four phases in Hans Kelsen's Legal Theory? Reflections on a periodization. *Oxford Journal of Legal Studies,* 18, p. 153-166, 1998.

PAVLAKOS, Geroge. Two concepts of objectivity. In: PAVLAKOS, George (org.). *Law, rights and discourse*. Oxford: Hart publishing, 2007. p. 83-108.

RAZ, Joseph. Legal principles and the limits of law. *The Yale Law Journal*, 81 (5), p. 823-854, 1972.

_____. Legal principles and the limits of law. In: COHEN, Marshall (org.). *Ronald Dworkin and Contemporary Jurisprudence*. London: Duckworth, 1984. p. 73-87.

_____. Two views of the nature of the Theory of Law – A partial comparison 2011. COLEMAN, Jules (org.). *Hart's Postscript*. Oxford: Oxford University Press, 2001. p. 1-37.

SHAPIRO, S. J. The "Hart-Dworkin" debate: Short guide for the perplexed. In: RIPSTEIN, Arthur (org.). *Ronald Dworkin*. Cambridge: Cambridge University Press, 2007. p. 22-55.

WIEDERIN, Erwald. Regel – Prinzip – Norm: zu einer Kontroverse zwischen Hans Kelsen und Joseph Esser. In: PAULSON, Stanley L.; WALTER, Robert (Orgs.). *Untersuchungen zur reinen Rechtslehre*. Viena: Manz, 1986. p. 137-166.

A VALIDADE DO DIREITO NA PERSPECTIVA JUSPOSITIVISTA. REFLEXÕES EM TORNO DE HANS KELSEN[1]

Dimitri Dimoulis
Soraya Lunardi

Sumário: 1. Introdução. **2.** A validade da norma jurídica. **3.** Norma fundamental, formalismo da validade e cláusula alternativa tácita. **4.** Validade do ordenamento jurídico. A influência dos fatos sociais. **5.** Bibliografia.

1. Introdução

Quando nos referimos ao direito "válido" estamos sendo redundantes? A primeira resposta é negativa. Pode-se dizer que é necessário diferenciar entre o direito que possui validade "aqui e agora" e aquele que não possui mais ou ainda validade ou possui validade em outro espaço. Essa é uma resposta que leva em consideração a dimensão temporal e espacial. As Ordenações Filipinas e a Constituição da Nação Argentina não são direito válido no Brasil, mas é possível chamá-las de direito porque foram "direito válido" no passado e vigoram em outras latitudes. Da mesma maneira, podemos considerar como "direito" (não válido) normas que serão promulgadas no futuro.

Uma segunda resposta sustenta que a locução "direito válido" é redundante porque o direito não válido não possui qualidade de direito. Um conjunto de normas pode ter conteúdo e aparência jurídica, mas não tem qualidade jurídica enquanto não possuir o atributo da validade. Imaginemos um projeto de Constituição que foi rejeitado pela Assembleia Constituinte. Um

---

1   Algumas análises baseiam-se em Dimoulis, *Positivismo jurídico, passim.*

constitucionalista estrangeiro que fosse examinar esse projeto em forma de livro com o título "Constituição da República Federativa do Brasil", acreditaria que se trata da Constituição vigente. Mas seria suficiente receber a informação da rejeição do projeto para colocá-lo na estante da história do direito (ou das "curiosidades"). Nessa perspectiva, a referência à validade do direito é redundante. Tal como a locução "homem vivo" é redundante, sendo o "homem morto" só uma figura de linguagem.[2]

Essas duas respostas equiparam a definição do direito à constatação de sua validade. São as respostas kelsenianas. Para o jurista vienense e cosmopolita a validade é uma qualidade intrínseca e necessária do direito, sinalizando a "existência específica" das normas.[3] Com base nisso, os teóricos do direito observam que, para Kelsen, a existência do direito é sinônimo de sua validade.[4]

---

2   Bulygin, *Das Problem der Geltung bei Kelsen*, p. 83-85, propõe diferenciar entre o sistema jurídico (*Rechtssystem*) que incluiria todas as normas válidas em determinado momento e tempo. O sistema é substituído por outro cada vez que uma norma é modificada, revogada ou introduzida. Em paralelo haveria o ordenamento jurídico (*Rechtsordnung*) incluindo os sucessivos sistemas jurídicos desde a primeira Constituição histórica de um país. Nessa perspectiva, as Ordenações Filipinas pertencem ao ordenamento jurídico português, mas não ao atual sistema jurídico daquele país. Teríamos assim duas formas de validade como pertença ao sistema e ao ordenamento. Isso permite explicar por que uma norma revogada continua sendo vista como jurídica no sentido de pertencente ao ordenamento. Mas esbarra em duas dificuldades fáticas. Primeiro, ignora que, ao contrário das lendas nacionalistas, não existe continuidade nacional. A qual "ordenamento jurídico" pertencem as normas que vigoraram em território que pertenceu sucessivamente a vários Estados? A qual ordenamento pertencem as normas de direito supranacional e internacional? Em segundo lugar, a tese da continuidade do ordenamento jurídico ignora as radicais rupturas políticas em cada país. Não faz sentido afirmar que as normas que objetivavam a aniquilação dos judeus na Alemanha nazista pertencem ao "ordenamento jurídico" alemão. Em razão disso preferimos seguir Kelsen e considerar a validade como atributo da norma que atualmente pertence a um sistema (ou ordenamento) jurídico.

3   Kelsen, *Teoria Pura do Direito*, p. 11.

4   Cf., entre outros, Gomes, *O fundamento de validade do direito*, p. 202-203; Dias, *Positivismo jurídico e a teoria geral do direito na obra de Hans Kelsen*, p. 261-264.

A Validade do Direito na Perspectiva... | Dimitri Dimoulis e Soraya Lunardi 215

Mas é possível sugerir uma terceira resposta sobre a relação entre definição e validade do direito. A validade pode ser considerada como um dos atributos do direito, atributo importante, mas não necessário. Essa resposta é dada pelos autores que diferenciam a existência da norma, de sua validade e de sua eficácia jurídica. Nessa perspectiva, a norma pode existir, ser aplicada e gerar consequências mesmo sem ser válida.[5] Essas diferenciações sugerem atribuir à validade jurídica um significado limitado, não a tratando como sinônimo da existência da norma.

O presente estudo examina questões de validade em Kelsen, no intuito de sistematizar suas ideias, apresentar perspectivas críticas e desfazer alguns equívocos da doutrina posterior.

2. A Validade da Norma Jurídica

Definimos a validade como qualidade da norma que faz parte de um ordenamento jurídico em determinado momento. Isso significa que a validade depende da pertença[6] da norma ao ordenamento que lhe atribui força vinculante, impondo-a a seus destinatários e gerando, pelo menos indiretamente, direitos e obrigações.[7]

Essa definição considera como único critério de validade da norma o teste "formal" que permite identificá-la como parte do ordenamento. O termo "formal" será melhor explicado no item 3. Para os positivistas, incluindo Kelsen, a pertença é o único cri-

---

5 Guastini, *Il diritto come linguaggio*, p. 97-102; Guastini, *Das fontes às normas*, p. 269-286, 356-358; Tavares, *Curso de direito constitucional*, p. 138-166; Pettoruti, *La validez del derecho*, p. 25-74.

6 Alguns autores utilizam o termo "pertinência" para indicar essa relação (exemplo: Dias, *Positivismo jurídico e a teoria geral do direito na obra de Hans Kelsen*, p. 277, 279, 314). Isso pode gerar confusão em razão do significado valorativo do termo pertinência. Como dissemos, os positivistas realizam o exame interno de pertença da norma ao ordenamento, sem analisar a qualidade da norma (congruência, oportunidade etc.).

7 Definições da validade em Castignone, *Introduzione alla filosofia del diritto*, p. 83-125.

tério para o reconhecimento da validade de uma norma. Ao contrário daquilo que se sustenta,[8] o caráter obrigatório, vinculante, exigível, exequível etc. da norma não é critério para reconhecer a sua validade, mas tão somente consequência da validade. Trata-se de uma relação de causa (validade) e efeito (obrigatoriedade) que nos permite explicar:

(a) por que normas tidas como obrigatórias e efetivamente seguidas (por engano ou por qualquer outra razão) podem não ser válidas;

(b) por que uma norma pode ser válida, ainda que não gere obrigações ou sendo socialmente ineficaz (até a sua derrogação por outra lei ou por costume).

As condições de validade da norma, isto é, as condições de sua entrada e saída do ordenamento são estabelecidas por outras normas do mesmo ordenamento, conhecidas como normas autorizadoras. Podemos, por exemplo, afirmar que são válidas no Brasil as leis federais criadas de acordo com as normas de competência legislativa do Congresso Nacional e do Presidente da República fixadas na Constituição Federal.

As mais importantes condições formais que devem ser respeitadas para que a norma possa pertencer ao ordenamento são as seguintes:

(a) A competência conferida a uma autoridade ou pessoa para criar certa espécie de normas.

(b) O procedimento de edição (tramitação regular, maiorias, prazos, registros, formas de publicidade etc.).

(c) Os limites temporais e espaciais de validade.

(d) As regras que permitem resolver casos de incompatibilidade de conteúdo das normas (antinomias jurídicas).

---

8   Bulygin, *Das Problem der Geltung bei Kelsen*, p. 86-88; Dias, *Positivismo jurídico e a teoria geral do direito na obra de Hans Kelsen*, p. 274-277.

3. Norma Fundamental, Formalismo da Validade e Cláusula Alternativa Tácita

Nessa visão positivista, os requisitos de pertença da norma ao ordenamento jurídico são descritivos e formais, não incluindo considerações sobre a pertinência, a adequação, a justiça ou a oportunidade da norma.[9] Tentando explicar a natureza formal do exame de validade, alguns teóricos afirmam que a norma fundamental é o fundamento da validade das normas inferiores, mas não indica nada em relação ao "conteúdo" das normas vigentes.[10] Isso não convence. Como foi bem observado, o fundamento de validade de uma norma em perspectiva positivista depende de seu conteúdo e do conteúdo da norma superior.[11] Um decreto deve estar em consonância com o conteúdo da lei que pretende operacionalizar. O mesmo cunho material possui o exame de validade quando se examina se o órgão competente ultrapassou os limites de sua competência material, editando, por exemplo, medida provisória em matéria penal, apesar da vedação do art. 62, § 10, I, "a", da Constituição Federal. Por isso não é correto fazer depender a validade só da forma da norma superior.[12]

O mesmo vale para a norma fundamental em relação às normas do primeiro escalão hierárquico. Antes de decidir sobre a validade do conjunto normativo supremo, deve-se verificar se a sua criação e o seu conteúdo estão de acordo com o conteúdo da

---

9   Já dissemos que a obrigatoriedade não é o critério, mas a consequência da validade de uma norma. Mas, ainda que a obrigatoriedade se considere relacionada com a definição da validade da norma, deve ser entendida em seu sentido descritivo (a norma X é válida e obrigatória é uma frase de função igual à constatação que o computador Y é vermelho). Para os positivistas, a afirmação da obrigatoriedade não enuncia um dever moral ou político de obedecer o direito. É um juízo descritivo sobre elementos dotados de normatividade. Por isso não convence a crítica que Bulygin endereça a Kelsen (*Das Problem der Geltung bei Kelsen*, p. 81, 87) por supostamente utilizar o conceito da obrigatoriedade de maneira moralista-normativa.

10 Dias, *Positivismo jurídico e a teoria geral do direito na obra de Hans Kelsen*, p. 252, 260.

11 Gomes, *O fundamento de validade do direito*, p. 227.

12 Gomes, *O fundamento de validade do direito*, p. 227.

norma fundamental. Se, por exemplo, a norma fundamental impõe obedecer a Constituição republicana de 1891, a Constituição do Império de 1824 não será válida, porque destoa do comando normativo da norma fundamental.

A norma fundamental não estabelece muitas condições de conteúdo. Mas inclui tais condições, podendo, por exemplo, exigir que seja obedecida a Constituição aprovada com certa maioria ou aquela que estiver de acordo com os compromissos internacionais do país. Podemos comparar a norma fundamental com a certidão de nascimento que identifica uma pessoa pelo fato de ter nascido em determinada cidade e data, sendo filho de certos pais, com determinado nome, sexo etc. São essas as condições mínimas, pois o cartorário não realiza exame aprofundado da personalidade e da atuação do interessado. Mas mesmo assim examina elementos centrais da nossa identidade, tais como o nome, a filiação e o sexo que não são "formalidades".

Assim sendo, a qualificação da teoria juspositivista da validade como formal só significa que a validade da norma não pode ser avaliada conforme critérios de mérito externos ao ordenamento jurídico.

Aqui surge um problema. Em suas análises sobre a inconstitucionalidade, Kelsen observa que uma Constituição que não prevê o controle de constitucionalidade por órgãos do Executivo ou do Judiciário autoriza tanto a criação de leis com base no procedimento previsto constitucional como com base em um procedimento "indireto" (ou "segunda via") que o Legislativo pode seguir. Seguindo essa alternativa, o Legislativo criará leis válidas, ainda que contrariem a Constituição em termos de procedimento ou de conteúdo.[13]

Isso indica que, para Kelsen, a validade como pertença da norma ao ordenamento depende só da competência formal do órgão, sendo válida mesmo uma norma que contraria manifes-

---

13   Kelsen, *Teoria Pura do Direito*, p. 302-303.

tamente a Constituição. O autor continua dizendo que, mesmo quando está previsto o controle judicial da constitucionalidade, a lei "inconstitucional" continua válida, até que o tribunal estabeleça a inconstitucionalidade mediante decisão constitutiva.

Isso motivou longas discussões sobre a denominada "cláusula alternativa tácita". Prevaleceram as críticas a Kelsen, acusado de equiparar a norma regularmente editada com a irregular, algo que inutilizaria o critério da validade como pertença da norma que satisfaz certos critérios.[14]

Nesse ponto, Kelsen realiza um exame minimalista ou superficial de pertença. Considera suficiente que o órgão que criou a norma seja competente para tanto, sem examinar se respeitou o procedimento previsto, os limites de sua competência etc. É suficiente que o legislador promulgue algo que ele denomina "lei" para que isso tenha validade jurídica enquanto espécie normativa de "lei".

Essa é uma visão típica do realismo jurídico que se nega a ir além da constatação do poder de certa autoridade para impor uma decisão, isto é, não examina se essa decisão está em conformidade com normas superiores. Se essa for realmente a posição de Kelsen, desaba a explicação da dinâmica jurídica na Teoria Pura do Direito. Se, por exemplo, "lei constitucional = lei inconstitucional", a validade enquanto pertença torna-se problema de poder político.

Na verdade, Kelsen supera a visão jus-realista, deixando claro que a Constituição "dá preferência" às leis constitucionais, as únicas que não correm o risco de uma declaração de inconstitucionalidade.[15] Esclarece também que a validade de uma norma depende da concordância da norma inferior "com a norma superior que determina sua criação ou ainda seu conteúdo".[16]

Isso indica que a afirmação de Kelsen que atribui validade à norma inferior criada pela autoridade formalmente competen-

---

14 Bulygin, *Das Problem der Geltung bei Kelsen*, p. 90-91; Tavares; Osmo, *Interpretação jurídica em Hart e Kelsen*, p. 149-153.
15 Kelsen, *Teoria Pura do Direito*, p. 304.
16 Kelsen, *Teoria Pura do Direito*, p. 305.

te, mesmo quando essa norma contraria requisitos de conteúdo impostos por norma superior, acaba se relativizando. Para Kelsen, a norma inferior só pode permanecer no sistema jurídico se estiver em conformidade com as exigências de forma e de conteúdo estabelecidas pela norma superior. Assim sendo, a cláusula alternativa norma indica tão somente uma irregularidade provisória, não afetando a teoria da validade como pertença regular da norma ao sistema.

4. Validade do Ordenamento Jurídico. A Influência dos Fatos Sociais

Enquanto a questão da validade de uma norma se resolve de maneira unívoca, o mesmo não ocorre com a validade do ordenamento jurídico.[17] Entendendo o ordenamento jurídico como sinônimo do direito objetivo, definimos a sua validade como qualidade de um conjunto de normas que objetivam regulamentar a conduta humana, produzem efeitos sociais em determinado espaço e tempo e se impõem como vinculantes mediante um ato do poder prevalecente na prática social.

O ponto de partida é uma pergunta sobre a realidade social. Por que todos os brasileiros, independentemente de suas opiniões políticas, interesses e características sociais, consideram que "vale" no país o ordenamento jurídico encabeçado pela Constituição de 1988 e não, v.g., as mencionadas Ordenações Filipinas? A resposta deve incluir uma consideração sobre a eficácia da mencionada Constituição. Dito de outra forma, o principal problema é a influência da realidade social nessa definição.

Os juspositivistas partem do pressuposto de que o ser não possui relações causais com o dever ser (lei de Hume).[18] Isso sig-

---

17   Sobre os significados do termo cf. Tarello, *Cultura jurídica y política del derecho*, p. 152-179; Luzzati, L'interprete e il legislatore, p. 165-235; Moreso; Vilajosana, *Introducción a la teoría del derecho*, p. 115-117.

18   Cf. Dimoulis, *O positivismo jurídico*, p. 192-195.

nifica que o direito, enquanto ordem normativa da esfera do dever ser, não pode ser deduzido de algo fático, isto é, de elementos que existem no mundo do ser.

Aqui surge um problema definitório. Se o ser social não define o ordenamento jurídico (não sendo possível deduzir o dever ser do ser social) e se, ao mesmo tempo, o juspositivismo negase a aceitar que o direito possa ser deduzido de outros sistemas normativos, como a moral, então o direito parece algo sem fundamento externo. Seria a definição do direito, logo de sua validade, uma tautologia? "Direito é o direito"? *"Law is the law"*, como diz uma bela poesia?[19]

Os mais conhecidos expoentes teóricos dessa tautologia são os adeptos da teoria autopoiética do direito, que consideram questão meramente interna, logo circular, a definição da validade do direito. O direito define sua validade e autodetermina seus conteúdos. Autocria-se e se autorreproduz com elementos por ele definidos. Em seguida se auto-observa e se autodescreve, não sendo possível estabelecer relações causais entre o sistema jurídico e seu "ambiente", isto é, com sistemas que funcionam de forma diferente.[20] "O direito é limite, instrumento e meta dele mesmo."[21]

A justificativa é que, se o sistema jurídico se abrisse ao seu ambiente, adotando elementos e códigos de outros sistemas para poder se comunicar com eles, o sistema seria destruído, pois não seria possível defini-lo como algo diferente do seu ambiente.[22] Luhmann nega que o direito seja determinado por fatos sociais. Con-

---

19   *"Law, says the judge as he looks down his nose,*
      Speaking clearly and most severely,
      Law is as I've told you before,
      Law is as you know I suppose,
      Law is but let me explain it once more,
      Law is The Law".
      W. H. Auden, *Law Like Love.*

20   Luhmann, *Das Recht der Gesellschaft,* p. 38-110.

21   D'Auria, *Política y derecho en Niklas Luhmann y Jürgen Habermas,* p. 138.

22   Luhmann, *Das Recht der Gesellschaft,* p. 45.

sidera a "validade" como símbolo da unidade do sistema jurídico, indicando que certas operações pertencem ao mesmo sistema.[23]

Ora, se a validade for vista como "unidade de sentido" (*Sinneinheit*) que só existe de forma "puramente interna" ao próprio direito,[24] rejeita-se a possibilidade de junção genética entre o direito e seu ambiente social. Isso distancia a teoria autopoiética do positivismo jurídico no que diz respeito à definição da validade.[25] Para evitar a tautologia é necessário encontrar um novo caminho definitório. Os juspositivistas definem o direito com base em elementos empíricos, constatáveis e historicamente mutáveis. Essa definição é conhecida como tese do fato social ou tese social (*social fact thesis* ou *social thesis*).[26] O que possui a capacidade de criar o direito não é a razão humana, alguma força metafísica ou as regularidades e imposições da natureza. São constelações de condutas humanas, iniciativas, lutas e relações de poder que geram fatos sociais configuradores da legislação (*law-determining facts*).[27] Esses fatos sociais se relacionam ao poder político.

Admitindo que o ordenamento jurídico possui um criador que não pode ser o próprio direito (tese do fato social), podem ser consideradas criadoras do direito as seguintes situações reais:

(a) a vontade de quem elaborou as normas com supremo valor hierárquico dentro do ordenamento;

(b) a capacidade de certos indivíduos ou grupos de impor coativamente imperativos legais;

(c) a correlação de forças políticas, cujo resultado foi a imposição de certas normas e sua manutenção em vigor;

(d) o efetivo cumprimento de determinados mandamentos na prática (eficácia social).

---

23 Luhmann, *Das Recht der Gesellschaft*, p. 98-110; Luhmann, *A restituição do décimo segundo camelo, passim.*

24 Luhmann, *Das Recht der Gesellschaft*, p. 101.

25 Sebok, *Legal positivism in american jurisprudence*, p. 162.

26 Raz, *The authority of law*, p. 37; Coleman, *The practice of principle*, p. 151; Schiavello, *Il positivismo giuridico dopo Herbert L. A. Hart*, p. 3.

27 Lyons, *Ethics and the rule of law*, p. 65; Koller, *Theorie des Rechts*, p. 24.

Essas situações reais são fonte, fundamento e causa da validade. Nessa perspectiva, a pergunta sobre o fundamento de validade do ordenamento jurídico em sua totalidade se concentra na determinação das razões normativas de validade das normas que se encontram no topo da pirâmide hierárquica (já que as demais normas terão sua validade deduzida das normas supremas).

Hart considera que a validade decorre de uma regra de reconhecimento (*rule of recognition*)[28] que indica quais comandos devem ser reconhecidos como juridicamente válidos. A identificação das normas supremas em certo ordenamento jurídico se faz mediante recurso a uma regra de segundo nível. A regra de reconhecimento é denominada por Hart "secundária" (*secondary rule*), porque é de segundo grau, indicando quais comandos de primeiro grau estabelecem deveres jurídicos.[29]

Na opinião de Hart, a regra de reconhecimento não está formulada de maneira explícita no âmbito do ordenamento, e nem poderia sê-lo. Deve permanecer externa, pois somente assim será possível identificar a estrutura do ordenamento jurídico. A regra de reconhecimento decorre da conduta dos agentes estatais, dos tribunais e da população em geral.[30] Todos eles reconhecem o direito *hic et nunc* válido, ao considerar que as normas oriundas de certas fontes sociais possuem caráter jurídico – em contraposição a outras que alcançaram ou perderam o reconhecimento social. Dito de outra forma, a regra de reconhecimento hartiana faz depender a validade de práticas sociais que a reconhecem como tal.

Assim sendo, a constatação do conteúdo da regra de reconhecimento é questão empírica, respondida mediante observação e descrição das práticas sociais de cada país e momento. Como diz Hart, a regra de reconhecimento é "assunto fático" (*a matter of fact*).[31]

---

28   Hart, *The concept of law*, p. 94-95, 100-110.
29   Hart, *The concept of law*, p. 94.
30   Hart, *The concept of law*, p. 110.
31   Hart, *The concept of law*, p. 110, 292.

Significa isso que Hart viola o imperativo da separação entre ser e dever ser, considerando decisiva para o reconhecimento da validade a questão empírica da postura e da conduta dos destinatários desse direito?

Kelsen, em diálogo com juristas do início do século XX, procurou evitar a acusação de violar a lei de Hume. Para tanto sugeriu pressupor, de forma hipotética ou imaginária, a existência de uma norma fundamental (*Grundnorm*) que oferece validade às normas jurídicas situadas no topo da pirâmide das fontes do direito vigente. A norma fundamental desempenha duas funções. Primeiro, ordena que todos se conduzam de acordo com as normas positivas supremas do ordenamento. Segundo, considera válidas todas as normas que decorrem da manifestação de vontade do criador das normas supremas.[32]

O tema da norma fundamental é objeto de extensa bibliografia e não será examinado aqui.[33] Mas deve ser observado que Kelsen, apesar de sua preocupação em não fazer depender a validade do ordenamento jurídico de fatos sociais, se vê obrigado a fazer duas concessões à realidade social.

Em primeiro lugar, considera necessário que o direito reconhecido como válido conforme a norma fundamental tenha certo grau de eficácia social. Afirma que só assim o direito vigente se diferencia de ordenamentos jurídicos que vigoraram no passado.[34] A norma fundamental que impõe se conduzir de acordo com a Constituição Federal brasileira de 1988 não é diferente, em sua função, daquela que impunha se conduzir de acordo com as Ordenações Filipinas. Por que hoje vale a primeira e não a segunda norma fundamental? Em razão do grau de eficácia social de cada uma no presente momento no Brasil.

---

32   Kelsen, *Teoria pura do direito*, p. 221-228.
33   Entre a teoria do direito brasileira, cf. Gomes, *O fundamento de validade do direito*, p. 227-289; Matos, *Filosofia do direito e justiça na obra de Hans Kelsen*, p. 58-76; Sgarbi, *Hans Kelsen*, p. 13-29.
34   Kelsen, *Was ist juristischer Positivismus?*, p. 465; Kelsen, *Teoria Pura do Direito*, p. 12.

Em segundo lugar, Kelsen sugere comparar vários sistemas normativos que, eventualmente, coexistam no mesmo período e território. Isso permite diferenciar entre normas jurídicas (válidas) e regras impostas por outros corpos dotados de autoridade e atuando no mesmo território de forma antagônica (organizações criminosas, religiosas, núcleos de poder local, guerrilhas, organizações supranacionais etc.). Para Kelsen, possui validade jurídica o ordenamento dotado do maior grau de eficácia social. Esse atributo é dado ao conjunto de normas que se mostra mais forte de fato, estabelecendo a ordem de coação "mais eficaz", dotada de "eficácia duradoura".[35]

Para não comprometer a pureza jurídica de sua teoria, Kelsen afirma que as referências à realidade social não designam o fundamento de validade do ordenamento jurídico (que seria a norma fundamental).[36] Não é válida a norma obedecida na prática, mas a norma que juridicamente deve ser obedecida (ainda que não o seja).[37] Nessa perspectiva, determinados fatos (*Tatsachen*) devem ser vistos como condição ou pré-requisito de validade (*Bedingung der Geltung*) do direito.[38]

Isso indica que a realidade social é relevante para decidir a questão da validade segundo Kelsen. O autor apresenta duas proposições:

(a) o critério que permite considerar válido o ordenamento jurídico O1 em certo momento e território permite considerar que o ordenamento O2 não é válido no mesmo tempo e território;

(b) a única diferença estrutural entre O1 e O2 é o fato de O1 ser aplicado na prática de um país com certo grau de eficácia social e O2 não possuir a mesma força impositiva.

---

35   Kelsen, *Teoria Pura do Direito*, p. 53.
36   Kelsen, *Reine Rechtslehre*, p. 220.
37   Kelsen, *Hauptprobleme der Staatsrechtslehre*, p. 94, 377.
38   Kelsen, *Was ist juristischer Positivismus?*, p. 465, 467. Cf. Thienel, *Geltung und Wirksamkeit, passim*.

Em razão disso, a validade se relaciona causalmente com o impacto social das normas jurídicas. "Um ordenamento jurídico é considerado como válido se as suas normas são eficazes em geral (*im grossen und ganzen*)."[39] Temos aqui um ponto de encontro entre o ser e o dever ser na Teoria Pura do Direito.[40]

Uma tentativa de intermediação entre as posições de Hart e Kelsen encontra-se em Raz com a teoria da regra jurídica final (*ultimate legal rule*). O autor afirma que o reconhecimento do caráter jurídico de certas normas não decorre da observação da realidade social, isto é, da postura e da conduta das autoridades e dos cidadãos, como sustenta Hart. Decorre da existência de uma norma (regra de dever ser) que impõe esse reconhecimento. Mas, à diferença do caráter hipotético da norma fundamental de Kelsen, Raz considera que essa norma é realmente existente. A observação da realidade social em determinado país e momento, diz Raz, constitui a prova constitutiva (*constitutive proof*) da existência dessa regra. O autor denomina-a *ultimate legal rule*, para diferenciá-la tanto da norma fundamental como da norma de reconhecimento. A diferença entre a *ultimate legal rule* e as demais normas vigentes está no fato de que a primeira não se fundamenta em outras normas legais. Isso é necessário para adquirir o *status* de norma final-última na hierarquia normativa.[41]

Essas considerações indicam que, para os positivistas, é impossível atribuir validade jurídica a certos mandamentos sem referência, pelo menos indireta, a fatos sociais relacionados com a sua eficácia social, isto é, sem que o direito seja, grosso modo, respeitado pelos seus destinatários. Um enunciado sobre a validade do ordenamento jurídico constitui "uma afirmação sobre certos fatos sociais complexos".[42]

---

39   Kelsen, *Reine Rechtslehre*, p. 219.

40   Cf. os comentários e as indicações bibliográficas em Pettoruti, *La validez del derecho*, p. 55-58.

41   Raz, The authority of law, p. 68-69.

42   Navarro, Tensiones conceptuales en el positivismo jurídico, p. 143.

Essa opção foi considerada incoerente, observando que não se pode propugnar pela separação entre o ser e o dever ser e, ao mesmo tempo, introduzir elementos do ser, da realidade e complexidade social na definição da validade jurídica.[43] Como vimos, os juspositivistas são coerentes quando consideram que o ser social não deve influenciar o reconhecimento da validade da norma jurídica (nem a sua interpretação). Eles só se afastam dessa orientação ao definir a validade do sistema jurídico em sua totalidade. Nesse caso, a introdução de elementos fáticos na definição encontra duas justificativas:

(a) A necessidade de evitar a tautologia da autopoiese que parece uma profissão de fé sem possível comprovação.

(b) A referência a fatos não prejudica a descrição do sistema normativo que continua sendo uma sucessão de normas (e/ou decisões), um conjunto de dever ser. A referência a fatos sociais só indica qual conjunto normativo é o socialmente predominante.

Retomando a observação de Kelsen sobre as condições de validade, podemos dizer que a eficácia social permanece externa ao direito. Exatamente como o fato de um ser humano ter a capacidade biológica de emitir sons é uma precondição da fala. Mas essa capacidade biológica não indica se uma pessoa efetivamente poderá falar, se aprenderá certo idioma, se será um interlocutor competente.[44] As respostas a essas questões dependem da história de vida do indivíduo, isto é, de sua socialização e não da capacidade biológica.

Como foi observado, "a eficácia é, pois, *conditio sine qua non* da validade, enquanto a *conditio per quam* dessa validade só pode ser uma norma superior".[45] Dito de outra maneira, "a eficácia é,

---

43   Losano, *Das Verhältnis von Geltung und Wirksamkeit in der Reinen Rechtslehre*, p. 95-96; Tuori, Critical legal positivism, p. 26-27, 124-125; Bulygin, *Das Problem der Geltung bei Kelsen, passim*.

44   Um exemplo semelhante é utilizado por Kelsen. Cf. Gomes, *O fundamento de validade do direito*, p. 205.

45   Gomes, *O fundamento de validade do direito*, p. 206.

portanto, condição necessária, mas não suficiente para a validade do direito".[46] Isso significa que o critério final de validade é o "costume político" que vigora em determinado território e momento[47] e torna um conjunto normativo "direito" e não moral, religião, futurologia ou história.

Uma consequência importante dessa abordagem é a concepção monista do ordenamento jurídico na visão positivista. A norma fundamental pode ter vários conteúdos, reconhecendo normas das mais variadas origem e natureza. Mas não é possível admitir que, ao mesmo tempo e no mesmo espaço, vigorem normas de origem diferente e de igual hierarquia formal. O dualismo que admite a coexistência do direito nacional e do direito internacional não é aceito na perspectiva da teoria da validade com base na norma fundamental, na norma de reconhecimento hartiana ou na norma final raziana. Para os positivistas, nada impede que o direito internacional seja superior ao nacional. Mas isso excluiria o direito do Estado, sendo necessário comprovar que no respectivo território as normas de origem internacional prevalecem sobre as nacionais. Até que isso aconteça, o ordenamento jurídico será monista e nacional.

O mesmo raciocínio exclui o reconhecimento de teorias de pluralismo jurídico que admitam a coexistência de direitos locais, nacionais e de vários "regimes" internacionais em uma fluida e imprevisível relação. Aqui também nada impede que, em uma comunidade, prevaleça o direito local. Mas para tanto devemos comprovar sua eficácia mais duradoura em comparação àquela do direito nacional (ou os respectivos requisitos das teorias de Hart e Raz).

Por fim, para ilustrar a ideia da norma fundamental monista, podemos pensar na fundação de um ordenamento jurídico. Como se estabelece um regime democrático, monárquico ou oli-

---

46   Matos, *Filosofia do direito e justiça na obra de Hans Kelsen*, p. 76.

47   MacCormick, *A moralistic case for a-moralistic law?*, p. 7, considera como fundamento da validade o *political custom*.

gárquico em um país? Decorre da imposição do poder dominante que alcança consenso e se manifesta em situações de ruptura política. No exemplo do Brasil, a instalação da Assembleia Nacional Constituinte de 1987-1988 se deu com base em um ato anterior à elaboração do texto constitucional, as Emendas que deram origem à Assembleia. A vontade do grupo dominante estabeleceu um procedimento e impôs sua vontade. Esse processo político e normativo é resumido por Kelsen com a ideia da norma fundamental que ordena obedecer a Constituição: "O verdadeiro fundamento são normas pressupostas."[48] Dito de outra forma, o elemento-chave é o poder político que impõe o direito. Esse poder conhece mudanças contínuas no tempo em termos de titularidade e de conteúdo. Mas sempre possui a capacidade de criar direito. Só a história e a política dão origem e sentido às disposições legais. Mas tais elementos não influenciam a validade das normas. Sob pena de abdicar da visão juspositivista.

5. Bibliografia

BULYGIN, Eugenio. Das Problem der Geltung bei Kelsen. In: PAULSON, Stanley L.; STOLLEIS, Michael (orgs.). *Hans Kelsen* – Staatsrechtslehrer und Theoretiker des 20. Jahrhunderts. Tübingen: Mohr, 2005, p. 80-95.

CASTIGNONE, Silvana. *Introduzione alla filosofia del diritto*. Roma: Laterza, 2004.

COLEMAN, Jules. *The practice of principle*. In defense of a pragmatist approach to legal theory. Oxford: Oxford University Press, 2003.

D'AURIA, Aníbal. Política y derecho em Niklas Luhmann y Jürgen Habermas. In: D'ÁURIA, Aníbal; VENIER, Carlos. *Derecho y política*. Buenos Aires: La Ley, 2005. p. 133-140.

DIAS, Gabriel Nogueira. *Positivismo jurídico e a teoria geral do direito na obra de Hans Kelsen*. São Paulo: Revista dos Tribunais, 2010.

DIMOULIS, Dimitri. *Positivismo jurídico*. São Paulo: Método, 2006.

GUASTINI, Riccardo. *Il diritto come linguaggio* – Lezioni. Torino: Giappichelli, 2001.

_____. *Das fontes às normas*. São Paulo: Quartier Latin, 2005.

---

48 Kelsen, *Teoria geral do direito e do Estado*, p. 162.

HART, Herbert Lionel Adolphus. *The concept of law*. Oxford: Oxford University Press, 2002.

KELSEN, Hans. Hauptprobleme der Staatsrechtslehre (1911). In: JESTAEDT, Matthias (org.). *Hans Kelsen Werke*. Tübingen: Mohr, 2008, v. 2/1-2, p. 49-878.

_____. *Teoria geral do direito e do Estado* (1945). São Paulo: Martins Fontes, 2000.

_____. *Reine Rechtslehre* (1960). Wien: Österreichische Staatsdruckerei, 1992.

_____. *Teoria Pura do Direito* (1960). São Paulo: Martins Fontes, 2000-a.

_____. Was ist juristischer Positivismus?. *Juristenzeitung*, n° 15-16, p. 465-469, 1965.

KOLLER, Peter. *Theorie des Rechts*. Wien: Böhlau, 1997.

LOSANO, Mario. Das Verhältnis von Geltung und Wirksamkeit in der Reinen Rechtslehre. *Die Reine Rechtslehre in wissenschaftlicher Diskussion*. Wien: Manz, 1982. p. 82-96.

LUHMANN, Niklas. *Das Recht der Gesellschaft*. Frankfurt/M.: Suhrkamp, 1997.

_____. A restituição do décimo segundo camelo. Do sentido de uma análise sociológica do direito. ARNAUD, André-Jean; Lopes Júnior, Dalmir (orgs.). *Niklas Luhmann: do sistema social à sociologia jurídica*. Rio de Janeiro: Lumen Juris, 2004. p. 33-107.

LUZZATI, Claudio. *L'interprete e il legislatore* – Saggio sulla certeza del diritto. Milano: Giuffrè, 1999.

LYONS, David. *Ethics and the rule of law*. Cambridge: Cambridge University Press, 1989.

MACCORMICK, Neil. A moralistic case for a-moralistic law?. *Valparaiso University Law Review*, v. 20, n° 1, p. 1-41, 1985.

MATOS, Andityas Soares de Moura Costa. *Filosofia do direito e justiça na obra de Hans Kelsen*. Belo Horizonte: Del Rey, 2005.

MORESO, José Juan; VILAJOSANA, Josep Maria. *Introducción a la teoría del derecho*. Madrid: Marcial Pons, 2004.

NAVARRO, Pablo. Tensiones conceptuales en el positivismo jurídico. *Doxa*, n° 24, p. 133-163, 2001.

PETTORUTI, Carlos Enrique. *La validez del derecho*. Buenos Aires: La Ley, 2004.

RAZ, Joseph. *The authority of law*. Essays on law and morality. Oxford: Oxford University Press, 1979.

SCHIAVELLO, Aldo. *Il positivismo giuridico dopo Herbert L. A. Hart*. Torino: Giappichelli, 2004.

A Validade do Direito na Perspectiva... | Dimitri Dimoulis e Soraya Lunardi   231

SEBOK, Anthony. *Legal positivism in american jurisprudence*. Cambridge: Cambridge University Press, 1998.

SGARBI, Adrian. *Hans Kelsen*. Rio de Janeiro: Lumen Juris, 2007.

TARELLO, Giovanni. *Cultura jurídica y política del derecho*. México: Fundo de Cultura Económica, 1995.

TAVARES, André Ramos. *Curso de direito constitucional*. São Paulo: Saraiva, 2006.

TAVARES, André Ramos; OSMO, Carla. Interpretação jurídica em Hart e Kelsen. Uma postura (anti)realista?. In: DIMOULIS, Dimitri; DUARTE, Écio Oto (orgs.). *Teoria neoconstitucional do direito* – Superação ou reconstrução do positivismo jurídico?. São Paulo: Método, 2008. p. 129-157.

THIENEL, Rudolf. Geltung und Wirksamkeit. *Untersuchungen zur Reinen Rechtslehre*. Wien: Manz, 1986. p. 20-50.

TRIVISONNO, Alexandre Travessoni Gomes. *O fundamento de validade do direito* – Kant e Kelsen. Belo Horizonte: Mandamentos, 2004.

TUORI, Kaarlo. *Critical legal positivism*. Aldershot: Ashgate, 2002.

Parte III

Ciência, Interpretação, Violência e Política em Kelsen

DO DESAFIO KELSENIANO À RUPTURA ANTICIENTIFICISTA

Fábio Ulhoa Coelho

Sumário: 1. Introdução: sobre o título. **2.** O desafio kelseniano. **3.** A ruptura anticientificista. **4.** Conclusão: o verdadeiro significado da norma jurídica. **5.** Bibliografia.

1. Introdução: Sobre o Título

Não se trata minimamente de referência a uma trajetória, partida de desafio lançado por Kelsen e terminada no romper de certa tradição. Não apenas pela falta de algum distanciamento entre os marcos temporais associáveis aos elos, que se manifestam quase simultâneos,[1] mas principalmente porque estes não se articulam como desdobramento um do outro. Se o desafio kelseniano criou as condições para a ruptura anticientificista, tal implicação da teoria pura certamente não se encontrava entre os objetivos de Kelsen. O movimento sugerido pelo título é puramente didático, destinado a acentuar o ponto central da reflexão nele intentada: a empreitada kelseniana é um fracasso; embora um fracasso frutífero. Fracassou porque não há e não houve, no mundo, nenhum cientista do direito genuinamente kelseniano; frutificou porque, ao esgotar as possibilidades racionais de uma genuína ciência do direito, forçou à teoria epistemológica jurídica o perscrutar de novas perspectivas.

---

[1] Aliás, convém registrar, para acentuar ainda mais a inexistência de uma trajetória, que as principais obras em que se manifesta a ruptura anticientificista foram publicadas antes de Kelsen ter lançado seu desafio, em 1960. Refiro-me aos livros *Topik und Jurisprudenz*, de Theodor Viehweg, publicado em 1953, e *Traité de l'argumentation* – La nouvelle rhetorique, de Chaïm Perelman e Lucie Olbrechts--Tyteca, de 1958.

2. O Desafio Kelseniano

Na segunda edição alemã do *Reine Rechtslehre*, de 1960, introduziu-se, entre reelaborações e aperfeiçoamentos significativos, o capítulo relativo à hermenêutica.[2] Após extremar a interpretação autêntica da não autêntica, e, nesta última, localizar a realizada pela ciência do direito (cognoscitiva), apresenta Kelsen sua conhecida imagem da moldura de significados associada a cada norma jurídica. Intencionalmente ou não, a autoridade competente para editar a norma jurídica sempre reserva uma margem para a atribuição de sentidos vários à prescrição. A interpretação não autêntica cognoscitiva, partindo das decisões proferidas pelas autoridades judiciárias competentes para a aplicação da norma jurídica, identifica os sentidos conferidos à prescrição. Agrega-lhes, então, sentidos outros que considera pertinentes, se os engendrar, mas não descuida da eventualidade de novo sentido que decorra de futuras decisões judiciais, circunstância que a obrigará a ampliar a moldura de significados. A interpretação autêntica não se baliza pela não autêntica; esta última, quando cognoscitiva, ao revés, deve constantemente amoldar-se àquela.

O cientista do direito não pode ir além da elaboração de listas de interpretações associáveis a cada norma jurídica. Desrespeitaria o método, ignoraria os limites do objeto, se hierarquizasse minimamente as interpretações listadas. É, por tudo, incompatível com a teoria pura do direito a noção de maior ou menor proximidade dessas interpretações ao *verdadeiro* sentido da norma – até mesmo por não reconhecer nele senão uma *ficção*. Ao tentar compreender as razões que levaram certo julgador a conferir a interpretação que conferiu à prescrição normativa que aplicava, o cientista do direito extrapola os limites rigidamente impostos pelos cortes epistemológico e axiológico. Deve bastar--lhe que aquela interpretação foi dada à norma jurídica, por mais estranha que lhe pareça a associação. Se esta resultou de corrup-

---

2   Kelsen, *Teoria Pura do Direito*, p. 463-473.

ção, problemas psicológicos, deficiência técnico-jurídica ou da implementação dos valores éticos ou políticos próprios do juiz, trata-se de matéria afeta a outras ciências ou de mera postulação ideológica. Também no plano das normas individuais, deve o sujeito cognoscente, se pretende fazer uma ciência do direito nos padrões kelsenianos, observar estritamente o princípio metodológico fundamental.

Não seria atitude kelseniana respeitar o princípio metodológico fundamental no estudo das normas gerais, imprimindo à realidade correspondente à sua edição os cortes epistemológico e axiológico, mas ignorá-lo no das individuais. Se duas autoridades competentes para a aplicação da mesma norma jurídica interpretam-na de modo diverso, à ciência do direito – uma vez tornadas definitivas as decisões, pelo modo previsto na ordem jurídica respectiva – não resta senão considerar como interpretações igualmente pertinentes da prescrição em foco as emanadas de cada uma delas. Para cumprir sua função constitutiva do sistema jurídico, a ciência do direito recolherá as muitas normas (gerais e individuais) baixadas, sem necessária congruência lógica, pelas autoridades competentes segundo certa ordem jurídica estatal, para, em seguida, conferir-lhes esta congruência, mediante determinados procedimentos "impostos" pelo método científico kelseniano. Entre esses procedimentos, está o de se limitar o cientista à simples *listagem* das interpretações associáveis a cada norma jurídica recolhida e tornada repertório do sistema pela ciência do direito.

Vasculhando as obras dos doutrinadores, não se encontra nenhuma rigorosamente kelseniana. Desconhece-se qualquer texto doutrinário reduzido à apresentação do elenco de interpretações possíveis da norma jurídica em estudo, em que se abstém o autor de apontar entre elas a mais pertinente, por qualquer critério. Assim não procedem até mesmo os autores que se afirmam kelsenianos ou simplesmente manifestam sua simpatia à teoria pura do direito, entre os quais figuram destacados nomes do direito, de argúcia, lucidez e competência incontestáveis.[3] Nenhum deles renuncia, como meio incontornável para ver ciência em sua elaboração doutrinária, à indicação do *verdadeiro* significado das normas jurídicas abordadas.

Mas a questão a enfrentar, nesse passo, diz respeito à pertinência do aproveitamento parcial da teoria pura. Se a premissa eleita consiste em realizar os cortes epistemológico e axiológico, a conclusão logicamente congruente não pode ser outra senão admitir-se a impossibilidade de a ciência do direito identificar a *verdadeira* interpretação da norma jurídica. Graças ao extremo rigor lógico com que se conduz Kelsen, adotá-lo pela metade é não o adotar.[4] De duas uma, portanto: ou se contenta o doutrinador

---

3   O grande tributarista Roque Carrazza, sem dúvida um dos mais percucientes juristas brasileiros, em obra clássica da literatura jurídica nacional, anotou: "Neste *curso* analisamos os grandes princípios constitucionais que disciplinam o exercício das competências tributárias das pessoas políticas (União, Estados, Municípios e Distrito Federal). Nele, evitamos fazer a crítica das normas jurídicas em vigor, bem assim, apresentar propostas de como o assunto deveria por elas ser tratado. Sem menoscabo pela valida destes enfoques, situamo-nos – na trilha de Kelsen – num plano estritamente técnico-jurídico, compreendendo e fazendo a exegese de nosso direito positivo, no que atina com a tributação." E, em nota de rodapé: "embora adeptos de Hans Kelsen, queremos, desde logo, consignar que neste trabalho, não levamos sua teoria às últimas consequências. Tanto é assim que, em mais de uma passagem, admitidos: *a*) a existência do *direito subjetivo*; *b*) a distinção entre *nulidade* e *anulabilidade*; *c*) a *inconstitucionalidade* de normas jurídicas; *d*) a *função axiológica* dos princípios jurídicos no sistema do Direito; e *e*) que só a *interpretação sistemática* é válida" (Carrazza, *Curso de Direito Constitucional Tributário*, p. 17). Trata-se de exemplo de extraordinário estudioso do direito, com produção marcada pela excelência, que, malgrado a confessada admiração por Kelsen, não o acompanha às últimas consequências do princípio metodológico fundamental.

4   Referi-me já a essa dissociação socorrendo-me da imagem de *dois Kelsens*: "o da primeira página do *Teoria Pura do Direito*, que todos conhecem, muitos leram e alguns adotam como lição definitiva para a ciência jurídica, e o do restante de sua obra, em que conduziu, com rigor inusual, às últimas consequências o seu primado metodológico. No segundo Kelsen, encontram-se afirmações difíceis de se sustentar, mas absolutamente compatíveis com os fundamentos de sua teoria pura, como por exemplo a inexistência de leis inconstitucionais ou decisões ilegais, a efetividade como condição de validade, a multiplicidade de significados válidos das normas jurídicas etc." (Coelho, *Para entender Kelsen*, p. IX).

em enumerar todas as interpretações associáveis a cada norma jurídica, sem hierarquizá-las, ou não faz a ciência do direito que Kelsen propõe. Não existindo exemplo de quem tenha abraçado a primeira via, em todo o seu rigor, forçoso é concluir que ninguém faz a ciência do direito nos moldes da teoria kelseniana. Não há kelsenianos.

Não há kelsenianos porque algo como uma ciência do direito, tal como proposta por Kelsen, seria de utilidade nenhuma. Impedida pelo princípio metodológico fundamental de investigar, entre os sentidos acomodados na moldura, qual deles se aproxima mais do que tinha em mente o redator da norma jurídica, ou mesmo a autoridade competente que a aprovou e editou, a ciência do direito kelseniana não consegue mostrar sua serventia.

Não cabe descartar certa frustração aflorada no ponto de chegada da teoria pura, que pode ter assaltado o espírito até mesmo do próprio Kelsen. Após ingente promessa de construção da ciência do direito, alicerçada nos cortes do princípio metodológico fundamental – que a tantos entusiasmam –, e percorridos, a duras penas, os rincões mais recônditos e intrincados da teoria do direito, o leitor aporta na conclusão de que a mínima hierarquização na lista de interpretações associáveis à norma jurídica importaria a descaracterização do conhecimento como científico. Kelsen, no encerramento do capítulo da hermenêutica, aparentemente ensaiando uma resposta a esta frustração, afirma que a ciência do direito teria o *efeito prático* de possibilitar à autoridade legisladora perceber a indesejada distância entre o resultado do seu trabalho e o ideal de segurança jurídica representado pelo maior grau possível de univocidade nas palavras empregadas na redação da norma.

Coerentemente com a afirmação da relativa margem de imprecisão de qualquer norma jurídica, Kelsen não sustenta, como efeito prático da ciência do direito, a futura supressão da moldura de significados e a superação da *ficção* do significado unívoco, a partir de hipotético aperfeiçoamento do trabalho das autoridades competentes alertadas pela desconfortável extensão das listas de interpretações bordadas pelos cientistas do direito. Admite, não sem hesitação, algum efeito por assim dizer pedagógico, que convenceria o legislador a se dedicar com mais afinco à redação dos preceitos normativos, para que, em nome da segurança jurídica, fosse o menos extensa possível a moldura de significados das normas que vier a editar. A moldura de significados poderia ser menor, mas não deixaria de existir.

É, contudo, difícil conciliar, no plano do rigor lógico, de um lado, a inevitável margem de relativa imprecisão das normas jurídicas e, de outro, o aludido efeito prático da ciência do direito. Por mais esforçado que seja o legislador e por mais que labore na direção de prevenir equívocos em maior número relativamente àquela intelecção do texto que desejava ver prestigiada nas decisões judiciais que aplicam a norma por ele redigida, a interpretação autêntica dos Tribunais sempre poderia frustrar o mais decidido empenho da autoridade editora. Uma vez mais, a ciência do direito que apenas lista interpretações não passaria de um conjunto inútil de conhecimentos, incapaz até mesmo de produzir o efeito prático com que Kelsen aparenta pretender consolar os frustrados pelos resultados finais da teoria pura.

Em sua hermenêutica, Kelsen lançou um sério desafio à epistemologia jurídica.[5] Se não há algo assim como uma *verdade hermenêutica*, ou seja, a definição metódica e racional do significado *verdadeiro* da norma jurídica, aquele que o editor da norma

---

5   A feliz expressão é de Tércio Sampaio Ferraz Jr.: "(...) para Kelsen, é possível denunciar, de um ângulo filosófico (zetético), os limites da hermenêutica, mas não é possível fundar uma teoria dogmática da interpretação. Com isso, porém, Kelsen frustra um dos objetivos fundamentais do saber dogmático, desde que ele foi configurado como um conhecimento racional do direito. Ainda que lhe atribuamos um caráter de tecnologia, de saber tecnológico, a sua produção teórica fica sem fundamento, aparecendo como mero arbítrio. Não teria, pois, realmente, nenhum valor racional procurar um fundamento teórico para a atividade metódica da doutrina, quando esta busca e atinge o sentido unívoco das palavras da lei? Seria um contrassenso falar em *verdade* hermenêutica? Enfrentar esta questão constitui o que chamaríamos, então, de o *desafio kelseniano*" (Ferraz Júnior, *Introdução ao Estudo do Direito* – Técnica, Decisão, Dominação, p. 238-239).

pretendeu reter (apreender) ao redigi-la, que estatuto tem afinal a ciência do direito, a doutrina? Qual a sua serventia? Esse desafio criou as condições para a ruptura anticientificista. Se a despeito de todo o rigor lógico empregado na construção da teoria pura mostra-se pífio o resultado, talvez a epistemologia jurídica devesse voltar a atenção para alternativas até então não exploradas – o questionamento do próprio estatuto científico da doutrina. Se Kelsen está certo quanto à inexistência de uma *verdadeira* interpretação da norma jurídica, provavelmente o conhecimento dos sentidos agregáveis às prescrições normativas não possa mesmo ter a natureza de uma ciência.

Até a ruptura anticientificista, a filosofia do direito dedicou-se a discutir o método que o estudioso das normas regentes da vida em sociedade deveria adotar para que o seu conhecimento pudesse ser classificado como científico. A epistemologia jurídica tinha, então, nítido caráter *normativo*, no sentido de que fixava pautas para serem obrigatoriamente observadas pelos estudiosos do direito, caso pretendessem construir um conhecimento científico de seu objeto. Kelsen é, sem dúvida, o filósofo do direito que melhor representa esta tradição;[6] aquele que, pelos extraordinários méritos de sua teoria pura, levou-a ao extremo e, por isso mesmo, a exauriu. Na ruptura anticientificista, a epistemologia jurídica revela-se *descritiva*: não prescreve método aos doutrinadores, para que o conhecimento deles alcance o estatuto de científico, mas simplesmente estuda o que eles de fato fazem.

---

6   Outros filósofos do direito também se preocuparam em ditar regras para os doutrinadores, estabelecendo padrões a partir dos quais a doutrina poderia alçar o estatuto de ciência. Podem ser incluídos nessa tradição o realismo escandinavo de Alf Ross, a teoria jurídica marxista de Pasukanis e, em certo sentido, a análise econômica do direito inaugurada por Coase. Cada qual à sua maneira (o conhecimento jurídico como cálculo estatístico da probabilidade de certa decisão; como investigador dos condicionantes infraestruturais das normas jurídicas; a busca da eficiência), deitam olhos críticos na doutrina como ela é e prescrevem como deveria passar a ser.

3. A Ruptura Anticientificista

A ruptura anticientificista consiste no aparecimento de elaborações, no bojo da filosofia do direito, que se afastam da tradição da epistemologia normativa; negam-na enquanto procuram descrever como tem sido a doutrina, ao invés de prescreverem certo método visando conferir-lhe cientificidade. Não se cuida, rigorosamente falando, portanto, do rompimento radical da tradição cientificista no tocante ao conhecimento jurídico, embora se possa (e se deva) chegar a esse extremo; mas do de uma tradição atinente a certo tipo de ciência. Seria, talvez, antes, uma ruptura antipositivista, não fosse a expressão "positivismo" prestar-se a inúmeros desentendimentos, não somente no âmbito da filosofia do direito.[7]

A preferência pela expressão "anticientificista", na identificação da ruptura em resposta ao desafio kelseniano deve, assim, ser aclarada. A palavra "ciência" não é unívoca, servindo, por vezes, à identificação de qualquer conhecimento racional, metódico. Neste sentido amplo, não caberia falar mesmo em nada como uma ruptura *anticientificista*, já que a doutrina jurídica nunca deixa de se apresentar como um discurso racional e metódico, que realmente é. Quando se fala numa tal ruptura, tem-se em mira um conceito bem mais restrito de ciência, considerada o conjunto de enunciados *tendentes* à descrição fiel de seu objeto – isto é, enunciados que podem ser verdadeiros ou falsos. Para não nos perdermos nas ar-

---

7 Para Wolfgang Stegmüller: "O empirismo moderno e a filosofia analítica foram, às vezes, designados também como 'positivismo lógico'. O termo 'positivismo' procede do tempo do antigo positivismo imanente (E. Mach e seus seguidores), segundo o qual a função científica consiste na *descrição mais exata possível do que é dado imediatamente*. A maioria dos empiristas atuais considera tão inclaro este conceito do dado ou algo eivado de tantas aporias até agora não solucionadas que rejeitam como inútil. Consequentemente, o termo 'positivismo' já não pode mais ser aplicado para esta corrente. A única corrente filosófica, na qual o conceito do dado ainda constitui um conceito central, é a filosofia fenomenológica. *Assim, os fenomenólogos seriam os únicos 'positivistas' atuais.* Mas, como este uso do termo 'positivismo' seria muito equívoco, é melhor não empregá-lo mais" (Stegmüller, *A Filosofia Contemporânea*, p. 20).

madilhas da pluralidade de significados do termo "ciência", certa precisão conceitual é indispensável. Em especial porque, curiosamente, mesmo alguns dos autores que impulsionam a ruptura anticientificista acabam classificando a doutrina jurídica como uma espécie de ciência. Quando Theodor Viehweg fala em "cientificação da técnica jurídica"[8] ou Tércio Sampaio Ferraz Jr. usa a expressão "ciência dogmática",[9] estão cuidando de algo substancialmente diverso da "ciência do direito" de Kelsen ou de outros teóricos da epistemologia jurídica normativa. Viehweg, ao apontar as dificuldades de sistematização lógica da matéria jurídica em razão do constante irromper da tópica, reputa à doutrina um "estilo"; Tércio destaca que a ciência dogmática passou a cumprir, com a positivação, funções típicas de uma "tecnologia". Fundamentalmente, portanto, estão estes autores mostrando como a doutrina tem sido e não indicando como deveria ser; e é exatamente nesta radical alteração de rumos da epistemologia jurídica que se manifesta a ruptura anticientificista, mesmo para os autores que continuam tratando o saber doutrinário como um tipo particular de ciência.

A ruptura anticientificista se aparta do preconceito de que o saber doutrinário perderia confiabilidade não podendo ser construído positivamente científico. Se este saber for um agregado de enunciados cuja veracidade ou falsidade simplesmente não pode ser afirmada, teme-se o risco do arbitrário, como se não houvesse nenhum outro instrumento de controle de sua pertinência. A utilidade do saber doutrinário, na tradição da epistemologia jurídica normativa, depende de sua compreensão como uma ciência; no contexto da epistemologia jurídica descritiva, mesmo diante da impossibilidade da afirmação da veracidade ou falsidade dos enunciados doutrinários, ainda não nos embrenhamos pelos caminhos tortuosos do arbitrário. Como esses enunciados são valoráveis a partir de outros vetores (justiça, eficiência econômica, redução de

---

8   Viehweg, *Topica e Giurisprudenza*, p. 95-108.
9   Viehweg, *Topica e Giurisprudenza*, p. 84-92.

conflitos de classe etc.), pode-se identificar neles maior ou menor consistência, ou até mesmo inconsistência, retórica; e, partindo disto, eleger os enunciados doutrinários pertinentes e descartar os impertinentes. A doutrina, assim, mostra-se *fundamentalmente* uma tecnologia (conhecimento de meios mais ou menos apropriados para consecução de fins externos a ele), e não uma ciência.[10]

O ponto nuclear para a ruptura anticientificista está na recuperação da *dignidade* do argumento retórico. É instigante como algumas ideias, embora importantes quando irrompem na filosofia, acabam por esmaecer e chegam até o completo desaparecimento, para, após séculos, ressurgirem vigorosas e renovadas, em contexto histórico substancialmente diverso. Esse é, entre outros, o caso da noção aristotélica de *dialética*, cujas exatas implicações foram pouco a pouco ignoradas ao longo da trajetória da filosofia ocidental. De fato, embora tenha, no pensamento de Aristóteles, tanta importância quanto os silogismos analíticos, essa noção não mereceu, e não tem merecido, igual atenção dos filósofos. Os

---

10 "(...) o objetivo a que se propõe o sujeito cognoscente que se debruça sobre a norma jurídica define o caráter do conhecimento a ser produzido. Se ele pretende explicitar as razões pelas quais a sociedade, em determinada época de sua história, criou certas normas jurídicas e não outras, o seu trabalho mental terá a natureza científica. Já, se o objetivo é pesquisar as decisões jurídicas que a norma possibilita, o seu conhecimento terá caráter tecnológico. No primeiro caso, ele deverá levar em conta a alternativa verdadeiro e falso; no segundo, essa alternativa não tem sentido. A indagação que tende a revelar as razões da produção normativa conduz o sujeito cognoscente a um empreendimento científico, enquanto a indagação acerca do significado apenas da mesma norma leva-o a um empreendimento tecnológico. Entre um e outro nível, não há hierarquia ou oposição, posto que há diferentes objetivos a alcançar. (...) A doutrina presentemente produzida possui elementos intermeados de ciência e tecnologia jurídica. É comum mencionar-se, na introdução da análise de um instituto ou de um conjunto de normas, um rápido comentário sobre a sua origem ou inserção no complexo social. Cuida-se de um momento em que os autores tentam esboçar uma explicação – embora nem sempre com o rigor que o método científico pressupõe – sobre a gênese das normas interpretandas. Fazem um conhecimento científico, apesar da irresponsabilidade metodológica geralmente verificada. A doutrina comporta, de fato, algumas poucas passagens científicas, mas é, no entanto, predominantemente tecnológica" (Coelho, *Direito e poder*, p. 17, 22).

dois modos básicos de raciocinar propostos pelo grande pensador da Antiguidade – isto é, por demonstração analítica ou por argumentação dialética – não foram desenvolvidos, explorados ou sequer considerados, na mesma medida.

No quinto capítulo do *Organon*, reuniram-se os escritos de Aristóteles dedicados a uma específica forma de raciocínio, que parte de premissas meramente prováveis. O capítulo denominou-se *Tópicos*, e, logo na introdução, é estabelecido o paralelo entre o silogismo analítico e o dialético.[11] O primeiro se traduz numa demonstração fundada em proposições evidentes, que conduz o pensamento à conclusão verdadeira, sobre cujo estudo se alicerça a lógica formal; o outro se expressa por argumentos sobre enunciados prováveis, dos quais se poderiam extrair conclusões apenas verossímeis, representando uma forma diversa de raciocinar. Evidentes, para Aristóteles, são as proposições que por si mesmas garantem a própria certeza, ao passo que prováveis são as que enunciam *opiniões* aceitas por todos, pela maioria ou pelos sábios – em especial, entre esses últimos, pelos "mais notáveis e ilustres".

Não há, no pensamento aristotélico, qualquer sugestão de hierarquia entre essas duas maneiras de raciocinar: elas não se excluem mutuamente, não se sobrepõem, não substituem uma à outra.

Perdeu-se, na evolução do pensamento filosófico, a equiparação, na importância, dos raciocínios analítico e dialético. Relegada ao plano dos sofismas, identificada às técnicas rasteiras de persuasão sem compromisso ético, aos discursos vazios de oradores hábeis em convencer auditórios, quaisquer que fossem as teses, a dialética aristotélica não alcançou o estatuto de seriedade e consistência concedido à sua irmã, a analítica. A filosofia ocidental deu

---

11   "O silogismo é um argumento em que, dadas certas proposições, algo distinto delas resulta necessariamente, pela simples presença das proposições aduzidas. O silogismo é uma demonstração quando parte de premissas evidentes e primeiras, ou de premissas tais que o conhecimento que delas temos radica nas premissas primeiras e evidentes. É dialético o silogismo que conclui a partir de premissas prováveis" (Aristóteles, *Organon*, p. 9-10).

relevância aos métodos do conhecimento, o quanto possível rigoroso, da verdade, coisa que decididamente a dialética nunca foi. A própria expressão "dialética" sequer conservou seu sentido original. Em Hegel, no século XIX, o termo se reporta às contradições inerentes ao movimento de negação interna em que se manifesta o Espírito. Já nos quadrantes da inversão marxista, refere-se aos movimentos da realidade histórica, externa ao pensamento. De qualquer modo, perdida a noção aristotélica, aproveita-se a expressão para conceitos filosóficos diversos.

O conhecimento acerca dos processos comunicacionais, que mais tarde passamos a chamar de "persuasão" ou "convencimento" – nascidos com os sofistas, a partir das necessidades práticas de discussão e deliberação política no seio da organização democrática grega –, a despeito do refinamento aristotélico, passa a ser considerado um saber menor e é desprezado pela tradição filosófica.[12] Ao ser, no entanto, tomado por mera técnica a serviço de interesses mesquinhos, o raciocínio dialético, tal como formulado por Aristóteles, é vítima de uma grande injustiça. Ele, rigorosamente falando, não se reduz a expedientes retóricos guiados exclusivamente pelo objetivo de vitória nos embates políticos ou forenses, acusação que costuma pesar contra os sofistas. O raciocínio dialético, já nos *Tópicos*, é distinguido com clareza do chamado silogismo erístico, alicerçado em premissas apenas aparentemente prováveis.[13] Quer dizer, ao tomar como objeto de sua preocupação filosófica o estudo da maneira específica de raciocinar por argumentos, Aristóteles não pretendeu que qualquer encadeamento entre proposições que

---

12   Neste passo, é difícil não lembrar a genealogia dos saberes de Michel Foucault (cf. Foucault, *Microfísica do poder*, p. 171 e segs.).

13   "Erístico é o silogismo que assenta em opiniões que, na aparência prováveis, na realidade não são, e também o silogismo que só na aparência conclui a partir de opiniões prováveis, ou de aparência provável. Nem tudo o que parece provável é provável, pois nada do que se considera provável apresenta à primeira vista uma garantia de falsidade, como se verifica com os princípios erísticos, porque nestes a falácia é de imediata revelação, e isto a maior parte das vezes, mesmo para os espíritos dotados de medíocre entendimento" (Foucault, *Microfísica do poder*, p. 10).

desrespeitasse os postulados da demonstração analítica, pudesse, tão somente pela força das habilidades retóricas de quem o sustenta, alcançar o estatuto de argumentação dialética. Em outros termos, a preocupação do pensamento filosófico no sentido de não legitimar todas e quaisquer manifestações do intelecto humano – mas apenas as resultantes de determinado método, que possibilite o controle de sua pertinência – também estava, de algum modo, presente na reflexão aristotélica.

Vinte e três séculos depois, no curso dos quais se acentuou a supremacia do raciocínio analítico, a ponto de se relegar ao quase completo esquecimento a formulação aristotélica do raciocínio dialético, Chaïm Perelman resgata a dignidade deste, ao propor sua *nova retórica*.[14] Diante da impossibilidade de a lógica formal considerar a valoração do juiz na aplicação do direito, três saídas se avizinharam: descartar a questão como objeto (na linha de Kelsen), situar a aplicação do direito no campo do irracional ou pesquisar uma lógica específica dos julgamentos de valor. Perelman enveredou por esta última, buscando entender os meandros pelos quais os valores se introduzem no processo de subsunção de fatos a normas gerais.[15] A nova retórica perelmaniana enseja possibilidades inéditas para a teoria do conhecimento jurídico, uma vez que estabelece a ligação entre a aplicação de normas e o raciocínio dialético, em sua formulação aristotélica.[16] O pres-

---

14   Perelman, *Méthodes du droit* – Logique juridique: nouvelle rhetorique, p. 67 e segs. Ver, também, Perelman; Oldbrechts-Tyteca, *Traité de L'argumentation, passim*.

15   Esta preocupação é típica de sua geração, como se percebe dos trabalhos de Recaséns Siches, em busca da *lógica do razoável* (Siches, *Nueva filosofia de la interpretación del derecho*) ou de Miguel Reale, em sua *teoria tridimensional do direito* (Reale, *Fundamentos do direito*).

16   "Não basta, convém ressaltar, eleger como objeto de reflexão o argumento jurídico para inserir-se o teórico do direito no movimento de ruptura anticientificista. É o caso, por exemplo, de Robert Alexy. Visando discernir como os julgamentos – mesmo os que não seguem logicamente as formulações de normas jurídicas válidas aplicáveis – podem ser justificados, constrói uma *teoria geral do discurso racional prático*, que, a rigor, se resume a vinte e duas regras, organizadas em cinco grupos. Reintroduz, desta maneira, uma postura característica da epistemologia normati-

suposto de tal liame é a negação da existência de algo como a verdadeira interpretação da norma jurídica. As premissas da argumentação jurídica não são evidentes, mas resultam de um acordo entre quem argumenta e seu auditório: são as *opiniões* de que falava Aristóteles. O saber fundado em tais premissas pode ser verossímil, ou não, mas nunca será verdadeiro ou falso. Não se ocupa o conhecimento jurídico de qual seria a decisão judicial verdadeiramente derivada de uma norma geral, com exclusão de todas as outras, as falsamente derivadas; ocupa-se, isto sim, dos meios de sustentar determinada decisão como sendo mais justa, equitativa, razoável, oportuna ou conforme o direito do que outras tantas decisões igualmente cabíveis.

De há muito, a ciência não é mais abordada, na filosofia do conhecimento, por vieses positivistas, que – a exemplo do de Kelsen, diga-se de passagem – só classificam como científicos os enunciados que, em decorrência do método empregado pelo sujeito cognoscente, almejam alto grau de irrefutabilidade. A rigor, também podem ser científicos os enunciados compartilhados pela maioria dos especialistas, convencidos pelos argumentos expendidos por um deles. A natureza retórica desses enunciados não lhes retira o caráter de científicos *desde que*, por meios próprios a cada ramo do saber, possam os especialistas construir razoável consenso acerca de sua veracidade ou falsidade. Os enunciados da doutrina jurídica não se prestam a essa construção de consenso. Ainda quando uma norma desperta unânime interpretação na comunidade jurídica, isto não se dá por sua "veracidade", de resto insuscetível de verificação, presente ou futura; mas, em razão da extraordinária força retórica do argumento que a sustenta, a afastar (pelo menos, por certo tempo) qualquer outra interpretação.

---

va, de estabelecer padrões a serem observados na elaboração do discurso jurídico (um caso especial do discurso prático geral), inclusive pela dogmática, cuja natureza científica afirma sem maiores digressões" (Alexy, *Teoria da argumentação jurídica*, p. 189-200, 241-258).

4. Conclusão: O Verdadeiro Significado da Norma Jurídica

Definir o *verdadeiro* significado de uma norma jurídica é necessário para compreender-se como o desafio kelseniano despertou a ruptura anticientificista. Não se perca de vista, porém, que tanto Kelsen como os jusfilósofos que romperam a tradição da epistemologia jurídica normativa recusam a possibilidade de se conhecer o verdadeiro significado de uma norma jurídica em particular. Importa, contudo, definir o que seja isto, até mesmo para se compreender esta refutação comum, bem como as diferenças entre as duas abordagens. Afinal, do que estão falando quando afirmam a inacessibilidade desta interpretação fiel ao sentido da norma jurídica?

A norma se expressa por meio de um texto – ou da articulação de textos esparsos abrigados numa mesma ordem jurídica, se admitida qualquer distinção kelseniana entre norma primária e secundária. De qualquer forma, de um texto que foi redigido por alguém, um homem ou mulher adulto. Não me refiro necessariamente à autoridade competente para editar a norma jurídica, que, na grande maioria das vezes, não é o redator do texto. O deputado ou senador incumbido da relatoria do projeto de lei eventualmente redige uma ou outra disposição de maior relevância política, mas o mais comum é que da tarefa se desincumba um assessor parlamentar ou, no caso de propositura de iniciativa do Chefe do Poder Executivo, um funcionário da administração do Estado. Em casos que reclamam maior apuro técnico, como o de um Código ou leis sobre assuntos de extrema complexidade, um anteprojeto é redigido por juristas.

O redator do texto destinado a tornar-se norma jurídica, caso baixado pela autoridade competente, tem evidentemente um sentido em mente quando aglutina as palavras no dispositivo. É o sentido que ele pretende seja compartilhado por todos quantos, no futuro, venham a ler o texto. É o sentido que ele deseja ver prestigiado nas decisões judiciais de aplicação da norma. Se isto irá acontecer realmente, em certa medida, ou não, é uma questão diversa. Interessa, por enquanto, assumir como evidente que o redator do texto cuja vocação é se tornar, caso aprovado segundo o procedimento previsto na correspondente ordem, uma norma jurídica, tem em mente um determinado sentido.

Não se ignore a complexidade do processo legislativo atual. Muitas mãos interferem na redação da lei. Nem todos os colaboradores do texto da norma finalmente aprovada têm percuciência suficiente para não comprometerem a eventual congruência originária da redação. Além disso, não são incomuns redações propositadamente mal acabadas, como tentativa de conciliar interesses políticos conflitantes. Muitos, neste caso, de algum modo, se consideram atendidos, a partir das leituras específicas que fazem de um texto conscientemente aberto a várias interpretações. Mesmo, contudo, nesse cenário altamente complexo, sempre haverá alguém redigindo o texto do que virá a ser a norma jurídica, com determinado significado em mente. Defino este como o *verdadeiro* significado da norma.

A secular distinção entre a intenção do legislador e o texto do preceito positivado, e a consensual predominância deste em detrimento daquela, indica a primeira dificuldade de a doutrina alcançar o verdadeiro significado da norma jurídica. Se a autoridade quis dizer algo, mas disse diferente, o que vale como direito posto é o que foi dito e não o que se pretendeu dizer. Isto implica que outra pessoa, que não o redator da norma, irá definir o conteúdo dela. Assim, significados não antevistos pelo redator podem ser despertados pela leitura do texto. O significado *imediato* (isto é, não mediado por nenhum esforço argumentativo) da norma jurídica pode, assim, não coincidir com o significado *verdadeiro*.

Além dessa, a dificuldade de acessibilidade ao verdadeiro significado da norma jurídica pode resultar de esforços argumentativos cujo objetivo é agregar-lhe um significado diverso do imediato. São esforços, não tão incomuns, voltados à sustentação de uma tese, à defesa de uma causa. Quem lê o texto não está despido de outra intenção além da identificação do seu significado verdadeiro, ou mesmo do imediato; já tem, de antemão, um objetivo a perseguir, o de argumentar que a norma dita apenas e exatamente o interessante à sua causa. Esta construção, por via de exegese, de um significado mediato da norma jurídica não se alberga – como poderia parecer à primeira vista – exclusivamente nos arrazoados forenses, mas também nas elaborações doutrinárias.

No contexto da hermenêutica kelseniana, não há sentido algum nessas precisões aqui propostas entre os significados verdadeiro, imediato e mediato da norma jurídica. Há nelas uma ostensiva hierarquização de interpretações, com a qual a ciência do direito kelseniana está decididamente "proibida" de concordar. A verdadeira interpretação da norma jurídica é inalcançável pelo cientista kelseniano exatamente porque o método, produto de uma epistemologia de normas, "não permite" esse passo, a hierarquização das interpretações. A ruptura anticientificista mostra o reverso da medalha. A doutrina jurídica nunca alcança o verdadeiro significado da norma jurídica exatamente por hierarquizar e re-hierarquizar as interpretações, muitas vezes com o indisfarçado objetivo de privilegiar a de sentido mediato que dá sustento a certa causa. Nos dois casos, o verdadeiro significado da norma jurídica, a rigor, se mostra irrelevante: para a teoria pura, porque todos os significados associáveis pelos cientistas, de um lado, e os associados pelos juízes, de outro, têm igual importância; nos quadrantes da ruptura anticientificista, porque há sempre a possibilidade de outro significado, aventado em discursos retoricamente mais eficientes, se sobrepor ao verdadeiro.

5. Bibliografia

ALEXY, Robert. *Teoria da Argumentação Jurídica*. Tradução de Zilda Hutchinson Schild Silva. 2. ed. brasileira. São Paulo: Landy, 2001.

ARISTÓTELES, *Organon*. Tradução de Pinharanda Gomes. Lisboa: Guimarães, 1987.

CARRAZZA, Roque. *Curso de Direito Constitucional Tributário*. 2. ed. São Paulo: RT, 1991.

COELHO, Fábio Ulhoa. *Direito e poder*. São Paulo: Saraiva, 1992.

_____. *Para entender Kelsen.* 5. ed. São Paulo: Saraiva, 2009.

FERRAZ JÚNIOR, Tércio Sampaio. *Introdução ao Estudo do Direito* – Técnica, Decisão, Dominação. São Paulo: Atlas, 1989.

FOUCAULT, Michel. *Microfísica do poder.* 5. ed. São Paulo: Graal, 1985.

KELSEN, Hans. *Teoria Pura do Direito.* Tradução de João Baptista Machado. 5. ed. Coimbra: Arménio Amado, 1979.

PERELMAN, Chaïm. *Méthodes du Droit* – Logique juridique: nouvelle rhetorique. 2. ed. Paris: Dalloz, 1979.

PERELMAN, Chaïm; OLDBRECHTS-TYTECA, Lucie. *Traité de l'argumentation.* 5. ed. Bruxelas: Editions de l'Université de Bruxelles, 1988.

REALE, Miguel. *Fundamentos do Direito.* 2. ed. São Paulo: RT-EDUSP, 1972.

SICHES, Luis Recaséns. *Nueva filosofía de la interpretación del derecho.* México: Porrúa, 1980.

STEGMÜLLER, Wolfgang. *A filosofia contemporânea.* São Paulo: EPU, 1977.

VIEHWEG, Theodor. *Topica e giurisprudenza.* Tradução de Giuliano Crifò. Milão: Giuffrè, 1962.

KELSEN E A VIOLÊNCIA: UMA LEITURA CRÍTICA DAS "LIMITAÇÕES" DA TEORIA PURA DO DIREITO*

Andityas Soares de Moura Costa Matos

> **Sumário: 1.** Introdução. **2.** Mínimo de eficácia e norma fundamental. **3.** Interpretação e decisionismo. **4.** Uma teoria do direito sem direito?. **5.** Bibliografia.

1. Introdução

O número de críticas dirigidas à Teoria Pura do Direito – não apenas ao livro homônimo, mas à postura teórica – de Hans Kelsen é inversamente proporcional à qualidade das teses que a constituem. Seria inútil alinhavar aqui a extensa bibliografia dedicada ao desmonte da Teoria Pura, dado que grande parte das censuras dirigidas a Kelsen simplesmente não fazem sentido – seja porque seus autores não entenderam o pensamento kelseniano, seja porque, o que é mais comum, são desonestos – ou são críticas externas, as quais, como se sabe, não têm grande valia, já que discutem o valor cognoscitivo de uma teoria tendo em vista aquilo que ela não é ou não construiu, normalmente comparando-a a outra posição teórica rival.

Entendo que a crítica realmente efetiva é a interna, ou seja, aquela que, assumindo os pressupostos de certa posição teórica, os desenvolve com o objetivo de demonstrar inconsistências e

---

*   Este trabalho integra as investigações do Projeto de Pesquisa por mim coordenado e intitulado: "O estado de exceção no Brasil contemporâneo: para uma leitura crítica do argumento de emergência no cenário político-jurídico nacional." Tal projeto contou com auxílio financeiro da Pró-Reitoria de Pesquisa da Universidade Federal de Minas Gerais por meio de seu Edital nº 02/2011, destinado aos Doutores recém-contratados da UFMG, razão pela qual agradeço o apoio recebido.

contradições no interior do sistema analisado. Uma vez assumido esse ponto de vista, creio ser necessário reconhecer que são pouquíssimas as críticas internas *originais* – quer dizer, que não são simples decalques – dirigidas com sucesso à Teoria Pura do Direito. Nesse pequeno – mas vigoroso – grupo se contam aquelas coligidas por Renato Treves que, segundo Bobbio, foi o grande responsável pela introdução do pensamento kelseniano na Itália,[1] o que o coloca fora de suspeita quanto à sua qualificação intelectual e à honestidade na exposição do pensamento de Kelsen.

De acordo com Treves, são três as principais críticas que podem ser dirigidas à Teoria Pura do Direito, as quais dizem respeito: (a) à concepção do mínimo de eficácia enquanto condição de validade; (b) à pressuposição da norma fundamental; (c) ao decisionismo gerado pela teoria interpretativa kelseniana, conforme exposta de maneira definitiva no capítulo VIII da segunda edição da *Reine Rechtslehre* (*Teoria Pura do Direito*).[2] Estou convencido de que as críticas (a) e (b) dizem respeito ao mesmo problema, qual seja, o pressuposto assumido por Kelsen segundo o qual um dever ser (norma) não pode jamais se fundamentar em um ser (fato). Ao se negar a abrir mão desse entendimento kantiano, Kelsen realmente encontra dificuldades para explicar a necessidade de uma condição factual mínima tanto para a validade normativa em geral (a) quanto para a pressuposição da norma fundamental (b). Em ambos os casos, o recurso ao mundo do ser parece afetar a pretendida pureza metodológica. Dessa maneira, a tríade de Treves pode ser reduzida a uma díade, dizendo respeito: (1) à relação entre validade e eficácia normativa, tema central para a discussão da natureza da norma fundamental; (2) à teoria da interpretação. Muito embora a enumeração de Treves seja bastante completa em sua eficaz simplicidade, penso ser possível agregar uma terceira crítica, autônoma em relação às percepções de Tre-

---

1   Bobbio, *Direito e poder*, p. 8.
2   Treves, *Kelsen y la sociología*, p. 209-211.

ves, versando sobre (3) a famosa tese da identidade entre Estado e direito. Tal percepção se deve a Alexander Somek, para quem Kelsen não levou às últimas consequências sua ideia segundo a qual direito e Estado são uma única realidade funcional. Segundo Somek, Kelsen não teria aplicado ao direito as demolidoras desontologizações impostas à noção personificada de Estado.[3]

Com o presente artigo, pretendo demonstrar que essas três críticas – as duas de Treves e a última de Somek – derivam de uma leitura que desconsidera a verdadeira natureza da teoria jurídica proposta por Kelsen. Com efeito, entendo que o grande mérito da Teoria Pura do Direito consiste em ter revelado, mediante instrumental filosófico-jurídico, o caráter originalmente violento do direito. Em outras palavras: a Teoria Pura do Direito, mais do que um realismo jurídico de matriz imperativista, é um *ultrarrealismo crítico* que desvenda não a relação entre direito e violência, mas, sim, a mútua convertibilidade entre ambas as instâncias.

A caracterização do direito enquanto violência não é nenhuma novidade, e a bibliografia sobre o assunto tem crescido exponencialmente nas últimas décadas no contexto dos estudos sobre estado de exceção e biopolítica (Schmitt, Foucault, Agamben, Esposito etc.), inclusive tendo ultrapassado, com notável vantagem, o âmbito marxista em que a tese foi primeiramente discutida com seriedade, desde o próprio Marx, passando por Georges Sorel, chegando à Escola de Frankfurt e encontrando sua máxima realização, a meu ver, no obscuro – mas brilhante – artigo *Kritik der Gewalt* (*Crítica da Violência*) de Walter Benjamin, cujas principais ideias são retomadas em seu célebre último escrito, *Über den Begriff der Geschichte* (*Sobre o Conceito de História*). Todavia, entendo que, conquanto valiosas, tais aproximações teóricas – sejam as contemporâneas, sejam as "clássicas" marxistas – são externas ao direito. O procedimento comum a todas elas consiste em tomar o direito enquanto objeto e desconstruí-lo fora de seu

---

3   Somek, *Stateless law: Kelsen's conception and its limits.*

específico contexto. De modo mais simples: a essas teorias não-jurídicas parece fácil, e mesmo necessário, negar ao direito todo e qualquer caráter *jurídico*, entendido este último termo como algo oposto à pura violência. Nada obstante, a situação é bem diferente quando aquele que por muitos é considerado o mais importante jurista do século XX chega à conclusão de que o direito nada mais é do que violência organizada.

Recapitulando: a proposta deste artigo é demonstrar que as supostas limitações da Teoria Pura do Direito deixam de o ser caso uma leitura mais atenta seja realizada, tendo em vista certas conclusões e pressupostos que, admito, o próprio Kelsen não cuidou de delinear com clareza e que, bem compreendidos, levam à identificação entre direito e violência, pelo menos em sentido *lato*. Assim, acredito que as críticas de Treves podem ser reinterpretadas e entendidas como fissuras que permitem a comunicação da Teoria Pura com a tessitura político-sociológica exterior, privilegiando a compreensão do direito enquanto violência. Por outro lado, a crítica de Somek, se corretamente entendida, indica sim uma limitação da Teoria Pura do Direito que talvez não tenha sido percebida pelo próprio Kelsen.

2. Mínimo de Eficácia e Norma Fundamental

A principal estrutura operativa da Teoria Pura do Direito é o conceito de validade. O cientista do direito que deseja descrever – e não avaliar – o seu objeto de estudo deve se perguntar não sobre justiça, mas, sim, sobre validade.[4] De fato, Kelsen descreve a validade como a específica forma de existência das normas. Em uma grosseira aproximação com a biologia, a validade estaria para as normas assim como a vida está para os organismos.

---

4   "Uma ordem jurídica pode ser julgada como injusta do ponto de vista de uma determinada norma de Justiça. O fato, porém, de o conteúdo de uma ordem coercitiva eficaz poder ser julgado como injusto, não constitui de qualquer forma um fundamento para não considerar como válida essa ordem coercitiva" (Kelsen, *Teoria Pura do Direito*, 1960. p. 55).

Tendo em vista a centralidade do conceito de validade, Kelsen se apressa a fornecer-lhe uma caracterização objetiva: válida é a norma que está em conformidade com aquelas que lhes são superiores, de modo que, por exemplo, uma sentença judicial (norma individual) só é válida – e, nesse sentido, existe juridicamente – se for conforme à lei. Esta, por sua vez, precisa conformar-se a outra lei de hierarquia superior e assim sucessivamente, até que se chegue à Constituição, último fundamento *positivo* de validade de todo o ordenamento jurídico. Na Teoria Pura o direito é um sistema hierárquico e dinâmico no qual a norma jurídica vale devido à sua localização na tessitura da pirâmide normativa (*Stufenbau*). Seu conteúdo não tem qualquer relevância quando se trata de arguir acerca da validade, isto é, de sua específica existência.

É evidente que tal estruturação foi pensada por Kelsen com base no postulado filosófico kantiano que garante a radical separação entre mundo da natureza e mundo da cultura ou, em outras palavras, entre fato e valor, *Sein* (ser) e *Sollen* (dever ser). Kelsen aceita a evidência segundo a qual a realidade em si, na sua dimensão puramente factual, não tem qualquer valor, sendo o homem que imprime ao real, por meio de atos de vontade, certos qualificativos valorativos, tais como bom e mau, certo e errado, justo e injusto. Assim, não sendo o valor imanente à realidade – uma árvore não é naturalmente bela, da mesma maneira que o fato social do homicídio não é naturalmente mau –, conclui-se que uma norma, ou seja, uma estrutura que define e protege certo valor, só pode derivar de outra norma. Funda-se desse modo o chamado *método normológico*, para o qual uma norma encontra sua validade apenas em outra norma, tornando inviável o apelo ao mundo do ser.

Mas se Kelsen pretende, como anuncia enfaticamente logo no primeiro parágrafo da primeira página da edição definitiva da *Teoria Pura do Direito*, descrever o direito positivo,[5] quer di-

---

5   "A Teoria Pura do Direito é uma teoria do Direito positivo – do Direito positivo em geral, não de uma ordem jurídica especial" (Kelsen, *Teoria Pura do Direito*, 1960. p. 1).

zer, o direito posto por atos humanos de vontade – e não aquele simplesmente pressuposto, que Kelsen identifica com o direito natural –, é preciso que a cerrada estrutura do método normológico abra espaço para o mundo do ser. Não, contudo, com o fim de fundamentar ou validar normas, à semelhança do que faz a doutrina jusnaturalista, mas, sim, garantindo a acoplagem da estrutura cognoscitiva normológica aos elementos da realidade – quais sejam, os ordenamentos jurídicos reais – que se pretende descrever. Isso ocorre mediante a afirmação de que, muito embora a eficácia não seja um elemento da validade, é uma condição, ainda que mínima, para sua existência.

Assim, ao lado do conceito central de validade, emerge outro, tão importante quanto o primeiro: eficácia. De acordo com Kelsen, uma norma se mostra eficaz quando é cumprida espontaneamente pelos seus destinatários mediatos (secundários), quer dizer, a população de maneira geral, ou, em caso contrário, aplicada de modo forçado aos recalcitrantes pelos órgãos jurídicos competentes para tanto, que são, na verdade, os destinatários imediatos (primários) da norma. De modo muito simples, pode-se dizer que uma norma é eficaz quando a população a cumpre ou, inexistindo tal cumprimento espontâneo, sua parte sancionatória – que integra o conceito de norma para Kelsen – é aplicada por atos de juízes, administradores públicos, policiais etc.

Diferentemente da validade, que, enquanto conceito formal não tem graus – uma norma jurídica é válida ou inválida, *tertium non datur* –, a eficácia comporta graus de intensidade. Isso me parece totalmente consequente com a natureza sociológica do conceito de eficácia, que para sua materialização depende de atos e fatos reais. Uma norma pode ser mais ou menos eficaz do que outra, a depender das circunstâncias, sempre sujeitas a mudanças de acordo com o evolver histórico. No entanto, duas situações são igualmente impossíveis: 1) uma norma não pode ser totalmente eficaz, em 100% dos casos, pois tal acarretaria a fusão entre os conceitos de validade e de eficácia e, no limite, integrando ordem jurídica e ordem natural, ser e dever ser, geraria uma contradição lógica, pois uma norma sempre e totalmente cumprida seria inútil. Em tal situação estar-se-ia diante de uma ordem natural que inadmite o "descumprimento": uma norma integralmente eficaz expressaria uma "lei" da natureza – como a da gravidade – e não uma lei jurídica; 2) por outro lado, falar em uma norma que jamais é eficaz, quer dizer, que apresenta grau zero de eficácia, também redundaria em contradição lógica, visto que uma norma que ninguém cumpre – nem destinatários primários ou secundários – equivale a uma norma inexistente, meramente pensada e, portanto, alheia ao foco de uma teoria científica do direito, que tem por objeto o direito positivo, isto é, o direito existente criado por atos humanos de vontade.

Kelsen resolve ambos os problemas admitindo que, muito embora a eficácia não seja um elemento da validade, é uma sua condição, ainda que em grau mínimo. Desse modo, para ser válida a norma precisa apresentar certo grau (mínimo) de eficácia, sem o que é inexistente, não podendo ser descrita por uma teoria radicalmente realista como a Teoria Pura do Direito. Assim, Kelsen consegue explicar com sucesso o intrincado fenômeno do desuso (*desuetudo*), que havia preocupado e confundido muitos juristas. Segundo afirma, o desuso consistiria na perda da validade de uma norma outrora válida devido à sua falta de uso (costume negativo), visto que, em tal hipótese, aquele mínimo de eficácia não se verificaria na realidade, tratando-se, portanto, de uma norma inexistente.[6] É importante frisar que Kelsen não define qual seria o grau mínimo de eficácia, já que essa tarefa cabe a cada ordenamento jurídico real, que o faz de maneira objetiva (mediante

---

6   "O desuetudo é como que um costume negativo cuja função essencial consiste em anular a validade de uma norma existente. Se o costume é em geral um fato gerador de Direito, então também o Direito estatuído (legislado) pode ser derrogado através do costume. Se a eficácia, no sentido acima exposto, é condição da validade não só da ordem jurídica como um todo, mas também das normas jurídicas em singular, então a função criadora de Direito do costume não pode ser excluída pela legislação, pelo menos na medida em que se considere a função negativa da desuetudo" (Kelsen, *Teoria Pura do Direito*. 1960. p. 238-239).

normas de sobredireito que conceituam a desuetudo) ou subjetiva (deixando tal definição aos órgãos de aplicação do direito, como ocorre no Brasil, onde são os juízes que dizem quando uma norma jurídica "caiu em desuso"). Toda essa refinada construção, que relaciona validade e eficácia, vale não apenas para a norma isoladamente considerada, mas também – e, segundo me parece, principalmente – para o ordenamento enquanto um todo.[7] Para ser válido, um ordenamento precisa ser globalmente eficaz, pois do contrário o que haveria seria um desuso geral da ordem jurídica, o que, em linguagem política, pode ser chamado de revolução, e em linguagem sociológica, de anomia. É nesse ponto que as duas primeiras críticas de Treves – que unifiquei sob um único tópico (1) – se põem, demonstrando que a teoria kelseniana não é pura, sendo incapaz de evitar o recurso ao mundo factual, seja no que diz respeito (a) à concepção do mínimo de eficácia enquanto condição geral de validade, seja no que concerne (b) à pressuposição da norma fundamental.[8]

Com efeito, pode-se pressupor a norma fundamental (*Grundnorm*) apenas se a primeira ordem social organizada sob um mínimo de coatividade for tida como globalmente eficaz, já que o comando constante da norma fundamental preceitua que as normas jurídico-positivas integrantes dessa ordem devem ser cumpridas.[9] Definitivamente, o que importa saber é se a ordem coercitiva sob análise consegue ser duradoura. Satisfazendo tal

---

7   "Uma ordem jurídica não perde, porém, a sua validade pelo fato de uma norma jurídica singular perder a sua eficácia, isto é, pelo fato de ela não ser aplicada em geral ou em casos isolados. Uma ordem jurídica é considerada válida quando as suas normas são, numa consideração global, eficazes, quer dizer, são de fato observadas e aplicadas" (Kelsen, *Teoria Pura do Direito*, 1960. p. 237).

8   Retomo na sequência desta seção algumas ideias sobre a norma fundamental já expostas em artigo específico no qual tentei propor uma nova compreensão desse construto, enxergando-o enquanto um postulado científico. Cf. Matos, *A norma fundamental de Hans Kelsen como postulado científico* e, em língua inglesa, Matos, *An alternative approach to the basic norm*: logical-transcendental hypothesis, fiction or scientific postulate?.

9   Kelsen, *A justiça e o direito natural*, p. 169.

requisito, ela será considerada jurídica.[10] Mas isso não significa que a eficácia integre a validade – apressa-se Kelsen a completar –, dado que um fato não pode ser o fundamento de validade de uma ordem normativa: "A norma fundamental refere-se apenas a uma ordem coactiva regular e globalmente eficaz. Esta eficácia não é o seu fundamento de validade."[11]

Críticos como Renato Treves e Mario Losano[12] atacam a Teoria Pura do Direito ao dizer que o ponto inicial mediante o qual se torna possível a descrição do sistema – qual seja, a norma fundamental – não pode ser pressuposto sem uma operação sociológica, característica do mundo do ser, verificando-se a eficácia global, ainda que mínima, do primeiro ordenamento jurídico historicamente considerado. Desse modo, a rígida distinção entre ser e dever ser estaria perdida, e a Teoria Pura poderia ser reconduzida à Sociologia, residindo aí seu fracasso. No entanto, parece-me que essa leitura desconsidera a verdadeira natureza da Teoria Pura do Direito, bem como a função nela desempenhada pela norma fundamental. Segundo entendo, a Teoria Pura do Direito é uma teoria da violência que demonstra – talvez pela sua própria derrocada – ser impossível pensar o direito alheio a um contexto geral de força. Nessa perspectiva, cabe à norma fundamental o papel de transformar a violência que fundou a primeira ordem jurídica em força juridicamente qualificada, característica do sistema centralizado e monopolizador de coerção que recebe o nome de Estado/direito. Minha interpretação se aproxima – sem se identificar – com a de Bobbio, que vê na norma fundamental o ato de poder fundador de dado ordenamento jurídico, de maneira que, ao se impor, o poder coercitivo funda a juridicidade.[13]

---

10   Kelsen, *Teoria Pura do Direito*, 1960. p. 53.

11   Kelsen, *A justiça e o direito natural*, p. 172.

12   Cf., por exemplo, o estudo introdutório de Mario Losano contido em Kelsen, *O problema da justiça*.

13   Para uma leitura crítica da norma fundamental enquanto "ato de poder", cf. Matos, *Filosofia do direito e justiça na obra de Hans Kelsen*, p. 71-74.

O cientista do direito pode pressupor a norma fundamental de certo ordenamento jurídico somente quando está diante de uma ordem coercitiva globalmente eficaz. Como visto, essa necessidade de eficácia global para a pressuposição da norma fundamental levou alguns críticos a sustentarem que Kelsen teria desrespeitado a divisão entre o mundo do ser e o do dever ser, já que a norma que confere validade ao ordenamento jurídico dependeria de um fato. Mas se é verdade que o abismo entre facticidade e normatividade parece quase insuperável, também o é que a ponte capaz de permitir tal transposição radica-se na norma fundamental.[14] O ordenamento jurídico consiste em um agregado unitário e sistemático de normas, não em uma concatenação de fatos que, ao final, repousam sobre o poder.[15] Todas as doutrinas que buscam o fundamento de validade do direito em sua efetividade são desprovidas de valor científico, pois desconsideram o axioma básico segundo o qual uma norma só pode se fundar em outra norma, e um fato em outro fato. Caso contrário, seria preciso admitir a "falácia naturalista", consistente na *crença* de que o valor (norma/dever ser) é imanente à realidade (fato/ser), algo absolutamente inaceitável para uma teoria jurídica materialista, antimetafísica e empirista como a de Kelsen.[16] A eficácia é condição factual e não fundamento lógico de validade, de modo que, no pensamento de Kelsen, a norma jurídica e o ordenamento são válidos *se* eficazes e não *porque* eficazes.[17] Para Goyard-Fabre, a norma fundamental equivale a um cânon do exercício da razão que, enquanto exigência transcendental *a priori*, fornece às normas do sistema a sua radicalidade pura.[18] Avulta assim a função da norma fundamental, consistente em conferir inteligibilidade

---

14 Honoré, *The basic norm of society*, p. 102.
15 Luf, *On the transcendental import of Kelsen's basic norm*, p. 222.
16 Raz, *Kelsen's theory of the basic norm*, p. 49-51. Esse ponto é central na doutrina kelseniana. Para aprofundamentos, cf. Conte, *Hans Kelsen's deontics*; Sosoë, *La distinction de l'être et du devoir-être dans la théorie pure du droit*, e Wright, *Is and ought*.
17 Afonso, *O positivismo na epistemologia jurídica de Hans Kelsen*, p. 260.
18 Goyard-Fabre, *De l'idée de norme à la science des normes: Kant et Kelsen*, p. 231.

especificamente jurídica às normas de dado ordenamento social. Todavia, isso só é possível quando se verifica a eficácia global de sua primeira Constituição, representativa do fato material que cria o sistema a ser descrito pela ciência do direito.[19] Tony Honoré aponta dois problemas relativos à validação da primeira Constituição histórica por parte da norma fundamental. Ambos parecem-me insubsistentes e revelam, mediante sua correta compreensão, a verdadeira natureza da Teoria Pura do Direito enquanto teoria da violência. O primeiro se refere ao fato de que as Constituições originárias de vários Estados foram postas de maneira violenta e arbitrária por pessoas ou grupos que não tinham autorização ou legitimidade para tanto, tendo surgido graças a usurpações, conquistas e golpes de Estado que dificilmente seriam vistos como legítimos nos dias de hoje.[20] Ora, a Teoria Pura do Direito é absolutamente formal. Para se pressupor a norma fundamental, basta a eficácia global da primeira Constituição histórica. É tarefa estranha à ciência jurídica a descrição dos meios utilizados pelo poder para se impor. Nas palavras de Kelsen: "A coerção precisa ser aplicada sob certas condições e de certa maneira, a saber, como determinada pelos quadros da primeira Constituição ou pelas autoridades às quais foram delegados poderes apropriados".[21] Esta pode não ser uma visão simpática do direito, mas é realista.

A segunda crítica de Honoré baseia-se na constatação de que não há qualquer motivo para se considerar válida a cadeia de autorizações e de transferências de poder que conecta os fundadores de determinada ordem jurídica aos atuais detentores do poder de criar direito válido. Para justificar essa ideia, parece-lhe

---

19   Hammer, *A neo-kantian theory of legal knowledge in Kelsen's pure theory of law?*, p. 192.

20   Honoré, *The basic norm of society*, p. 102.

21   No original: "*Coertion is to be applied under certain conditions and in a certain way, namely, as determined by the framers of the first constitution or by the authorities to whom they have delegated appropriate powers*" (Kelsen, *Introduction to the problems of legal theory*, p. 57).

necessário pressupor que a transmissão do poder mediante cadeias históricas de competência é algo indiscutível, o que lhe parece absurdo.[22] Todavia, ainda que tal transmissão seja eticamente questionável, corresponde exatamente à realidade, que não tem nenhuma obrigação de ser ética. As pessoas cumprem os comandos normativos postos pelas autoridades competentes porque pressupõem, talvez até mesmo de modo inconsciente, autorizações anteriores válidas. Quando não é possível pressupor tais autorizações, isso significa que se está diante de uma revolução, hipótese expressamente tratada por Kelsen na *Teoria Pura do Direito*. As revoluções acontecem quando determinado sistema jurídico se extingue para dar lugar a um novo ordenamento, informado por outra norma fundamental. Em síntese: a transmissão da titularidade do poder é sempre pressuposta como válida, a não ser naquelas situações em que a eficácia global deixa de existir e o ordenamento em questão desaparece diante de um novo sistema de normas. Este, à semelhança do antigo, também contará com uma norma fundamental validante e propiciadora de novas transmissões do poder político-jurídico. Estados que inicialmente não aceitavam a existência de outros como jurídica – por exemplo, os Estados Unidos da América em face da recém-nascida União das Repúblicas Socialistas Soviéticas, definida pelos estadunidenses como uma união de *gangsters* – passam, com o tempo, tendo notado que os novos Estados são capazes de manter um alto grau de eficácia na aplicação das sanções jurídicas, a tê-los como perfeitas ordens jurídicas.[23]

Tudo isso significa que a violência é *meio absoluto* para o direito, servindo enquanto seu elemento de definição estrita. Tendo em vista que os fins que o direito pode almejar – próprios, por exemplo, de Estados socialistas ou capitalistas – são infinitos, ele se define apenas mediante seu meio específico, qual seja, a

---

22 Honoré, *The basic norm of society*, p. 103.
23 Kelsen, *Teoria Pura do Direito*, 1960, p. 55.

monopolização da coerção. Aqui o pensamento de Kelsen se encontra com o de Walter Benjamin, que soube expor de maneira aguda o vínculo iniludível entre direito e violência, esta entendida enquanto meio e não fim do direito. Para Benjamin, não há qualquer sentido na tentativa de definir o direito mediante certo plexo de valores agrupados sob o signo altamente indeterminado da justiça. Ao direito positivo pouco importa se outras ordens normativas – postas por um grupo de criminosos ou por um partido revolucionário, por exemplo – visam com suas ações certas finalidades que podem ser razoavelmente definidas como justas. Na verdade, o que o direito não suporta é que ordenações concorrentes tendam a interferir em sua monopolização da violência. Em síntese: não importa a justeza de certa reivindicação coletiva; importa apenas se ela se aparelha ou não mediante o uso da violência, monopólio da ordem jurídica.[24]

Sem a violência que põe a primeira ordem normativa globalmente eficaz não é possível pressupor a norma fundamental, visto que para tanto se necessita de um mínimo de eficácia, conforme notou Kelsen. Nesse contexto, julgo significativo que Carl Schmitt se refira ao direito como a "forma da guerra formalmente correta",[25] opinião compartida por Kelsen, para quem "o direito é uma organização da força".[26] Para além de suas múltiplas oposições, Kelsen e Schmitt tendem a inscrever a violência no *nomos*.[27] Ambos alçam a violência à categoria de experiência jurídica básica, de modo que, ao final, o direito é sempre violência – ou sempre é *também* violência –, tendo que conviver com a constante tentativa de superação e/ou mitologização desse seu caráter abissal. Segundo Kelsen, o direito – e, por conseguinte, o Estado – somente se define a partir do momento em que se dá a monopolização da violência, que passa então a ser organizada, ou seja, "normalizada"

---

24   Benjamin, *Para uma crítica da violência*, p. 124-127.
25   Schmitt, *Glossarium*, entrada de 12 de outubro de 1947.
26   Kelsen, *Teoria geral do direito e do estado*, 2005, p. 29.
27   Giacoia Junior, *Sobre direitos humanos na era biopolítica*, p. 290.

juridicamente. Sem monopólio da violência não há direito e Estado, mas apenas revolução, situação precária que se verifica quando duas ou mais ordens socionormativas – mas ainda não *jurídicas* – lutam para se impor enquanto única autoridade criadora de direito, isto é, "soberana". Daí ser fácil concluir que Kelsen só enxerga direito onde o Estado monopoliza a violência.

3. Interpretação e Decisionismo

Se o problema da norma fundamental aponta para a gênese do ordenamento jurídico, apresentando-o enquanto um espaço originário de violência, a questão da interpretação jurídica se põe no polo oposto do pensamento kelseniano, indicando a maneira pela qual o direito se concretiza no mundo social já "normalizado" pelo direito. Nessas duas situações estão em jogo o início e o fim da experiência jurídica, bem como a (im)possibilidade de reconduzi-la a algum padrão material de racionalidade. No que diz respeito à norma fundamental, Kelsen demonstra que tal racionalização não ocorre, dado que o elemento que torna factível pressupô-la – ato sem o qual não se pode descrever cientificamente o direito – radica-se na violência do primeiro ordenamento jurídico histórico de dada comunidade. A mesma conclusão vale para a teoria da interpretação exposta no tão incompreendido capítulo VIII da edição definitiva da *Teoria Pura do Direito*,[28] quando, reconhecendo os limites de sua teoria, Kelsen afirma que não há pautas científicas capazes de distinguir, em um ato de interpretação autêntica, o que é direito e o que não é.

Ainda que Kelsen não tenha pretendido criar uma teoria hermenêutica do direito, tal deflui de sua visão científica sobre o ordenamento jurídico. Em linhas muito breves, a asserção fundamental da "hermenêutica" jurídica kelseniana consiste na radical

---

28   Em português, o texto mais completo e claro que conheço sobre a teoria da interpretação de Kelsen é o de Santos Neto, *A teoria da interpretação em Hans Kelsen*.

separação entre função de conhecimento e função de aplicação, de modo que a primeira cabe ao cientista do direito e a segunda ao órgão de concretização do direito que, para facilitar, chamarei de "juiz" nas próximas linhas. Assim, o máximo que a ciência jurídica pode fazer diante do problema hermenêutico da aplicação do direito é descrever o quadro das interpretações jurídicas possíveis, não estando habilitada a opinar sobre qual seria a melhor delas, algo que compete apenas ao juiz.

Essa posição inicial, defendida na primeira edição da *Teoria Pura do Direito* de 1934,[29] pode levar a um decisionismo moderado, já que o órgão aplicador do direito não encontra limites para sua atuação, a não ser o quadro traçado pelo cientista do direito. Mas mesmo essa frágil barreira cai por terra em 1960, na segunda e definitiva edição da *Teoria Pura do Direito*, na qual Kelsen reconhece que o juiz pode, mediante um autêntico ato interpretativo, decidir fora da moldura proposta pela ciência do direito. Parece-me significativo que o motivo pelo qual Kelsen reformula sua teoria da moldura resida em uma situação na qual a força e a violência determinaram, no contexto de uma decisão do Conselho de Segurança da Organização das Nações Unidas, uma interpretação que antes Kelsen julgara, na qualidade de cientista do direito, cientificamente impossível, quer dizer, localizada fora da moldura das interpretações possíveis.[30] A radicalização do Kelsen de 1960 não significa que a moldura deixou de existir, mas, sim, que ela pode ser continuamente ampliada por atos de vontade daqueles a quem a ordem jurídica confiou o poder de decidir.[31] Em sentido

---

29   Kelsen, *Teoria Pura do Direito*, 1934, p. 115 e segs.

30   Paulson, *Kelsen on legal interpretation*, p. 147.

31   "A propósito é importante notar que, pela via da interpretação autêntica, quer dizer, da interpretação de uma norma pelo órgão jurídico que a tem de aplicar, não somente se realiza uma das possibilidades reveladas pela interpretação cognoscitiva da mesma norma, como também se pode produzir uma norma que se situe completamente fora da moldura que a norma a aplicar representa. Através de uma interpretação autêntica deste tipo pode criar-se Direito, não só no caso em que a interpretação tem carácter geral, em que, portanto, existe interpretação autêntica no

prático, isso equivale a uma autorização para que qualquer decisão tomada pelo órgão competente seja válida. No limite, mesmo decisões flagrantemente contrárias ao ordenamento jurídico em questão podem ser efetivadas, caso não sejam utilizados os meios técnicos que o próprio sistema oferece para invalidá-las – recursos, ação rescisória, revisão criminal etc. – e elas venham a transitar em julgado. Kelsen admite então que uma decisão contrária ao ordenamento pode tornar-se juridicamente válida.[32]

Para muitos críticos, o ponto de chegada radicalmente não hermenêutico da Teoria Pura do Direito demonstraria seu malogro. Todavia, somente podem pensar dessa maneira aqueles que acreditam que o direito deve ter algum conteúdo ou valor necessário, imponível ao intérprete no próprio ato interpretativo, limitando-o e proporcionando-lhe balizas. Todas as atuais teorias da argumentação jurídica, de Dworkin a Alexy, partem de tal premissa, postulando a existência de conteúdos jurídicos mínimos capazes de guiar a atividade interpretativa. A essa altura já deve restar claro que tal posição seria insustentável para Kelsen, de modo que, ao invés de ser um fracasso, a sua teoria da interpretação jurídica constitui o resultado lógico e necessário de todo o caminho percorrido pela Teoria Pura.

Postular uma interpretação aberta e sem qualquer controle material prévio significa, ao que me parece, aceitar o caráter irracional – ou pelo menos não totalmente racionalizável – do di-

---

sentido usual da palavra, mas também no caso em que é produzida uma norma jurídica individual através de um órgão aplicador do Direito, desde que o ato deste órgão já não possa ser anulado, desde que ele tenha transitado em julgado. É fato bem conhecido que, pela via de uma interpretação autêntica deste tipo, é muitas vezes criado um direito novo – especialmente pelos tribunais de última instância" (Kelsen, *Teoria Pura do Direito*, 1960, p. 369-370).

32   Essa possibilidade é expressamente admitida no final do trecho acima citado na nota n. 33 e no texto "A doutrina do Direito natural e o positivismo jurídico", contido em Kelsen, *Teoria geral do direito e do estado*, p. 557-580.

reito. Ao dizer que o juiz pode estender a moldura hermenêutica antes traçada pela ciência jurídica, tornando-a inútil, Kelsen admite que o elemento fundamental do direito não é sua finalidade ou seu conteúdo – suas "verdades" –, mas a força que o aparelha: "*auctoritas, non veritas, facit legem*". Não por acaso, este célebre dizer de Hobbes era um dos motes preferidos de Carl Schmitt, que aqui, uma vez mais, se aproxima de Kelsen, muito embora o decisionismo de Schmitt se oriente primordialmente em relação ao poder executivo do soberano, enquanto Kelsen prefira localizá-lo na esfera de ação do Poder Judiciário, que é quem majoritariamente – mas não exclusivamente – diz o direito. Será direito aquilo que os órgãos de aplicação de determinado ordenamento jurídico disserem que é. Mais uma vez, trata-se de uma visão bem pouco simpática, mas bastante realista.

O obsessivo debate contemporâneo entre autores que acreditam na possibilidade de justificar, controlar e validar decisões judiciais por meio de interpretações cada vez mais livres de certos princípios muito amplos vem apenas demonstrar que Kelsen estava com a razão. Qualquer princípio pode servir para fundamentar qualquer decisão, bastando que o órgão formalmente legitimado para tanto assim o decida, "ampliando" a moldura das regras ou de outros princípios já consolidados.

Dessa maneira, ao contrário do que os jusmoralistas afirmam, o direito contemporâneo não vem se mostrando enquanto uma estrutura "plural" e "aberta" capaz de superar os silogismos normativos patrocinados pelo positivismo jurídico. Em primeiro lugar, deve-se recordar que Kelsen nunca afirmou que o ato interpretativo se daria de maneira automática, mediante a aplicação de simples silogismos. Na verdade, é contra esse tipo de visão superficial e irrealista que se dirigem as primeiras palavras do capítulo VIII, sustentando Kelsen que tal modo de pensar caracteriza a "jurisprudência tradicional", cujo principal erro consiste em desconsiderar o aspecto volitivo em que se funda toda interpretação jurídica, a qual não se identifica com um ato de conhecimento puro.[33] Esse mesmo tema é retomado por Kelsen em sua velhice avançada, no contexto de uma discussão epistolar com o lógico Ulrich Klug, que acreditava na possibilidade de programar computadores para efetivar decisões judiciais, dado que a Lógica Jurídica não seria diferente da Lógica Formal.[34] Kelsen rebate esses argumentos ao sustentar que a Lógica Jurídica não tem qualquer compromisso com o princípio da não contradição, sendo, em larga medida, caótica. As normas jurídicas são atos de vontade, expressando, portanto, uma forma de poder. Escondê-las por trás de computadores parece-lhe inútil, já que sempre há uma vontade humana que os programa.

Em segundo lugar, o pluralismo e a abertura interpretativa de que hoje se abusa são totalmente conciliáveis com a hermenêutica kelseniana. Nela qualquer interpretação jurídica parece possível, bastando que seja posta pelo órgão competente para tanto. Isso significa que, ainda aqui, Kelsen não mascara o caráter violento do direito. Inexistindo valores necessários que limitem sua interpretação, o direito pode ser qualquer coisa que o poder queira. Mesmo que os diversos mecanismos técnico-formais característicos da ordem jurídica possam mascarar sua estrutura originalmente violenta – já percebida quando se discutiu o problema da norma fundamental –, tal violência sempre ressurge, ainda que mediatizada, no momento da interpretação autêntica realizada pelos órgãos de aplicação do direito que, pela própria natureza da expe-

---

33 "A teoria usual da interpretação quer fazer crer que a lei, aplicada ao caso concreto, poderia fornecer em todas as hipóteses, apenas uma única solução correta (ajustada), e que a 'justeza' (correção) jurídico-positiva desta decisão é fundada na própria lei. Configura este processo de interpretação como se se tratasse tão somente de um ato intelectual de clarificação e de compreensão, como se o órgão aplicador do Direito tivesse que pôr em ação o seu entendimento (razão), mas não a sua vontade, e como se, através de uma pura atividade de intelecção, pudesse realizar-se, entre as possibilidades que se apresentam, uma escolha que correspondesse ao Direito positivo, uma escolha correta (justa) no sentido do direito positivo" (Kelsen, *Teoria Pura do Direito*, 1960. p. 391).

34 O debate entre Kelsen e Klug está disponível em Kelsen, *Normas jurídicas e análise lógica*.

riência jurídica, precisam em certo momento proferir uma decisão última, a qual se fundará unicamente no poder final de decisão conferido a tais órgãos. Ora, tal poder é garantido pelo monopólio da violência de que goza a ordem jurídica. Dessa maneira, o decisionismo hermenêutico de Kelsen não é uma limitação capaz de demonstrar a insuficiência de uma ciência pura do direito, mas, sim, um elemento que reforça o pano de fundo do qual o autor parte e ao qual retorna ao construir aquilo que pode ser chamado de uma "teoria negativa da interpretação": o direito é violência organizada e monopolizada, o que fica claro não apenas quando se considera sua origem (norma fundamental), mas também quando se visualiza sua contínua atualização hermenêutica mediante decisões que, ao fim e ao cabo, se fundam apenas na força imanente daqueles a quem o ordenamento concedeu o poder-dever de decidir de modo definitivo.

4. Uma Teoria do Direito sem Direito?

Neste ponto é possível perguntar se Kelsen concebeu a Teoria Pura do Direito enquanto uma teoria da violência. A resposta simples seria "não". O principal objetivo de Kelsen não era discutir e criticar o caráter violento do direito, circunstância que ele toma enquanto pressuposto e que comparece como pano de fundo indiscutido em sua teoria jurídica. A hipótese deste artigo é que, independentemente da intenção original de Kelsen, a Teoria Pura do Direito é sim uma teoria da violência ou, ao menos, uma teoria cujas limitações e pontos questionáveis só são adequadamente superados caso se considere violência e direito enquanto realidades homólogas.

Talvez Kelsen não tenha percebido que o pressuposto violento do qual partiu viciou e contaminou toda a teoria, quer dizer, todo seu intento analítico tendente a apresentar de maneira pura o objeto chamado "direito", com expressa desconsideração de sua dimensão genética. Todavia, como toda origem, a dimensão genético-violenta do direito não é um ponto cronológico do qual se parte, mas, sim, *tempo genealógico* em que se fundem passado, presente e futuro. De qualquer modo, tenha ou não atentado para essa peculiaridade de sua Teoria Pura, o certo é que, se Kelsen admitisse caracterizá-la como uma teoria da violência, ele seria obrigado a abrir mão do projeto de descrever o direito em sentido puro, já que, em tal hipótese, ele teria criado uma teoria do direito sem direito. É esse, aliás, o resultado extremo a que se chega, caso as teses que embasam a Teoria Pura do Direito sejam levadas às últimas consequências. Talvez por isso o jovem Kelsen, em um texto de 1920, tenha comparado sua embrionária teoria jurídica a uma espécie de ateísmo,[35] jogando ironicamente com o conceito de teologia política, então prestes a conhecer uma estranha e fascinante floração na obra do *inimicus* Schmitt.

Que a Teoria Pura do Direito possa ser entendida como uma teoria do direito sem direito é algo que me parece bastante plausível. Para tanto, é preciso levar a sério a polêmica tese kelseniana segundo a qual direito e Estado são uma única e mesma realidade – e não uma "forma-de-dois-lados", como queria Georg Jellinek –, de sorte que o Estado representaria apenas uma primitiva antropomorfização que, uma vez superada em sua substancialidade, se resumiria a indicar a função centralizadora e monopolizadora da força a que ora se dá o nome de "direito", ora de "poder". A crítica de Kelsen à teoria tradicional do Estado enquanto entidade autônoma e aos autores[36] que a sustentavam nos anos 20 e 30 equivale, conforme bem se expressa Alexander Somek, a uma tentativa de desontologização estatal. Todavia, trata-se de um projeto que permaneceu inacabado.[37]

---

35   Trata-se do artigo *Got und Staat*. Cf., em português, Kelsen, *Deus e estado*.

36   Tome-se Carl Schmitt como exemplo. Apesar de nos seus primeiros escritos neokantianos ele ter defendido a prioridade do direito em relação ao Estado, muda radicalmente de posição a partir de *Politische Theologie* [*Teologia Política*], eis que o Estado antecederia o direito, visto que só nele se poderia tomar a decisão sobre a exceção, fundadora da ordem jurídica. Cf. Schmitt, *Political theology*, p. 12-13.

37   Revisito a partir deste ponto algumas ideias que foram desenvolvidas na parte final de meu artigo "Kelsen contra o Estado". Cf. Matos, *Kelsen contra o estado*.

Com efeito, Kelsen não poupa argumentos para desconstruir o Estado-substância, demonstrando tanto histórica quanto conceitualmente que essa "forma" não passa de um outro *nomem* do direito. Apesar disso, a tese da identidade acaba se resolvendo em um nominalismo estatal que pressupõe um essencialismo jurídico.[38] De fato, a consequência lógica do projeto iconoclasta kelseniano – que nega realidade ao Estado, compreendido apenas como um conjunto de relações, ou seja, um sistema compartilhado de significados – seria aplicar a mesma conclusão à outra face do Estado, que é exatamente o direito. Entretanto, esse ousado passo não é dado por Kelsen, que concede às formas jurídicas um *status* ontológico que elas não possuem.[39]

Desconsiderando seu pressuposto filosófico básico, segundo o qual só o indivíduo existe, Kelsen vê nas pessoas – jurídicas ou naturais, tal dualismo não faz sentido – pontos de imputação criados pelo sistema jurídico para garantir sua auto-operacionalidade.[40] Mas esse "esquema de interpretação" que identifica pessoas de carne e osso com centros funcionais não seria, ele próprio, uma ficção? Se radicalizadas, as teses kelsenianas levam à compreensão de que o direito é tão fantasmagórico quanto o

---

38   Somek, *Stateless law:* Kelsen's conception and its limits, p. 762-763.
39   "Kelsen parou cedo no que diz respeito à desontologização radical. Apenas o Estado é eliminado da 'forma-de-dois-lados', enquanto 'o direito' permanece. Ao contrário de sua própria percepção, Kelsen apresenta o sistema jurídico como se ele fosse um fato institucional, que é composto por normas válidas. (...) Esta interpretação do sistema jurídico coincide com – e é reforçada – pela visão da norma como um objeto abstrato. É mais do que simplesmente irônico que Kelsen, em sua tentativa de evitar a hipostasiação, tenha recorrido à mais crua de todas as hipostasiações: a pressuposição ontológica do reino das 'normas'". No original: "*Kelsen stopped short of radical deontologization. Only the state is eliminated from the 'two-sided thing', while 'the law' stays in place. Contrary to his own insight, Kelsen presents the legal system as if it were an institutional fact, wich is composed of valid norms. (...) This interpretation of the legal system overlaps with, and is reinforced by, the view of the norm as an abstract object. It is more than merely ironic that Kelsen, in his attempt to avoid the hypostatisation, resorted to the crudest hypostatisations of all: the ontological supposition of the realm of 'norms'*" (Somek, *Stateless law:* Kelsen's conception and its limits, p. 773).
40   Somek, *Stateless law:* Kelsen's conception and its limits, p. 764.

Estado, é tão metafórico e tão "linguístico" como qualquer outra convenção social. Para além dos símbolos míticos (Estado) e linguísticos (direito) existe apenas a luta dos homens uns contra os outros, há somente violência organizada e estabilizada sob forma jurídica. Segundo me parece, esta é a mensagem final da Teoria Pura do Direito, em especial quando ela exige a eficácia global do primeiro ordenamento jurídico enquanto condição para se pressupor a norma fundamental, momento inicial – e não terminal – da cadeia de validação objetiva necessária à descrição científica do direito, tal como exposto no item 2 deste artigo. Não tenho dúvida de que essa visão sombria da realidade social, que emerge de uma leitura verdadeiramente crítica da Teoria Pura do Direito, poderia servir para integrar Kelsen em uma linhagem de pensadores realistas e pessimistas que inclui Maquiavel, Hobbes, Darwin, Freud e Luhmann.

Se descrever o direito funcionalmente é mais importante do que buscar sua inexistente substância, parece-me que, no entendimento de Kelsen, Estado e direito coincidem, revelando-se ambos como expressões de um monismo funcional que se nega a reconhecer a existência de qualquer ordem real autônoma – ou "concreta", como queria Schmitt – na qual se fundamente, em última instância, o ordenamento jurídico. Por estarem ligados, os conceitos kelsenianos de Estado e direito levam às mesmas conclusões. A exemplo do Estado, o direito não tem substância, sendo antes um símbolo, visto que "(...) *la funcionalización del estado implica que hay un solo orden – una sociedad política – que tiene al derecho por forma simbólica*".[41]

Hans Lindahl se refere ao caráter puramente simbólico do direito com base na doutrina kelseniana, que enxerga na norma jurídica um simples "esquema de interpretação". De acordo com Kelsen, cabe ao juízo jurídico relacionar certo ato individual ima-

---

41   Lindahl, *El pueblo soberano:* el régimen simbólico del poder político en la democracia, p. 66.

nente a uma ordem de significados transcendentais (no sentido kantiano), conferindo-lhe inteligibilidade. Assim, o ato "matar um homem" pode ser lido juridicamente como crime de homicídio ou aplicação de uma sanção capital, dependendo do contexto jurídico-significacional em que for praticado. Para Lindahl, não é possível falar nas três tradicionais funções do direito – instrumental, garantidora e simbólica –, dado que o ordenamento jurídico possui uma única função, a simbólica, das quais as demais são meras modalidades.[42] A norma fundamental é um bom exemplo disso, pois, ao cumprir a função de norma inicial, garante uma compreensão monista da ordem jurídica. Tal se dá em prejuízo do dualismo metafísico-substancialista típico do jusnaturalismo, cuja finalidade é transformar todos os problemas de sentido (ou função) em problemas de ser (ou substância). Segundo a metafísica dualista, todo processo funcional pode ser reduzido a uma questão ontológica. Para tanto, todo sentido precisa se inserir no ser, ainda que se trate de um ser forjado pela górgona do poder. Ao contrário, deixando de subordinar a validade a elementos fáticos, a norma fundamental reconhece e assegura o caráter puramente simbólico dos conceitos e das relações jurídicas,[43] fundadas em última e em primeira instância na experiência da violência, tanto a violência histórica que põe o ordenamento jurídico quanto a atual que o mantém, conforme percepções de Walter Benjamin.

A dogmática jurídica de perfil conservador que não reconhece esse pressuposto básico não passa de uma ideologia jurídica incapaz de compreender a impossibilidade de se construir "visões reais" de um objeto que, em si mesmo, não apresenta concretude fora do mundo dos valores e da linguagem. Ao desconsiderar a vacuidade do direito, que é só símbolo e linguagem, Kelsen se aproximou perigosamente da doutrina tradicional que pretendeu vencer. Parece-me que tal ocorreu porque ele não desenvolveu

---

42   Lindahl, *El pueblo soberano:* el régimen simbólico del poder político en la democracia, p. 67-68.

43   Lindahl, *El pueblo soberano:* el régimen simbólico del poder político en la democracia, p. 66, n° 20.

de maneira consequente a intuição que, estando na base de sua Teoria Pura, serviu, ao não ser adequadamente assumida, para abrir as brechas sociológicas sumariadas por Treves. Nessa perspectiva, a Teoria Pura do Direito falhou. Ao se propor a criticar as ideologias tradicionais do direito, ela se tornou ideológica,[44] visto que se recusou a abrir mão do conceito ontológico de direito, enxergando-o como "coisa real"; mas tal conceito não é mais do que *cosa mentale*.

Contudo, entendo que o projeto maior de Kelsen – o crítico-iconoclasta, do qual a Teoria Pura do Direito é apenas uma pequena e, afinal, nem tão importante parte – é atual e urgente, apontando ainda hoje para a tarefa própria de kelsenianos críticos, qual seja: demonstrar o caráter irreal, ideológico e profundamente desmobilizador, característico não apenas do direito, mas também de sua cognição "científica". Mais ainda: cabe ao kelseniano crítico trazer à luz a inexistência de padrões científicos capazes de legitimar a aplicação do direito, desmascarando a natureza ideológica, e mesmo mitológica, das tentativas cada vez mais insistentes de reduzir a violência do direito a tábuas ideais de raciocínio e justificação, bem ao gosto do jusmoralismo e das correntes "argumentativas". Não se trata, por óbvio, de incensar e enaltecer a violência enquanto face necessária do direito. Aqui permanece válido o propósito descritivo e não prescritivo propugnado por Kelsen. Todavia, responder à importantíssima pergunta que autores como Walter Benjamin e Giorgio Agamben se põem – se é possível ou não uma vivência coletiva que abra mão da violência jurídica, seja desativando-a, seja dando-lhe um novo

---

44   *"Las reflexiones de Kelsen señalan hacia una tridimensionalidad: una realidad social de actos jurídicos psíquico-físicos, en los que se manifiesta una relación de dominio, en parte política, y en parte económica; generándose un orden jurídico que determina tales actos en un sentido normativo, con carácter puramente ideológico; y además, una Teoría del Derecho que no sólo intenta integrar el derecho como ideología en un sistema unitario; sino que al mismo tiempo se esfuerza por legitimarlo y por conferirle su función de conformar las capas intermedias"* (Jabloner, *La crítica de Kelsen a la ideología*, p. 205).

valor de uso – só me parece possível se, antes de tudo, o direito for encarado como ele é. Nessa perspectiva, a teoria jurídica de Hans Kelsen permanece insuperável.

5. Bibliografia

AFONSO, Elza Maria Miranda. *O positivismo na epistemologia jurídica de Hans Kelsen*. Belo Horizonte: Faculdade de Direito da Universidade Federal de Minas Gerais, 1984.

BENJAMIN, Walter. Para uma crítica da violência. *Walter Benjamin* – Escritos sobre mito e linguagem (1915-1921). In: GAGNEBIN, Jeanne Marie (org.). Tradução de Susana Kampff Lages e Ernani Chaves. São Paulo: Duas Cidades/Editora, 2011. p. 121-156.

BOBBIO, Norberto. *Direito e poder*. Tradução de Nilson Moulin. São Paulo: Universidade Estadual de São Paulo, 2008.

CONTE, Amedeo G. Hans Kelsen's deontics. In: PAULSON, Stanley L.; PAULSON, Bonnie Litschewski (orgs.). *Normativity and norms*: Critical perspectives on kelsenian themes. Tradução de Bonnie Litschewski Paulson, Stanley L. Paulson e Michael Sherberg. New York: Oxford/Clarendon, 2007. p. 331-341.

GIACOIA JUNIOR, Oswaldo. Sobre direitos humanos na era bio-política. *Kriterion: Revista de Filosofia*. Belo Horizonte, v. XLIX, n° 118, p. 267-308, 2008.

GOYARD-FABRE, Simone. De l'idée de norme à la science des normes: Kant et Kelsen. In: AMSELEK, Paul (org.). *Théorie du droit et science*. Paris: Presses Universitaires de France, 1994. p. 211-232.

HAMMER, Stefan. A neo-kantian theory of legal knowledge in Kelsen's pure theory of law?. In: PAULSON, Stanley L.; PAULSON, Bonnie Litschewski (orgs.). *Normativity and norms*: Critical perspectives on kelsenian themes. Tradução de Bonnie Litschewski Paulson, Stanley L. Paulson e Michael Sherberg. New York: Oxford/Clarendon, 2007. p. 177-194.

HONORÉ, Tony. The basic norm of society. In: PAULSON, Stanley L.; PAULSON, Bonnie Litschewski (orgs.). *Normativity and norms*: critical perspectives on kelsenian themes. Tradução de Bonnie Litschewski Paulson, Stanley L. Paulson e Michael Sherberg. New York: Oxford/Clarendon, 2007. p. 89-112.

JABLONER, Clemens. La crítica de Kelsen a la ideología. Biblioteca Jurídica Virtual del Instituto de Investigaciones Jurídicas de la UNAM, Ciudad del México, p. 203-214, s./d. Disponível em: www.juridicas.unam.mx. Acesso em 12.03.2013.

KELSEN, Hans. *A justiça e o direito natural*. Tradução de João Baptista Machado. Coimbra: Arménio Amado, 1963.

_____. Deus e Estado. In: MATOS, Andityas Soares de Moura Costa; SANTOS NETO, Arnaldo Bastos (orgs.). *Contra o absoluto:* Perspectivas críticas, políticas e filosóficas da obra de Hans Kelsen. Tradução de Andityas Soares de Moura Costa Matos e Betânia Côrtes de Queiroz Caixeta. Curitiba: Juruá, 2012. p. 37-53.

_____. *Introduction to the problems of legal theory*. Tradução de Bonnie Litschewski Paulson e Stanley L. Paulson. Oxford: Clarendon, 1992.

_____. *Normas jurídicas e análise lógica*. Tradução de Paulo Bonavides. Rio de Janeiro: Forense, 1984.

_____. *O problema da justiça*. Tradução de João Baptista Machado. Estudo introdutório de Mario G. Losano. São Paulo: Martins Fontes.

_____. *Teoria Geral do Direito e do Estado*. Tradução de Luis Carlos Borges. São Paulo: Martins Fontes, 2005.

_____. *Teoria Pura do Direito* (edição de 1934). Tradução de José Cretella Jr. e Agnes Cretella. São Paulo: Revista dos Tribunais, 2006.

_____. *Teoria Pura do Direito* (edição de 1960). Tradução de João Baptista Machado. São Paulo: Martins Fontes, 1997.

LINDAHL, Hans. El pueblo soberano: El régimen simbólico del poder político en la democracia. *Revista de Estudios Políticos* (Nueva Época), Madrid, n° 94, p. 47-72, 1996.

LUF, Gerhard. On the transcendental import of Kelsen's basic norm. In: PAULSON, Stanley L.; PAULSON, Bonnie Litschewski (orgs.). *Normativity and norms:* Critical perspectives on kelsenian themes. Tradução de Bonnie Litschewski Paulson, Stanley L. Paulson e Michael Sherberg. New York: Oxford/Clarendon, 2007. p. 221-234.

MATOS, Andityas Soares de Moura Costa. A norma fundamental de Hans Kelsen como postulado científico. *Revista da Faculdade de Direito da Universidade Federal de Minas Gerais*. Belo Horizonte, n° 58, p. 41-84, 2011.

_____. An alternative approach to the basic norm: Logical-transcendental hypothesis, fiction or scientific postulate?. *Jura*, Pécs (Hungria) v. 18, n° 2, p. 137-147, 2012.

_____. *Filosofia do Direito e Justiça na obra de Hans Kelsen*. 2. ed. Belo Horizonte: Del Rey, 2006.

_____. Kelsen contra o Estado. In: MATOS, Andityas Soares de Moura Costa; SANTOS NETO, Arnaldo Bastos (orgs.). *Contra o absoluto:* Perspectivas críticas, políticas e filosóficas da obra de Hans Kelsen. Curitiba: Juruá, 2012. p. 75-118.

Kelsen e a Violência: Uma Leitura... | Andityas Soares de Moura Costa Matos   279

PAULSON, Stanley. Kelsen on legal interpretation. *Legal Studies*, v. 10, nº 2, 1990.

RAZ, Joseph. Kelsen's theory of the basic norm. In: PAULSON, Stanley L.; PAULSON, Bonnie Litschewski (orgs.). *Normativity and norms:* Critical perspectives on kelsenian themes. Tradução de Bonnie Litschewski Paulson, Stanley L. Paulson e Michael Sherberg. New York: Oxford/Clarendon, 2007. p. 47-67.

SANTOS NETO, Arnaldo Bastos. A teoria da interpretação em Hans Kelsen. In: MATOS, Andityas Soares de Moura Costa; SANTOS NETO, Arnaldo Bastos (orgs.). *Contra o absoluto:* Perspectivas críticas, políticas e filosóficas da obra de Hans Kelsen. Curitiba: Juruá, 2012. p. 381-404.

SCHMITT, Carl. *Glossarium:* Aufzeichnungen der Jahre 1947-1951. Ed. Fr. von Medem. Berlin: Duncker & Humblot, 1991, 364 p.

_____. *Political theology:* Four chapters on the concept of soreveignity. Tradução de George Schwab. Chicago: University of Chicago, 2005.

SOMEK, Alexander. Stateless law: Kelsen's conception and its limits. *Oxford Journal of Legal Studies*. Oxford, v. 26, nº 4, p. 753-774, 2006.

SOSOË, Lucas. La distinction de l'être et du devoir-être dans la Théorie Pure du Droit. *Cahiers de Philosophie Politique et Juridique de l'Université de Caen.* Caen, nº 9, p. 65-81, 1986.

TREVES, Renato. Kelsen y la sociología. In: CORREAS, Óscar (org.). *El otro Kelsen.* México: Universidad Nacional Autónoma de México, 1989. p. 195-214.

WRIGHT, Georg Henrik von. Is and ought. In: PAULSON, Stanley L.; PAULSON, Bonnie Litschewski (orgs.). *Normativity and norms:* Critical perspectives on kelsenian themes. Tradução de Bonnie Litschewski Paulson, Stanley L. Paulson e Michael Sherberg. New York: Oxford/Clarendon, 2007. p. 365-382.

[...] a, *Bolscevismo e capitalismo*. Est [...]
gang Giusti (1901-1980) — é o sétimo [...]
gresso del Partito (1934) [já publi[...] [...]
[...] sul progetto della nuova Costituzione [...] Discorso del [...] novembre 1943 in occa-
[...]one dell'anni-versario della rivoluzione [...] o Discorso del [...] novembre 1944 in
[...]asione dell'anniversario della rivoluzione, todos [...] laborato momentov os
[...]aiutos de Molotov, Kuibyscev e Grinko.
[...] volta de 1945, os volumes publicad[...]
[...]am os seguintes: 1. Max Weber, *L'etica protestante e lo [...] del capitalismo*;
[...] Giacomo Perticone, *La politica italiana del [...] crisi della
democrazia e la lotta dei partiti (1915-1920)*; 3. Giacomo Perticone, v. 2, *La crisi*

KELSEN TEÓRICO DA DEMOCRACIA E O CORPORATIVISMO DOS ANOS 1930*

Mario G. Losano

> **Sumário: 1.** A esquecida edição italiana de Hans Kelsen de 1930. **2.** Arnaldo Volpicelli, *"enfant terrible* da jurisprudência fascista". **3.** As relações entre Kelsen e Volpicelli, ou seja, a democracia e o corporativismo. **4.** Democracia parlamentar e controle sobre a economia: a atualidade do debate entre Kelsen e Volpicelli. **5.** O êxito na Itália dos escritos de Kelsen sobre a democracia. **6.** Bibliografia.

1. A Esquecida Edição Italiana de Hans Kelsen de 1930

A recepção na Itália do Kelsen teórico da democracia deu--se sob o fascismo. Um estudo recente documenta esse evento, em certos sentidos, paradoxal,[1] publicando novamente tanto os artigos de Kelsen como os de seu divulgador na Itália, Arnaldo Volpicelli, hoje esquecido. As páginas seguintes são dedicadas à reconstrução das relações entre os dois juristas.

O pensamento de Hans Kelsen começou a se difundir na Itália entre os anos 1924 e 1931. O seu primeiro ensaio traduzido para o italiano tinha por objeto a distinção entre direito público e direito privado,[2] enquanto os ensaios que se seguiram, entre 1929-1931, eram dedicados à doutrina do Estado e à defesa da democracia, isto é, do regime político ao qual o fascismo, então

---

*   Traduzido a partir do original em italiano "Kelsen teorico della democrazia e il corporativismo degli anni Trenta" por Francesca Antonia Pavolini. Revisão técnica e da tradução de Júlio Aguiar de Oliveira.

1   Kelsen; Volpicelli, *Parlamentarismo, democrazia e corporativismo*, p. 296. Para o texto original, cf. *infra*, nota 3.

2   KELSEN, *Diritto pubblico e diritto privato*; nem neste artigo, nem nas bibliografias de Hans Kelsen, é indicado o texto original do qual se origina essa tradução.

o regime dominante, se opunha. Além disso, esses artigos a favor da democracia, depois de terem sido publicados em uma revista fortemente inserida no movimento fascista, foram reunidos, em 1930, em um livro[3] recentemente reimpresso depois de 80 anos de esquecimento.

O livro de 1930 foi o fundador, por longo tempo ignorado, de uma série italiana de livros kelsenianos cujo conteúdo – de 1930 a 2010 – foi mudando e se enriquecendo de edição em edição, como veremos no item 5.[4]

Na Itália, a recepção de Kelsen na primeira década do fascismo foi uma recepção inevitavelmente crítica, mas cientificamente correta. E algumas perguntas surgem imediatamente: no ainda efervescente fascismo na sua primeira década de poder, por que Arnaldo Volpicelli, *"enfant terrible* da teoria do direito fascista",[5] apresentava os escritos do teórico da democracia a leitores de fé antidemocrática e, uma outra pergunta, por quem era constituído esse círculo de leitores em potencial? Arnaldo Volpicelli e Hans Kelsen – este último no início ainda em Viena, depois exilado da Áustria austrofascista para uma Alemanha já à beira do nacional- -socialismo – procuravam, ainda que a partir de posições opostas, uma solução para os problemas daqueles anos. Os argumentos científicos e a correspondência editorial documentam como suas relações foram marcadas pelo respeito recíproco das próprias diferenças. Além disso, os temas do seu embate científico e político voltaram à atualidade no atual debate europeu em relação à capacidade da democracia parlamentar de controlar o mundo econômico.

---

3   Kelsen; Volpicelli, *Parlamentarismo, democrazia e corporativismo,* p. 103. Eu o tinha noticiado no artigo "Anno 1930: una dimenticata edizione italiana di Hans Kelsen".

4   A *Notícia bibliográfica* no volume citado na nota anterior refere-se em detalhes a este emaranhado editorial: Kelsen; Volpicelli, *Parlamentarismo, democrazia e corporativismo,* p. 81-94.

5   Costa, *Lo stato immaginario.* Metafore e paradigmi nella cultura Giuridica italiana fra Ottocento e Novecento, p. 117.

2. Arnaldo Volpicelli, *"Enfant Terrible* da Jurisprudência Fascista"

A vida de Arnaldo Volpicelli (1892-1968) atravessou as duas guerras mundiais e os três regimes da Itália monárquica, fascista e republicana. Ele foi um corifeu do fascismo, em cuja era alcançou, a princípio, o ápice do sucesso, mas, depois, viu-se relegado à definitiva marginalização por causa da sua heterodoxia a respeito da doutrina do regime. Depois de ter participado da Primeira Guerra Mundial, formou-se em Direito em 1920 e em Filosofia em 1923. Entrou para o círculo de Ugo Spirito e de Giovanni Gentile e colaborou em numerosas das suas iniciativas editoriais, que se realizaram, principalmente, na editora florentina Sansoni, dirigida pelo próprio Gentile.

A carreira universitária o levou a Urbino e, em seguida, a Pisa, que foi a sede das suas principais atividades. Com o ministro Giuseppe Bottai e o filósofo Ugo Spirito, dirigiu a *Collezione di classici del liberalismo e del socialismo*, que tinha como proposta oferecer os textos dos adversários do fascismo para poder refutá-los com base numa compreensão apropriada. Esse mesmo princípio encontra-se, também, na base da publicação dos artigos de Kelsen na revista *Nuovi studi di diritto, economia e politica*, fundada por Volpicelli, juntamente com Ugo Spirito, em 1927.

Um rápido exame dos volumes publicados pela *Scuola di Scienze Corporative della Regia Università di Pisa* – escola que, dirigida por Bottai, tinha a revista *Archivio di Studi Corporativi* como seu órgão – demonstra o quanto esses estudiosos levavam a sério o confronto com ideias contrárias às suas, de forma a enfrentá-las em um debate científico. Na preparação das antologias, trabalharam estudiosos que, mais tarde, se tornariam figuras de primeiro plano na democracia do pós-guerra (e até mesmo no movimento antifascista), como Felice Battaglia e Delio Cantimori. Os textos, por sua vez, provinham de autores significativos do próprio campo, ou do campo adversário, como Carl Schmitt, de um lado, e Josef Stalin, do outro. No entanto, o regime não apreciou tamanha seriedade iconoclasta e, em 1935, proibiu os pisanos – culpados em 1932 de terem alimentado a polêmica fratricida dentro do corporativismo – de continuarem com aquelas séries de publicações.

Na *Collezione di classici del liberalismo e del socialismo* Felice Battaglia apresentou os principais documentos constitucionais do liberalismo em uma antologia que continuou a ser publicada mesmo depois da guerra, enquanto o segundo volume (e último da série) foi dedicado aos liberais da Itália unida, de Camillo Cavour a Antonio Salandra.[6]

Os clássicos foram acompanhados por uma *Collana di opere economiche*, inaugurada com uma antologia sobre a crise culminada em 1929.[7] No prefácio, Bottai recorda que, depois da economia de guerra imposta pela Primeira Guerra Mundial, o Ocidente não tinha conseguido retornar "às posições de largada". Em seguida, com a crise de 1929, "a ilusão de um retorno ao passado começava a se esvanecer até mesmo entre os mais obstinados ortodoxos". Na procura por novas soluções, a *Scuola di Scienze Corporative di Pisa* instituiu, em 1932-1933, um "Observatório econômico". Um primeiro resultado dessas pesquisas é apresentado no presente volume, em *La crisi del capitalismo*, e por outro que o segue e o complementa, *L'Economia programmatica*. O confronto com as experiências alheias documenta não apenas a "desorientação geral", mas também "a clara e concreta exceção do corporativismo italiano", que sai então reforçado dessa experiência.[8]

Por fim, um convite para aprofundar esse confronto é oferecido pela vasta e bem estruturada obra do economista Giuseppe

---

6   Na série, o primeiro volume foi o de Felice Battaglia (org.), *Le carte dei diritti. Dalla Magna Charta alla Carta del Lavoro* (com ulteriores edições em 1947 e em 1998), seguido por Francesco Piccolo (org.), *I liberali italiani dopo il 1860. Scritti scelti.*

7   Pirou; Sombart; Durbin; Patterson; Spirito, *La crisi del capitalismo*. O prefácio de Bottai não é mencionado na folha de rosto. A exposição do ponto de vista francês, alemão, inglês e americano é completada pelo ensaio de Spirito, *La crisi del capitalismo e il sistema corporativo.*

8   Bottai, *Prefazione*, p. V e segs.

Bruguier Pacini (1894-1955), que foi também um dos tradutores de Kelsen na revista *Nuovi studi di diritto, eonomia e politica.*[9] O livro experimentou um verdadeiro sucesso, tanto que, no ano seguinte, foram publicadas outras duas edições inalteradas, um êxito compartilhado com outras obras da série.

A anunciada coleção de escritos sobre economia "programática" – contrapartida fascista da economia planificada socialista – passa em revista as tentativas de regular o mercado liberal.[10] "A complexidade e a organicidade cada vez maior das relações econômicas – escreve Bottai no prefácio –, a urgência de dar um caráter unitário e, portanto, estatal às economias dos diferentes países, a necessidade cada vez mais evidente de colaboração nacional e internacional, fizeram com que, nesses últimos anos, os princípios da economia programática se difundissem muito rapidamente, em antítese com os da economia liberal. (...)" Entre as aplicações práticas dessa exigência, Bottai menciona o planejamento soviético ("a tentativa mais orgânica feita até agora, embora muito claramente burocrática") e "o exemplo recentíssimo dos Estados Unidos, talvez também arbitrário e empírico demais". Na Itália, a economia corporativista é certamente programática: "mas ainda não está suficientemente explicitado e esclarecido em que sentido preciso e com que consequências para o Estado e para o indivíduo", isto porque a associação "dos dois termos, plano econômico e bolchevismo, tornou hesitantes muitos políticos e estudiosos". Daqui também provém a justificativa das escolhas editoriais: "O conhecimento das discussões que acontecem a este propósito nos outros países poderá servir para limpar cada vez mais o terreno

---

9   Bruguier, *Orientamento bibliografico sul "Capitalismo e la sua Crisi Attuale".*

10 Brocard *et al., L'economia Programmatica* (é o 2° v. desta série). Ao *Prefácio* de Bottai seguem os textos de Lucien Brocard, Carl Landauer, John A. Hobson, Lewis L. Lorwin, Gerhard Dobbert; a contribuição conclusiva de Ugo Spirito, *L'economia programmatica corporativa*, está nas p. 169-185; *Bibliografia* de Giuseppe Bruguier, p. 189-203. Este tema estava de acordo com o debate econômico, não só italiano, daqueles anos: cf. Macchioro, *Studi di storia del pensiero economico italiano*, p. 456, nota 38.

de qualquer injustificada prevenção e dar uma consciência mais exata do que é a economia programática corporativista."[11]

Nesse confronto internacional, poderia agora ser inserida a contribuição dos corporativistas pisanos, com os volumes de Ugo Spirito e de Volpicelli sobre o corporativismo, que deveriam ser completados pelo de Bottai.[12] O plano editorial previa uma bem nutrida série ulterior de contribuições,[13] bloqueada, porém, depois de 1935, pela excomunhão que golpeou os corporativistas pisanos. Ao examinar superficialmente seus títulos e autores, tem-se uma ideia da vastidão dos projetos que animavam aquela escola.

Na realidade, na série *Studi* ainda foram publicados mais dois volumes que não constavam no projeto editorial citado acima – um livro de Volpicelli e uma antologia de escritos econômicos, que retomava e ampliava aquela sobre economia programática[14] – bem como um volume sobre empresa, que deveria ser o sexto e, assim julgo eu, último volume da série.[15] O autor desse volume é o jurista Lorenzo Mossa; em virtude disso, Bottai, no prefácio, en-

---

11   Bottai, *Prefazione*, p. V e segs.

12   Spirito, *Capitalismo e corporativismo*; Volpicelli, *Corporativismo e scienza giuridica*; porém, não achei o anunciado livro de Giuseppe Bottai, *Modernità della corporazione fascista*.

13   Ao final de *L'economia programmatica*, a editora anuncia que "sairão, em seguida: Celestino Arena, *L'impresa nell'economia corporativa*; Giuseppe Bottai, *Modernità della corporazione fascista*; Giuseppe Bruguier, *Metodo scientifico ed economia corporativa*; Filippo Carli, *Le basi teoriche della corporazione di categoria*; Widar Cesarini Sforza, *L'"interesse generale" nel sistema corporativo*; Lorenzo Mossa, *L'impresa nel sistema corporativo*; Arnaldo Volpicelli, *I presupposti scientifici dell'ordinamento corporativo. Prime linee su di una teoria generale dell'ordinamento corporativo*" (em realidade, um opúsculo: ARE: relatório ao Congresso de Ferrara de 1932; Guido Zanobini, *Il sistema dei controlli nello Stato corporativo* (não encontrado).

14   Volpicelli, *Corporativismo e scienza giuridica*; Beckerath *et al.*, *Nuove esperienze economiche.* (com escritos de Beckerath, George D. H. Cole, John B. Condliffe, Gerhard Dobbert, Lewis L. Lorwin, S. Nagao e Ugo Spirito; v. 5º da série).

15   Lorenzo Mossa, *L'impresa nell'ordine corporativo*. Com prefácio de Giuseppe Bottai. O volume divide-se em cinco capítulos: I problemi fondamentali del diritto commerciale; Modernismo giuridico e diritto privato; Il diritto alla impresa; Principii di diritto economico; e L'impresa nell'ordine nuovo.

frenta o problema das relações entre direito e fascismo, formulando uma pergunta clara: "A posição assumida por Mossa em relação aos novos institutos gerados pelo curso corporativo da Revolução colabora com a sua definição e, o que mais interessa, colabora com o seu desenvolvimento?" Muitos textos jurídicos são "irrepreensíveis do ponto de vista tradicional, ou melhor, pré-revolucionário. Tudo neles é ordem, argumentações e fórmulas, induções e deduções". Todavia, trata-se da ordem do passado, e essa senilidade contagia mesmo os institutos mais inovadores. Mossa, no entanto, fica a salvo disso porque é um comercialista, e "o direito comercial já fora, ainda antes do direito corporativo, um suspeito de heresia". Bottai descobre em Mossa a impaciência do prático frente à lentidão da elaboração teórica; e, ainda hoje, o volume completo pode ser lido com proveito para se analisar como as estruturas jurídicas se adaptam, com atraso, às inovações.[16]

Por fim, a *Serie documentaria* provocou a ira dos fascistas ortodoxos com uma antologia de escritos de Stalin e de outros autores soviéticos,[17] precedidos por uma breve apresentação do ministro Bottai, que merece ser lida por inteiro, pois ilustra o espírito que animava a escola pisana.

16　Bottai, *Prefazione*, p. VI e segs.
17　Stalin (V. Molotov e V. Kuibyscev – G. F. Grinko), *Bolscevismo e capitalismo*. Com uma advertência de Giuseppe Bottai. A folha de rosto menciona, em conjunto, Vjačeslav Molotov (Presidente do Conselho dos Delegados do Povo) e Valerian Kuibyscev, porque juntos assinam um comentário ao segundo plano quinquenal. Mais especificamente econômico é o texto de Grigorij Fëdorovič Grin'ko, Delegado do Povo das Finanças. Índice: Stalin, *Rendiconto generale al XVII congresso del Partito Comunista*; Molotov; Kuibyscev, *Rendiconto intorno al secondo piano quinquennale per lo sviluppo dell'economia pubblica nell'URSS (1933-1937)*; Grinko, *Rapporto alla IV Sezione del Comitato centrale esecutivo dell'URSS* [no índice com o título: *Programma finanziario per l'anno 1934*]; *Il piano dell'economia nazionale dell'URSS per l'anno 1934*.
　　O cosmopolita Giuseppe Zamboni (1903-1986) foi o tradutor dos volumes, um germanista que nasceu e viveu na Rússia até os 15 anos mais ou menos: daí o seu conhecimento da língua russa.

ADVERTÊNCIA. Para que o corporativismo esclareça cada vez mais seus fins e os meios para consegui-los, é preciso perceber com exatidão todas as tentativas que são realizadas fora da Itália para resolver os problemas políticos, sociais e econômicos, desencadeados, ou melhor, acentuados pela guerra mundial. O mundo todo já está alacremente à procura de normas e de institutos que deem resposta às novas necessidades, não sempre claras, mas todavia prementes, que afloram na consciência dos povos. Destas pesquisas e destas tentativas a Escola de Ciências Corporativas da R. Universidade de Pisa quer mostrar, em uma série de volumes especial, os documentos mais vivos e as expressões mais significativas, publicando escritos e discursos de homens de Estado e estudiosos, que sejam os representantes de novas experiências de governo ou de novas tendências científicas. O grau de maturidade ao qual chegou o corporativismo italiano não só consente uma iniciativa de tal gênero, mas é a garantia de uma visão realmente crítica da experiência do outro e portanto de um fortalecimento e de um enriquecimento da própria. (Giuseppe Bottai)

Esse volume foi publicado novamente em 1945 sob o mesmo título. Todavia, do volume originário, foi conservado somente o longo ensaio de Stalin, com o acréscimo de três de seus discursos,[18] sem, no entanto, mencionar a edição original de 1934. Essa reedição – incluída na série *Studi storici e politici* – se inicia com o texto de Max Weber sobre a ética protestante, já traduzido nos *Nuovi studi di diritto, economia e politica* e prossegue com volumes provenientes, também, da série de Pisa.[19]

---

18   Stalin, *Bolscevismo e capitalismo*. Este volume – coordenado pelo eslavista Wolfgang Giusti (1901-1980) – é o sétimo da série e contém *Il rendiconto al XVII congresso del Partito (1934)* [já publicado em 1934], o *Discorso del 25 novembre 1936 sul progetto della nuova Costituzione*, o *Discorso del 6 novembre 1943 in occasione dell'anni-versario della rivoluzione* e o *Discorso del 6 novembre 1944 in occasione dell'anniversario della rivoluzione*, todos de Stalin. Mas foram omitidos os ensaios de Molotov, Kuibyscev e Grinko.

19   Por volta de 1945, os volumes publicados na série "Estudos históricos e políticos" eram os seguintes: 1. Max Weber, *L'etica protestante e lo spirito del capitalismo*; 2. Giacomo Perticone, *La politica italiana dell'ultimo trentennio*; v. 1: *La crisi della democrazia e la lotta dei partiti (1915-1920)*; 3. Giacomo Perticone, v. 2: *La crisi*

Kelsen Teórico da Democracia e o Corporativismo... | Mario G. Losano   289

As afinidades entre o bolchevismo e o fascismo transparecem ainda na neutra *Presentazione*, de 1945 (basta substituir "patriotismo" por "nacionalismo" e "culto ao chefe" por *Führerprinzip*"). *Presentazione* que, todavia, lembra também a abordagem científica que animava os pisanos: "Na nova Rússia coexiste a velha tradição marxista junto com um novo e veemente patriotismo e com o culto ao chefe. São essas as grandes forças motoras que a movem. Não se trata de justificar ou condenar, trata-se de entender."[20] Talvez, desviado por estas perigosas afinidades, o tradutor faz Stalin abrir seu *Rendiconto* com a sonora e incongruente expressão: "*Camerati!*"[21]

Para contrabalançar a provocadora antologia bolchevique, os intelectuais pisanos confiaram uma antologia de Carl Schmitt (o jurista da coroa do nacional-socialismo), a Delio Cantimori,[22] então um jovem de 30 anos, que, em uma ampla introdução, passa em revista os anos da formação do nacional-socialismo e os diversos componentes que o animaram, dentre os quais os defensores do "Estado de força" (*Machtstaat*), contrapostos aos defensores do "Estado de direito" (*Rechtsstaat*).

As páginas de Volpicelli, que introduzem o livro, criticam as concepções de Schmitt, partindo das mesmas noções schmittianas de *amicus* e *hostis*: "Concepção, por conseguinte, *guerreira* e

---

della democrazia e la dittatura fascista (1921-1943); 4. Arturo Rosenberg, *Origini della repubblica tedesca (1871-1918)*; 5. Arturo Rosenberg, *Storia della repubblica tedesca*; 6. Arturo Rosenberg, *Storia del bolscevismo da Marx ai nostri giorni* (Arthur Rosenberg era socialista, 1889-1943; a não se confundir com o teórico do racismo Alfred Rosenberg, 1892-1946); 7. Giuseppe Stalin, *Bolscevismo e capitalismo*; 8. Giacomo Perticone, *Storia del socialismo*; 9. Theodor Wolff, *La guerra di Ponzio Pilato* (não encontrado: *Der Krieg des Pontius Pilatus*, Zürich 1934).

20   Giusti, *Presentazione*, p. 20.
21   Stalin, *Bolscevismo e capitalismo*, 1934. p. 21: este termo é um resíduo da tradução de 1934; nos textos do volume de 1945, ao contrário, o discurso de 1943 é aberto com o clássico: "Companheiros!" (Stalin, *Bolscevismo e capitalismo*, 1945. p. 115).
22   Schmitt, *Principii politici del nazionalsocialismo*. As *Note sul nazionalsocialismo* de Delio Cantimori (p. 1-42) não são mencionadas na página de rosto.

nacionalística da política? Precisamente, apesar da afirmação contraditória de Schmitt"; mas, sobretudo, "é preciso confutar e recusar a *definição lógica* dessa doutrina" (*Prefazione*, p. VI). Volpicelli propõe superar dialeticamente essa contraposição: "A substância e meta ideal da política não é o nacionalismo, mas o *internacionalismo*: o vínculo orgânico e unitário dos povos na humanidade orgânica e unitária. Nisso, pois, consistem a diferença fundamental e a superioridade categórica do corporativismo fascista sobre o nacional-socialismo" (p. VII). A crítica estende-se também para a concepção do partido (único) de Schmitt. Para Volpicelli, ele não é um elo de conexão entre Estado e povo, mas "é preciso que o próprio partido, e somente ele, se torne integralmente o Estado". O partido, portanto, "deve transformar-se, de parte, no todo" (p. IX).

O grupo de Pisa estudava todo o campo de doutrinas, mas, de forma crítica, tanto as doutrinas democráticas (dos liberais anteriores à Itália unida até Kelsen) quanto as antidemocráticas (de Stalin até Schmitt). Seguindo essa linha editorial, é lícito supormos que também Hans Kelsen, o teórico da democracia, poderia ter sido um autor candidato a essa série, apesar de não existirem documentos a esse respeito. No entanto essa série, como as anteriores, extinguiu-se em 1935.

A atenção crítica voltada para o corporativismo, concebido por Volpicelli como espinha dorsal do Estado fascista e tratado com uma radicalidade não compartilhada por muitos, marcou o início do seu irrefreável declínio. A ruptura aconteceu em 1932, na convenção de Ferrara sobre corporativismo. A sua doutrina do "corporativismo proprietário", como forma alternativa da propriedade privada, provocou a acusação de "comunismo" contra ele e contra Ugo Spirito e desembocou, em 1935, no fechamento não somente das séries comentadas até aqui, mas também da revista deles (na qual Kelsen tinha sido publicado). O fascismo institucional rejeitou com violência as ideias desses teóricos heterodoxos do corporativismo. Essa rejeição chegou ao ponto de serem, as obras de Spirito e de Volpicelli, preliminarmente excluídas do prêmio do corporativismo instituído pela *Accademia dei Lincei*.

Em 1977, Ugo Spirito, da perspectiva unilateral e desiludida do seu fascismo, evocava novamente aquele conflito: "O fascismo morreu quando morreu sua missão inovadora. De 1932 a 1935, o movimento científico foi representado sobretudo pelo *Collegio Mussolini dell'Università di Pisa*, do qual, na revista *Nuovi studi di diritto, economia e politica*, eram recolhidos os documentos principais. Depois de 1935, o *Collegio* praticamente se extinguiu e, com ele, se extinguiu, precisamente, o verdadeiro fascismo. (...) Depois só vieram o vazio, a desorientação, a destruição",[23] isto é, a democracia e a constituição republicana de hoje.

Quando as leis raciais de 1938 levaram ao expurgo de Giorgio Del Vecchio, Volpicelli passou a ocupar a sua cátedra de filosofia do direito na Faculdade de Ciências Políticas de Roma, ao passo que a cátedra da Faculdade de Direito passou para Widar Cesarini Sforza. Com a queda do fascismo, Volpicelli foi suspenso do ensino em 1944 e reintegrado em 1946, depois de um longo processo contencioso.[24] A sua carreira universitária terminou em 1967, um ano antes de sua morte.

Arnaldo Volpicelli, como intelectual, era atento à cultura alemã;[25] como filósofo, era influenciado por Ugo Spirito (1896-1979) e por Giovanni Gentile (1875-1944); como homem político, era ligado ao fascismo e, em particular, ao corporativismo. Essa sua posição política explica por que, no período pós-guerra, ele tenha sido afastado do ensino e por que, durante o seu processo contencioso contra a universidade, tenha preferido usar o

---

23   Spirito, *Memorie di un incosciente*, p. 61 e segs.: este é o tom com que se conclui o capítulo *Il mio fascismo*, seguido por *Il mio comunismo* (ou seja, o da corporação proprietária).

24   Eventos e documentos do expurgo e reabilitação de Spirito constam no Cap. VI. *La persecuzione antifascista* da sua autobiografia: Spirito, *Memorie di un incosciente*, p. 93-113. Segundo Franchi, o contencioso termina "definitivamente" em 1949 (Franchi, *Arnaldo Volpicelli*, p. 6, n° 1).

25   Cf. por exemplo as suas traduções: Kant, *Fondamenti della metafisica dei costumi*; Schmitt, *Principii politici del nazionalsocialismo* (para este último volume, cf. *supra*, texto e nota 22).

pseudônimo de Michele Dipiero para publicar o livro no qual tomou posição no debate sobre a Assembleia Constituinte.[26]

O documentado livro de Giovanni Franchi oferece uma sua breve biografia e uma vasta bibliografia primária e secundária.[27] Volpicelli foi redator-chefe de *La nuova politica liberale*, desde 1927, e do *Archivio di Studi Corporativi*, desde 1930; em particular, desde 1927, ele dirigiu os *Nuovi studi di diritto, economia e politica*, "uma das poucas revistas italianas de alcance europeu",[28] na qual, de 1929 a 1931, foram traduzidos os artigos de Kelsen, que assinalam o início da sua difusão na Itália.[29] Kelsen não foi um caso isolado. Para limitarmo-nos a um outro exemplo significativo, essa revista publicou "a primeira tradução italiana" de *A ética protestante e o espírito do Capitalismo*, de Max Weber.[30] A mesma tradução veio a lume, novamente, em 1965.[31]

A atenção dispensada a Kelsen caiu nos anos em que Volpicelli deu a sua plena adesão ao regime. O assassinato de Giacomo Matteoti, em 1924, provocou uma cisão dentro da escola de Gentile, fazendo com que Volpicelli se alinhasse decididamente com Gentile ao lado do governo, tendo publicado, em 1924, um longo

---

26   Dipiero (pseudônimo), *Storia critica dei partiti italiani*. Não conheço outros volumes de Volpicelli publicados com este pseudônimo.

27   Franchi, *Arnaldo Volpicelli*. Per una teoria dell'autogoverno. A literatura de Volpicelli está nas p. 121-130; a sobre Volpicelli está nas p. 131-138.

28   Franchi, *Arnaldo Volpicelli*, p. 5, nota 1.

29   A eles é preciso acrescentar o artigo de 1924, já lembrado na nota 3. Sobre os primeiros passos do êxito italiano de Kelsen cf., em ordem cronológica, Losano, *La fortuna di Hans Kelsen in Italia*, Riccobono, *Kelsen in Italia*; Frosini, *Saggi su Kelsen e Capograssi*; Punzo, *L'esperienza di "Nuovi studi di diritto, economia e politica"*.

30   Weber, *L'etica protestante e lo spirito del Capitalismo*, "Nuovi studi di diritto, economia e politica", v. IV, p. 176-223, 284-311, 369-396; v. V, p. 58-72, 179-231. "A primeira tradução italiana, aqui publicada, deste famoso estudo de Max Weber, ocupou os dias extremos de Piero Burresi. (...) A publicação desta tradução (...) quer ser, além de *um contributo à nossa cultura histórica*, uma triste homenagem à memória do amigo desaparecido, mas presente" (p. 176, nota 1, itálicos meus). Cf. o prefácio de Giansiro Ferrata ao volume de Piero Burresi, *Raccolta di scritti*.

31   Weber, *L'etica protestante e lo spirito del Capitalismo*.

ensaio a favor do regime,[32] recebido, em 1925, a carteira *ad hono-rem* do Partido Nacional Fascista e, no mesmo ano, tendo se torna-do livre docente de filosofia do direito em Roma. A partir de 1926, a sua produção científica tinha como objetivo dar um fundamento teórico às escolhas do regime, isto é, a problemas políticos con-cretos, como "o papel do Partido Nacional Fascista, o destino dos partidos de oposição e o próprio significado de oposição".[33]

As tensões políticas daqueles anos se revelam claramente na nota assinada pela "Direção" (isto é, por Volpicelli) que, em 1929, acompanha o primeiro artigo de Kelsen nos *Nuovi studi di diritto, economia e politica*: "Estamos acolhendo na nossa Revista este en-saio de Kelsen (*Das Problem des Parlamentarismus*, Wien 1926), que o autor gentilmente nos autorizou a publicar e que o prof. Bruno Flury – depois da nossa insistência – consentiu em tradu-zir. Dispensável acrescentar que os *Nuovi studi di diritto, econo-mia e politica* não podem compartilhar das opiniões de Kelsen, nem colocar e resolver o problema nessa determinada maneira. Continuaremos a publicação de alguns dentre os mais notáveis e significativos ensaios do autor e os faremos seguir de uma ampla crítica. O nome de Kelsen hoje é demasiado prestigioso e discuti-do para que suas teorias não sejam levadas em consideração."[34]

3. As Relações entre Kelsen e Volpicelli, ou seja, a Democracia e o Corporativismo

Kelsen tinha consentido com a publicação, em livro, de seus escritos traduzidos para o italiano, mas não é possível reconstruir se estava a par da edição de 1930. É certo, todavia, que os dois filósofos do direito mantinham boas relações acadêmicas, como

---

32 Volpicelli, *Il Fascismo e lo Stato*.
33 Franchi, *Arnaldo Volpicelli*, p. 41.
34 Kelsen, *Il problema del parlamentarismo*. E efetivamente a este artigo seguiram ou-tros, um dos quais dividido em vários capítulos. Além do artigo citado na nota anterior, a revista de Volpicelli publicou Kelsen, *Concetto del diritto naturale, For-malismo giuridico e dottrina pura del diritto*.

demonstram as cartas que trocaram entre si por ocasião das traduções. Além disso, tanto na revista quanto no livro de 1930 o texto kelseniano vem acompanhado pela nota: "Com a gentil concessão do autor, apresentamos a tradução do ensaio, publicado como manuscrito em Viena, 1926, intitulado *Grundriß einer allgemeinen Theorie des Staates*".[35] Finalmente, em 1932, Volpicelli recolheu em um livro os escritos de Kelsen publicados na sua revista.[36]

Não nos deve causar espanto essa proximidade científica entre dois estudiosos que militavam em campos politicamente adversários. Por um lado, o *entourage* kelseniano mantinha-se atento a Volpicelli tanto em razão da sua crítica ao dualismo entre direito privado e público, como porque – especialmente depois das "iníquas sanções", que, em 1935, golpearam a Itália por causa da invasão da Abissínia – ele estendia a sua concepção do corporativismo também ao direito internacional e à Sociedade das Nações.[37] E, em Genebra, um aluno de Kelsen ocupou-se do livro de Volpicelli, como veremos adiante. Por seu lado, Volpicelli não negava de todo algum valor às teorias jusfilosóficas de raízes neokantianas, como demonstram as palavras com que ele abre um texto de sua autoria sobre Croce.

> Se o mérito fundamental do *formalismo jurídico neokantiano* é o de ter reafirmado, contra o *positivismo naturalista* que adquiriu força nas doutrinas jurídicas após 1860, a idealidade e a universalidade do direito, o seu maior defeito é ter-se congelado em um conceito abstrato e anti-histórico da categoria do direito, como antecipação ideal e esquema *ab aeterno* da experiência jurídica, e em uma determinação analítica e empírica desta categoria. Pelo primeiro erro, o formalismo neocrítico perdia a grande conquista kantiana da natureza espiritual (ou formal)

---

35 Kelsen; Volpicelli, *Parlamentarismo, democrazia e corporativismo*, p. 103.

36 Kelsen, *Lineamenti di una teoria generale dello Stato e altri scritti*. (Contém: *Lineamenti di una teoria generale dello Stato; Intorno alla natura e al valore della democrazia; Il problema del parlamentarismo; Concetto del diritto naturale; Formalismo giuridico e dottrina pura del diritto*.)

37 Volpicelli, *Società, Stato e società di Stati; Corporazione e ordinamento internazionale; Il problema della Lega delle Nazioni*.

das categorias, escorregando no platonismo e no consequente dualismo de fenômeno e ideia; pelo segundo erro, deixava fugir o significado e o valor das deduções sistemáticas do idealismo pós-kantiano, impedindo-se o passo à fundação e justificativa intrínseca da filosofia do direito.

A *Filosofia do Espírito* de Benedetto Croce, reafirmando, pelo contrário, em harmonia com a exigência crítica de Kant, a natureza espiritual das formas ou categorias, e, em harmonia com a exigência sistemática do pós-kantismo, o seu fundamento e nexo absoluto, ditava os termos para recompor, em um plano historicamente e especulativamente mais elevado, o dissídio entre a filosofia e a história, a universalidade e a concretude, a categoria e a experiência; como também resolver o problema próprio à filosofia do direito, como, precisamente, "ciência filosófica".[38]

Kelsen e Volpicelli, em resumo, combatem, de posições opostas, os mesmos adversários. Volpicelli combate a filosofia do direito que – "perdido aquele superior grau especulativo alcançado pelo pensamento moderno" com Hegel – vivia então "submersa na confusa sociologia naturalística e nas empíricas embrulhadas da enciclopédia jurídica e da teoria geral do direito".[39] Kelsen busca afastar todo e qualquer "sincretismo metodológico". "A Teoria Pura do Direito propõe-se a delimitar o conhecimento do direito em relação a essas disciplinas [sociologia, psicologia, ética], não porque ignore ou, até mesmo, negue essa conexão, mas, sim, porque tenta evitar um sincretismo metodológico que obscurece a essência da ciência do direito e cancela os limites que lhe são impostos pela natureza do seu objeto."[40]

---

38   Volpicelli, *La teoria del diritto*, p. 91, em Spirito; Arnaldo Volpicelli; Luigi Volpicelli, *Benedetto Croce. La filosofia, l'estetica e la critica letteraria, la teoria del diritto, la scienza economica, la politica*. O pedagogista Luigi Volpicelli (1900-1983) era o irmão mais novo de Arnaldo.

39   Volpicelli, *La teoria del diritto*, p. 92. Croce igualmente falava "daquele emaranhado de dificuldade que está escondido sob o nome de filosofia do direito" na sua *Riduzione della filosofia del diritto alla filosofia dell'economia*.

40   Kelsen, *La dottrina pura del diritto*, p. 9.

Uma aprofundada análise das críticas de Volpicelli a Kelsen está contida no livro, já citado, de Giovanni Franchi. Nele, simplificando, pode-se dizer que Volpicelli reconhece que Kelsen está de alguma forma no caminho certo, mas o repreende por estar do lado errado. É suficiente esse aceno para explicar, não diria a afinidade, mas, pelo menos, o não estranhamento entre os dois estudiosos.

Em 1933, com a tomada do poder pelos nacional-socialistas, Kelsen foi obrigado a abandonar a Alemanha e se transferir para Genebra. Ali encontrou o jovem filósofo italiano Umberto Campagnolo (1904-1976), exilado naquela mesma cidade, que defendeu com ele uma tese de doutorado, tornando-se, assim, o único aluno italiano de Kelsen.

De seu contato com Hans Kelsen, Campagnolo deixou numerosos documentos no seu arquivo, que forneceram material para três livros: *Diritto internazionale e Stato sovrano*,[41] de 1999 (traduzido em 2002 no Brasil[42] e em 2007 na Espanha);[43] *Verso una constituzione federale per L'Europa. Una proposta inedita del 1943*,[44] de 2003, e, finalmente, *Conversazioni con Hans Kelsen. Documenti dell'esilio ginevrino 1933-1940*,[45] de 2009. Foi exatamente na preparação deste último volume que me deparei com Volpicelli e com aquela sua edição italiana de 1930 dos textos de Kelsen, que parecia desconhecida dos bibliógrafos do jurista de Praga.

O terceiro e último volume da trilogia é mais fragmentário que os dois anteriores, pois reúne os apontamentos tomados por

---

41 Kelsen; Campagnolo, *Diritto internazionale e Stato sovrano*. Com um inédito de Hans Kelsen e um ensaio de Norberto Bobbio. O inédito de Kelsen (*Bemerkungen zu der Doktor-These "Nations et Droit"*) foi publicado no original alemão e em tradução italiana.

42 Kelsen; Campagnolo, *Direito internacional e Estado soberano*.

43 Kelsen; Campagnolo, *Derecho Internacional y Estado Soberano*. Un diálogo con Kelsen sobre paz, federalismo y soberanía.

44 Campagnolo, *Verso una constituzione federale per l'Europa*. Una proposta inedita del 1943.

45 Campagnolo, *Conversazioni con Hans Kelsen*. Documenti dell'esilio ginevrino 1933-1940.

Umberto Campagnolo durante as aulas e as conversações genebrinas com Kelsen, bem como os apontamentos de leitura que se originaram naquele contexto. Uma dessas anotações de Campagnolo se intitula *Corporativismo e scienza del diritto*[46] e tem, como objeto, o discutido livro de Volpicelli de mesmo título.[47] Ela não tem data, mas situa-se entre 1935 e 1940; o seu amplo desenvolvimento crítico em francês, com as citações em italiano, faz pensar que Campagnolo a teria usado como base para discussão em um seminário de Kelsen.

Vistas as relações travadas entre Kelsen e Volpicelli e vista, também, a relevância assumida naqueles anos pelo debate sobre o corporativismo, não se pode excluir que, em Genebra, o próprio Kelsen tivesse proposto a Campagnolo a leitura de *Corporativismo e scienza del diritto*,[48] na época, o livro mais recente de um Volpicelli envolvido na aguerrida polêmica sobre a natureza da corporação fascista.

Campagnolo era filósofo por formação e convicção, muito embora o encontro com Kelsen em Genebra – um verdadeiro *coup de foudre* intelectual – tenha suscitado nele interesses jurídicos. Portanto, no livro de Volpicelli, Campagnolo se sente atraído sobretudo pelos passos que definem filosoficamente o direito. Isso o atestam as densas anotações tiradas das primeiras páginas do livro,[49] nas quais Campagnolo tenta traçar os confins entre as atividades do jurista, do historiador e do político.

Nessas anotações, Campagnolo parte da sua posição realista ("*La jurisprudence est essentiellement empirique*")[50] para criticar o pedido, que Volpicelli encaminha aos juristas, de criar um direito

---

46 O título completo da anotação é: *24. Corporativismo e scienza del diritto di Arnaldo Volpicelli, Firenze, Sansoni, 1934*, in Campagnolo, *Conversazioni con Hans Kelsen*, p. 180-190.

47 O já citado Volpicelli, *Corporativismo e scienza giuridica*.

48 Volpicelli, *Corporativismo e scienza giuridica*.

49 Kelsen; Volpicelli, *Parlamentarismo, democrazia e corporativismo*, p. 5-7.

50 Campagnolo, *Conversazioni con Hans Kelsen*, p. 182.

novo fundado no corporativismo, entendendo este último como princípio geral da inteira sociedade fascista e, portanto, também do seu direito. Mas, rebate Campagnolo, os juristas lidam com o direito existente, enquanto Volpicelli os repreende por ainda não terem produzido um direito novo; mas um direito que ainda não existe não pode ser objeto da atividade do jurista. Desse modo, "*M. Volpicelli, au contraire, ne se place pas vis-à-vis du droit en juriste, mais en politicien*".[51]

Com esse julgamento lapidar, o filósofo Umberto Campagnolo resumiu a essência da doutrina jurídica de Volpicelli e, ainda além, resumiu a essência da doutrina jurídica do fascismo como um todo. De fato, Piero Calamandrei, em 1940, dedica uma conferência contra essa pretensão de transformar os juristas em políticos, fazendo-os "cessar de serem servidores das leis vigentes, para tornarem-se, em vez disso, promotores das leis do futuro".[52] Na apaixonada defesa do respeito à lei geral e abstrata contra o "direito livre", Calamandrei lembra que o jurista pode adaptar a lei à realidade com a interpretação, com a analogia, onde isso for permitido, e com os princípios gerais, sem precisar abandoná-la para confiar ao juiz a criação do direito. Até mesmo "Kelsen, que concebe o direito como uma grande arquitetura de puras formas", adverte que, "no cume da sua pirâmide, a norma primeira é uma mera hipótese, que pode ser discutida e colocada em questão".[53]

Calamandrei enviou ao amigo Guido Calogero o texto da conferência, e o filósofo lhe respondeu com uma longa carta, na qual critica a concepção de Gentile e de seus seguidores, segundo

---

51 Campagnolo, *Conversazioni con Hans Kelsen*, p. 182.
52 Piero Calamandrei, *Fede nel diritto*, p. 131-141. A citação é na p. 72. Para Calamandrei, o jurista deve defender o direito positivo "mesmo quando o conteúdo da lei lhe faz horror": este tormento interior de Calamandrei é objeto das intensas páginas iniciais de Gustavo Zagrebelsky, *Una travagliata apologia della legge*, p. 3-22.
53 Calamandrei, *Fede nel diritto*, p. 97. Nas anotações bibliográficas que acompanham o manuscrito da conferência, Calamandrei cita "Kelsen, Kelsen, *La dottrina pura del diritto* (traduz. Treves), Modena 1933" (p. 107).

os quais a lei seria "irreal enquanto volição de classe, volição abstrata" e teria que ser substituída pela "volição-ação do caso individual", isto é, pelo direito livre. "Os juspublicistas da velha escola" construíram uma "dogmática (como ciência jurídica em si) sem jurisdição", ou seja, uma teoria sem prática; diante dessa abstração "os juspublicistas jovens, vendo que naquele caso a realidade concreta se encontra na política, creem que, para todo o direto, o salutar se encontre na 'publicização'!". E, nesse ponto, Calogero retoma as personagens que animaram esse debate: "É o erro de sempre dos Hueber, dos Spirito, dos Volpicelli, dos Biondi, e de todos os outros do mesmo molde." São "confusões e erros crassos" a serem condenados, distinguindo-os, porém, "do legítimo motivo de onde extraem sua origem",[54] isto é, da exigência de adaptar a norma geral e abstrata à justiça do caso concreto.

4. Democracia Parlamentar e Controle sobre a Economia: A Atualidade do Debate entre Kelsen e Volpicelli

O debate entre Kelsen e Volpicelli aconteceu quando o final da Grande Guerra havia imposto a mudança da forma estatal de muitos países europeus: das monarquias constitucionais às democracias (como na Áustria e na Alemanha) ou ao socialismo (como na Rússia, mas também nas efêmeras repúblicas dos conselhos operários na Alemanha e na Hungria). Formavam-se híbridos inéditos: a Alemanha de Weimar se apresentava como uma república imperial. O desemprego e a inflação, que culminaram na crise econômica de 1929, tinham desacreditado o regime democrático parlamentar, que não conseguia resolver esses problemas. Perguntava-se qual modelo adotar para estruturar os novos Estados, ou para renovar os velhos, e três propostas políticas disputavam o terreno, cada uma em luta com as outras duas: a democracia parlamentar, o social-comunismo e o fascismo.

---

54 Carta de Guido Calogero a Piero Calamandrei, 26 janeiro de 1940 (em viagem para Pisa), em Calamandrei, *Fede nel diritto*, p. 138.

Nessa disputa, a escolha de campo de Kelsen e de Volpicelli era nítida e oposta. Kelsen, herdeiro das ideias iluministas, filtradas através do neokantismo, era um adepto do relativismo filosófico, que, no plano político, se traduzia no regime que não admite valores absolutos, ou seja, na democracia parlamentar, na qual se alternam valores diversos, representados pela maioria e pela minoria. Visão fundada na igualdade e na liberdade individuais. Volpicelli, herdeiro do estatalismo hegeliano, filtrado através do atualismo de Giovanni Gentile, era um adepto da concepção orgânica do povo (contraposta ao individualismo liberal), não admitia corpos intermediários entre o povo e o Estado, como os partidos ou os sindicatos, e colocava, no vértice do Estado, um chefe carismático, fonte de valores absolutos. Visão fundada na hieraquia e na subordinação do indivíduo ao bem comum.

O debate entre os dois juristas se dá a distância, tanto no tempo quanto no espaço. Distância no tempo, porque o primeiro dos escritos de Kelsen, traduzido para o italiano em 1929, data originalmente de 1920, quando Kelsen, em Viena, trabalhava na constituição republicana de inspiração austromarxista, quando a revolução soviética enfrentava a carestia com o "comunismo de guerra" e quando o fascismo começava a manifestar-se com a aventura de Fiume. Esse escrito, porém, veio à luz na Itália de 1929, já firmemente fascista, no momento em que a consolidação de Stalin redimensionava as expectativas suscitadas pela revolução soviética. Distância no espaço, porque o austrofascismo em ascendência tinha imposto a Kelsen a saída da Corte Constitucional e da própria Áustria, obrigando-o, primeiramente, a transferir-se para a Alemanha (exatamente naqueles anos em que, ali, estava se afirmando o nacional-socialismo) e, em seguida, a emigrar para a Suíça. Entrementes, Volpicelli acompanhava, na Itália, a ascensão do fascismo, mesmo com as dificuldades devidas à sua heterodoxia.

Dadas essas premissas, o debate entre os dois juristas estava destinado a transcorrer com exatidão científica, mas sem a possibilidade de pontos de encontro. Kelsen assume uma atitude, sobretudo, de defesa da democracia parlamentar sob acusação, admitindo nela falhas e indicando algumas correções. Volpicelli, porém, é decididamente combativo ao apoiar o regime corporativo que estava se firmando. Mas ao ler os textos – no que é preciso também levar em conta, permito-me repetir, a defasagem espaço-temporal – tem-se, frequentemente, a impressão de que à *realidade* política do parlamentarismo tenha se contraposto o *projeto* da corporação, isto é, – para utilizar a terminologia kelseniana – tenham se confrontado um ser com um dever ser, um *Sein* com um *Sollen*.

Todavia essa polêmica sobre a democracia parlamentar não tem somente um valor histórico e teórico. Os textos de Kelsen retomam problemas e defeitos do parlamentarismo que, no início do terceiro milênio e com a crise econômica atual, cada vez mais parecida com a de 1929, voltaram à atualidade. Os textos de Kelsen sobre o parlamentarismo podem portanto ser relidos *também* com o olhar dirigido para as dificuldades atuais da democracia parlamentar e para as crescentes críticas lançadas por uma direita cada vez mais radical. Porém, esta não é a chave de leitura seguida aqui na continuação, pois o que importa aqui é voltar aos anos 1930 e examinar os argumentos recorrentes na disputa entre Kelsen e Volpicelli.

Na economia, o fascismo conheceu uma fase inicial de liberalidade, terminada com a substituição, em 1925, do ministro das finanças, Alberto De Stefani, independente demais e, frequentemente, demasiadamente crítico em relação ao regime. Em seguida, o fascismo andou assumindo uma atitude cada vez mais interventora e dirigística: "*During the 1930s Italy was the most extensively regulated economy among the major capitalist countries.*"[55]

O corporativismo ao qual se referem Kelsen e Volpicelli encontrou a sua definição na Carta do Trabalho de 1927, aqui lembrada para tornar mais explícitas as posições dos dois juristas. Primeiramente, o controle do Estado sobre a economia visava ser total, como demonstram estes dois pontos da Carta do Trabalho:

---

55   Williamson, *Varieties of Corporatism. Theory and Practice*, p. 84.

III. A organização profissional ou sindical é livre. Mas somente o sindicato, legalmente reconhecido e submetido ao controle do Estado, tem o direito de representar legalmente toda a categoria de empregadores ou de empregados para o qual é constituído, de tutelar, diante do Estado ou de outras associações profissionais, seus interesses; de estipular contratos coletivos de trabalho, obrigatórios para todos os que pertencem à categoria, de impor a eles contribuições e de exercitar em relação a eles funções delegadas de interesse público.

(...)

VI. As associações profissionais legalmente reconhecidas, asseguram a igualdade jurídica entre os empregadores e os empregados, mantém a disciplina da produção e do trabalho e promovem seu aperfeiçoamento. As Corporações constituem a organização unitária da produção e representam integralmente seus interesses. Em virtude desta integral representação, sendo os interesses da produção interesses nacionais, as Corporações são reconhecidas por lei como órgãos do Estado. Como representantes dos interesses unitários da produção, as Corporações podem ditar normas obrigatórias a respeito da disciplina das relações de trabalho e também da coordenação da produção, todas as vezes que as associações coligadas tenham lhes concedido os necessários poderes.

Mesmo que essas linhas mestras tenham sido só parcialmente realizadas, o debate entre os dois juristas refere-se à estrutura triangular de Estado, corporações e produtores (sem sindicatos livres). Em particular, Volpicelli parte "do corporativismo italiano ou fascista, o único que teve uma congruente realização ideal e prática".[56] "O caráter e a finalidade do corporativismo" são, para ele, os seguintes: "Sintetizar economia e política, particularidades e coletividades, exigir e estabelecer em cada um dos produtores e em cada uma das categorias uma consciência geral e comum, elevar a interesse e relação de caráter público aqueles problemas e

---

56 Kelsen; Volpicelli, *Parlamentarismo, democrazia e corporativism*, p. 16, nota 1.

Kelsen Teórico da Democracia e o Corporativismo... | Mario G. Losano   303

conflitos da produção e do trabalho que, até agora, permaneciam na esfera dos interesses e direitos privados".[57]

No debate, ambos os oponentes referem-se à democracia, entendendo-a, obviamente, de maneira antitética. Kelsen está claramente alinhado do lado da democracia parlamentar. Volpicelli indica a corporação como uma superação da democracia, mas não como uma sua negação: ela é "um desenvolvimento interno da própria democracia"; a vontade do Estado provém "da *concordia discors* da representação corporativa, segundo o próprio procedimento do parlamentarismo democrático". As decisões nos vários níveis da organização corporativa conservam o princípio da maioria, transformado, porém, de contraste entre "meros indivíduos" (que é o que Volpicelli critica em Kelsen), em um "contraste imanente à representação jurídica da organização econômico-política da sociedade".[58]

a) Os argumentos de Hans Kelsen

O conjunto de escritos de Kelsen traduzidos na revista de Volpicelli fazem parte de uma polêmica que, desde as décadas anteriores à Primeira Guerra Mundial, tinha irrompido entre os adeptos dos diversos regimes políticos.[59] Não se tratava somente de uma disputa doutrinária, pois, concretamente, era necessário ou apoiar o regime democrático parlamentar, que tinha se afirmado no primeiro pós-guerra, ou então substituí-lo por outro regime: ou comunista (como tinha acontecido na Rússia e como tinha sido tentado na breve experiência das repúblicas dos conselhos operários centro-europeias) ou então autoritário (oposto aos dois anteriores) como desejavam as extremas direitas.

O primeiro dos escritos de Kelsen, de 1920, refere-se à sua conferência, em defesa da democracia parlamentar, proferida em Viena

---

57   Kelsen; Volpicelli, *Parlamentarismo, democrazia e corporativism*, p. 111.
58   Kelsen; Volpicelli, *Parlamentarismo, democrazia e corporativism*, p. 112.
59   Por exemplo, Sighele, *Contro il parlamentarismo. Saggio di psicologia collettiva*.

em 1919 (reescrito várias vezes e ampliado nos anos sucessivos). O tom de Kelsen é o de um democrata que reconhece os defeitos do sistema parlamentar e que, consequentemente, indica suas possíveis melhorias. Diferente é o tom das críticas de Volpicelli, que recusa os pressupostos teóricos da democracia e exalta, sem hesitação, o Estado corporativo italiano. O confronto entre o relativista Kelsen e o dogmático Volpicelli não tem como conduzir a um "compromisso" – que, para Kelsen, é "a aproximação real da ideia de unanimidade postulada pela ideia de liberdade"[60] – porque a visão radical de direita (defendida por Volpicelli) julga-se dona de um valor absoluto, o que exclui qualquer possibilidade de compromisso.

A diferença entre as duas mentalidades também se reflete no estilo: conciso e cristalino em Kelsen, tortuoso e frequentemente obscuro em Volpicelli; essencial em Kelsen, carregado de adjetivos reveladores ("orgânico", "integral", "total") em Volpicelli; autocrítico em Kelsen, seguro de si em Volpicelli. Das páginas de Kelsen transparece o lema "Liberdade, igualdade, fraternidade"; daquelas de Volpicelli, o lema "Crer, obedecer, combater". Nenhuma conciliação é possível entre as duas posições e, na realidade histórica, somente a força das armas consentiu o afirmar-se de uma ou da outra como modelo inspirador de um Estado.

O ponto de partida de Kelsen é a constatação de que democracia e parlamentarismo não coincidem necessariamente, mas que, de fato, tendem a manifestar-se conjuntamente. A sua definição de parlamentarismo fornece todos os elementos para as análises sucessivas: o parlamentarismo "é formação da vontade normativa do Estado, mediante um órgão colegial eleito pelo povo com base no sufrágio universal e igual para todos, ou seja, democraticamente, segundo o princípio da maioria".[61]

Esse sistema funda-se na autodeterminação do indivíduo, isto é, na liberdade, que, originariamente, a burguesia tentou afirmar

---

60   Kelsen; Volpicelli, *Parlamentarismo, democrazia e corporativism*, p. 163.
61   Kelsen; Volpicelli, *Parlamentarismo, democrazia e corporativism*, p. 141.

combatendo a monarquia absoluta. No Estado do século XX, porém, o parlamentarismo não alcançava plenamente a liberdade individual que, para Kelsen, é também "negação de tudo aquilo que é social e político".[62] De fato, o parlamento não opera segundo o princípio da *unanimidade* (que respeitaria a vontade de todos) e, portanto, manifesta só *indiretamente* a vontade popular. O parlamento é um compromisso entre liberdade e divisão de trabalho, e opera baseando-se no princípio da *maioria* e através da *representação* (que Kelsen considera uma "simulação", ainda que necessária). Se concebermos o parlamento como "um indispensável compromisso" entre liberdade política e divisão do trabalho, podemos identificar suas possíveis reformas. E Kelsen as formula ponto por ponto.

De fato, os desvios do ideal democrático-parlamentar podem ser corrigidos e Kelsen – mesmo renunciando defender a necessidade do mandato imperativo e da democracia direta, impossíveis nas sociedades complexas[63] – indica como corretivos o *referendum*, a iniciativa popular, o sistema eleitoral proporcional. Além disso, Kelsen detém-se em considerações muito atuais sobre os problemas da irresponsabilidade dos deputados e sobre o abandono do partido por parte de um eleito.

Segundo Kelsen, a *irresponsabilidade* do deputado – "uma das principais causas da aversão hoje dominante contra o instituto parlamentar"[64] – não é essencial para a democracia. Deve, ao contrário, ser abolida a *imunidade* do deputado. Nos tempos da monarquia absoluta, a imunidade podia ser uma defesa contra o arbítrio do monarca, enquanto a aversão ao parlamentarismo "se deve, no momento atual, aos abusos aos quais conduz o privilégio absolutamente anacrônico da imunidade".[65] Finalmente, o depu-

---

62   Kelsen; Volpicelli, *Parlamentarismo, democrazia e corporativism*, p. 141.
63   Kelsen; Volpicelli, *Parlamentarismo, democrazia e corporativism*, p. 184.
64   Kelsen; Volpicelli, *Parlamentarismo, democrazia e corporativism*, p. 146.
65   Kelsen; Volpicelli, *Parlamentarismo, democrazia e corporativism*, p. 147.

tado que abandona o partido pelo qual foi eleito deveria perder "a sua função".[66]

Kelsen detém-se no problema geral que está na origem do corporativismo, isto é, na incapacidade, colocada em evidência perante os olhos de todos pela crise de 1929, dos parlamentos de seu tempo de guiarem a economia. Em uma sociedade cada vez mais industrializada e tecnicista, de fato, aos parlamentos faltavam "todos aqueles conhecimentos específicos que são indispensáveis para fazer boas leis". Através da análise dos "parlamentos técnicos", Kelsen enfrenta o núcleo duro do corporativismo. Nesses "parlamentos técnicos" "ainda não se pode ver uma abolição da democracia", mas uma forma de "corpo de peritos", flanqueado ao parlamento tradicional.[67] Porém, um parlamento "segundo princípios democráticos", flanqueado a um parlamento "segundo princípios corporativos", com "paridade de direitos", não parece a Kelsen uma solução praticável, porque nos grandes problemas da gestão pública é quase impossível distinguir o aspecto político do econômico e, portanto, definir as competências específicas de cada um dos dois parlamentos.

A partir do capítulo VI do seu ensaio sobre parlamentarismo, a crítica ao corporativismo torna-se cada vez mais aguçada e termina em uma crítica ao fascismo e às ditaduras. Substituir – como gostaria Volpicelli – o indivíduo atomístico pelo econômico é uma limitação. Ninguém faz parte somente de uma categoria profissional, mas tem outras dimensões (religiosas, por exemplo). Além disso, na sociedade industrial, as especializações são numerosas e as corporações deveriam ser milhares. Finalmente, se as tensões internas podem resolver-se dentro da corporação, as mais gerais deveriam ser repassadas "para uma autoridade de origem estranha ao princípio corporativista", isto é, a um órgão que seja ou parlamentar, ou "mais ou menos autocrático".[68] Concluindo,

---

66 Kelsen; Volpicelli, *Parlamentarismo, democrazia e corporativism*, p. 148.
67 Kelsen; Volpicelli, *Parlamentarismo, democrazia e corporativism*, p. 150.
68 Kelsen; Volpicelli, *Parlamentarismo, democrazia e corporativism*, p. 153.

para Kelsen, o princípio corporativista não abole o parlamentarismo, mas limita-se a "substituí-lo por um sistema representativo de outra natureza".[69]

Ei-nos chegados então à questão mais geral, que hoje volta a ser atual: por que razão surge, "nas fileiras da burguesia", a exigência de substituir o parlamentarismo pelo corporativismo? Porque, responde Kelsen, parece chegada a hora "em que nos defrontamos com a possibilidade de que o proletariado, de minoria, como era o caso até agora, se transforme em maioria".[70] Para fazer frente a essa mudança, deve-se escolher: ou melhorar o parlamentarismo (como local do "compromisso" entre maioria e minoria, como instância do "entender-se", apesar da inconciliabilidade das posições, como lugar, enfim, da "tolerância");[71] ou então optar pela ditadura. Mas essa última decisão exige uma "fé metafísico-religiosa": a convicção de "que o ditador tenha chegado por via misteriosa a possuir a verdade absoluta", ou seja, trata-se de uma "fé" oposta ao relativismo sobre o qual se funda a democracia parlamentar. E, como se verá no final deste tópico, é exatamente ao valor absoluto que Volpicelli explicitamente se refere.

Kelsen recusa as autocracias. No texto e em duas longas anotações realiza uma crítica radical do fascismo italiano. Mas, em relação à constituição soviética, Kelsen toma uma direção diferente da esperada: a *teoria* dos soviet, apesar das declarações antiburguesas, "apenas aplica o princípio da organização democrática" nas empresas e nos vilarejos.[72] Daí resulta "um sistema de inumeráveis parlamentos sobrepostos em pirâmide, que se chamam conselhos ou 'soviet', mas que nada mais são que corpos representativos". O bolchevismo prega, em resumo, a abolição

---

69   Kelsen; Volpicelli, *Parlamentarismo, democrazia e corporativism*, p. 153.
70   Kelsen; Volpicelli, *Parlamentarismo, democrazia e corporativism*, p. 155.
71   Kelsen; Volpicelli, *Parlamentarismo, democrazia e corporativism*, p. 162.
72   Kelsen; Volpicelli, *Parlamentarismo, democrazia e corporativism*, p. 183.

do parlamentarismo, mas pratica uma "hipertrofia do próprio parlamentarismo".[73]

b) Os argumentos de Arnaldo Volpicelli

As críticas que Volpicelli dirige a Kelsen e à democracia parlamentar são menos técnico-constitucionalistas e mais ideológicas. Em outras palavras, refutam a democracia referindo-se a grandes oposições ideológicas, antes que a específicos aspectos do funcionamento institucional. "Melhorar e consolidar o Estado parlamentar moderno de acordo com seus fins será possível somente em virtude de uma cada vez mais íntima e positiva aderência institucional do Estado àquela concreta realidade social (...), superando a concepção mecânica, formalística e individualística de democracia. Os expedientes imaginados por Kelsen (*referendum*, responsabilidade parlamentar, sistema eleitoral proporcional etc.) possuem o tríplice vício de origem: o de resolver a superior realidade do Estado na elementar e imediata vontade do povo, o mais no menos (*mecanicismo*); o de desconhecer a mais larga e concreta vida social, que pede urgentemente para entrar e para se instalar no organismo estatal de modo a transformá-lo na plena e coextensiva organização autorizada da sociedade (*formalismo*); o de transformar o indivíduo, enquanto indivíduo, numa entidade suficiente e finalizada em si mesma (*individualismo*)".[74]

Segundo Volpicelli, Kelsen possui uma "concepção (...) atomística dos indivíduos e jusnaturalista das liberdades e do direito, que anula e desvaloriza, ao mesmo tempo, sociedade e moral".[75] Desse modo, "O Estado democrático é uma entidade particular, abstratamente política e meramente defensiva, constituída diretamente pelo indivíduo". Concebido nesses termos, o Estado é considerado "um inimigo ou um mal inevitável, cuja interferên-

---

73   Kelsen; Volpicelli, *Parlamentarismo, democrazia e corporativism*, p. 184.
74   Kelsen; Volpicelli, *Parlamentarismo, democrazia e corporativism*, p. 105.
75   Kelsen; Volpicelli, *Parlamentarismo, democrazia e corporativism*, p. 121.

cia é necessário reduzir ao mínimo".[76] Essas palavras evocam, no ouvido do leitor atual, a fórmula "menos Estado, mais mercado", querida dos neoliberais (querida, diga-se de passagem, enquanto não tiveram que ser amortizados os enormes déficits bancários da crise iniciada em 2008). Nos anos 1920-1930, ao contrário, a visão democrática se chocava com a corporativa ou socialista, posições que Volpicelli exprime em sintéticas contraposições: "Valores individuais e sociais como fundamento e substância do Estado [corporativo] contra a lógica quantitativa e numérica da democracia; o princípio da desigualdade natural, espiritual, histórica dos indivíduos contra o princípio naturalista de igualdade; o princípio das minorias ou das *élites* contra o da maioria brutal e indiferenciada. Reivindicações polêmicas, certíssimas e salutares, mas todavia emaranhadas na lógica abstrata e dualística da democracia".[77] Somente o corporativismo pode libertar dessa lógica considerada aberrante.

O Estado democrático é construído segundo uma concepção defensiva: não podendo atingir a universalidade, "se contentará com o domínio da maioria", ao qual acrescenta "a proteção da minoria", "o sistema proporcional", "o *referendum* constitucional e legislativo, a iniciativa popular, o mandato imperativo" e muitos outros instrumentos, "todos consequências lógicas da concepção atomística e antiestatal do indivíduo".[78]

Volpicelli chega assim à questão central: se não se aceita a democracia parlamentar, como fazer para que o cidadão participe do governo do Estado? Através das corporações, responde Volpicelli, que, para ele, são uma forma superior de democracia *social*. A democracia parlamentar é uma "concepção abstratamente político-individualista, que o corporativismo ambiciona, precisamente, integrar em uma forma de Estado mais concreta e mais alta, que inclua e regule a vida social e toda a personalidade

---

76   Kelsen; Volpicelli, *Parlamentarismo, democrazia e corporativism*, p. 133.
77   Kelsen; Volpicelli, *Parlamentarismo, democrazia e corporativism*, p. 129.
78   Kelsen; Volpicelli, *Parlamentarismo, democrazia e corporativism*, p. 133.

do cidadão em si mesma, cumprindo assim a poderosa instância surgida no século XIX e que culmina no fenômeno socialista e na luta de classe".[79] Mas dessa forma – como tinha observado Kelsen – somente foi substituído o parlamento liberal pelo parlamento corporativo, tendo como base um julgamento de valor subjetivo.

Que estejam em jogo convicções e não raciocínios, fica claro quando Volpicelli leva em consideração a natureza das críticas de Kelsen: as "objeções que Kelsen move ao corporativismo" derivam da sua "desigual compreensão deste último, devida exatamente à sua oposta e insuperável mentalidade democrática",[80] que lhe impede compreender a essência do Estado corporativo. A visão da democracia de Kelsen– escreve Volpicelli no ensaio *Dalla democrazia al corporativismo*[81] – é "negativa e anárquica", fundada na liberdade e na igualdade, portanto, na recusa dos limites inerentes à vida social.[82]

Os problemas econômicos dos anos 1930 voltam a ocupar a cena: a "formidável antinomia que está no âmago da vida política contemporânea" é constituída pela "antinomia entre a necessidade social, cada vez mais viva e imperiosa da divisão diferencial do trabalho, que leva à democracia representativa e à inextirpável crescente tendência em direção à democracia direta, em direção a formas e dispositivos que aproximem e harmonizem novamente a vontade do Estado daquela do povo".[83] Daí a luta, tanto da direita como da esquerda, contra o parlamentarismo e, em particular, a exigência de criar um Estado corporativo.

Nesse ponto Volpicelli explica o que é o Estado corporativo (embora, na realidade, explique o que *deveria* ser o Estado corporativo). A crescente interferência do Estado na economia e a formação de uniões intermediárias do mundo do trabalho,

---

79   Kelsen; Volpicelli, *Parlamentarismo, democrazia e corporativism*, p. 108.
80   Kelsen; Volpicelli, *Parlamentarismo, democrazia e corporativism*, p. 110.
81   Kelsen; Volpicelli, *Parlamentarismo, democrazia e corporativism*, p. 115 e segs.
82   Kelsen; Volpicelli, *Parlamentarismo, democrazia e corporativism*, p. 116.
83   Kelsen; Volpicelli, *Parlamentarismo, democrazia e corporativism*, p. 117.

Kelsen Teórico da Democracia e o Corporativismo... | Mario G. Losano   311

como sindicatos e confederações de empreendedores ("os indivíduos tendem a se agrupar segundo as profissões ou a afinidade de interesses")[84] exige a saída do Estado democrático-atomístico. Volpicelli não pode aceitar a alternativa da esquerda a essa saída ("inadequado, certamente, e errôneo o ideal socialista e bolchevique"), mas a considera uma indicação interessante, porque "atesta e inaugura uma congruente solução para o problema vivo e vital da história contemporânea".[85]

Esse difícil relacionamento entre democracia e economia é um tema que torna atual o debate entre Kelsen e Volpicelli e que, em 1969, retorna também na conversão de Bobbio, de uma visão estrutural, para uma concepção funcional do direito. O impulso veio-lhe através de um artigo do filósofo argentino Genaro Carrió, publicado na Itália em 1966. Nele falava-se "das extraordinárias mudanças ocorridas no contexto social" desde o início do século XX, caracterizadas pela crescente intervenção do Estado na vida social.[86] Carrió advertia: "A teoria geral do direito deve rever urgentemente o próprio aparato conceitual e também suas pretensões. (...) Impõe-se uma nova tarefa de esclarecimento."[87]

Essa evocação argentina do Estado empreendedor tinha longínquas ascendências italianas. De fato, a América Latina e, em particular, a Argentina e o Brasil, tinham acolhido, com interesse, o corporativismo que influenciou suas estruturas jurídico-políticas, em razão de seus governos autoritários, por mais tempo do que na Europa. As ideias (já mais dirigistas que corporativistas) confluíram parcialmente, mais tarde, nos movimentos "*desarrollistas*", que almejavam uma saída do subdesenvolvimento econômico através de uma forte presença estatal.[88] Mais uma vez as ideias exportadas

---

84   Kelsen; Volpicelli, *Parlamentarismo, democrazia e corporativism*, p. 135.
85   Kelsen; Volpicelli, *Parlamentarismo, democrazia e corporativism*, p. 135.
86   Carrió, *Sul concetto di obbligo giuridico*, p. 150.
87   Carrió, *Sul concetto di obbligo giuridico*, p. 154 e segs.
88   Com referência ao Brasil, cf. Losano, *Um modelo italiano para as relações econômicas no Brasil de Vargas*: a "Carta do Trabalho" de 1927.

para a América do Sul voltavam para a Itália. Na realidade, o apelo de Carrió para incumbir-se da "nova tarefa" induziu Bobbio a escrever seus estudos sobre a função do direito.[89] Mas a intervenção estatal da segunda metade do século XX era bem diferente do corporativismo extremo defendido por Volpicelli.

As afirmações de Volpicelli sobre o Estado corporativo são apodíticas: "o indivíduo (...) não é átomo", mas "é um momento orgânico e interior do todo".[90] Graças a essa organicidade, "a fundação do Estado é eterna e eternamente livre", assim, "a história do Estado é uma história toda constitucional e, como tal, toda uma celebração e um desenvolvimento da liberdade. Daí a síntese entre revolução e constituição", na qual a "revolução" é, naturalmente, a fascista.[91] Depreende-se que "soberano é portanto o inteiro corpo social" como "organismo vivente", portanto, "soberano e súdito são substancialmente idênticos", porque "no sistema unitário e indissolúvel do organismo social, cada um é (...) soberano e súdito, dominante e dominado"; não existe então o problema de limitar a soberania: "Enquanto vontade unitária e integral do organismo social, a soberania não tem limites, e é, por definição, absoluta."[92]

Se um Estado se torna ditatorial é porque os cidadãos assim o querem ou, pelo menos, o permitem. Autonomia e tirania são "ídolos do pensamento abstrato: governo e Estado são, por definição, *livres* e *populares*". A tirania é fruto da postura dos súditos: são eles que "querem e dotam o tirano da vontade que atua socialmente". "O governo assim chamado tirânico (...) vigora em virtude da obediência prestada, com um original e pessoal ato de vontade, pelos assim chamados súditos". Em resumo, "a obe-diência prestada *obtorto collo* a um governo que não corresponde mais à nossa mais íntima aprovação e estima moral, é a justificativa

---

89   Losano, *Prefácio*, p. VIII.
90   Kelsen; Volpicelli, *Parlamentarismo, democrazia e corporativism*, p. 135.
91   Kelsen; Volpicelli, *Parlamentarismo, democrazia e corporativism*, p. 126.
92   Kelsen; Volpicelli, *Parlamentarismo, democrazia e corporativism*, p. 127.

ética da assim chamada tirania. Quem se queixa disso, condena moralmente a si mesmo".[93]

O fundamento filosófico do Estado orgânico e corporativo é o atualismo (o idealismo atual) de Gentile: "O Estado é o sistema unitário, integral e imanente das determinações individuais, e portanto nada de particular, trascendente, formal. A organização corporativa da sociedade e do Estado (...) exprime e atua, dentro da ordem institucional e política, essa teoria filosófica: a consciência crítica da organicidade e universalidade do indivíduo, do valor social e político da ação individual".[94]

Da organicidade emana então a identificação entre indivíduo e Estado e, portanto, no direito, entre direito público e privado, esta última tese sustentada também por Kelsen, mas em bases totalmente diferentes. Dada a "natureza orgânica, universal, estatal de todas as ações do indivíduo", estas são "todas juridicamente disciplináveis, porque são todas intrinsecamente estatais".[95] No Estado corporativo "os indivíduos" são "orgãos e intermediários responsáveis pela coletividade solidária".[96] "Do chefe de Estado ao cidadão, é todo um sistema institucional de orgãos hierarquicamente dispostos"; "toda a vida social é jurídico-estatal; toda a vida jurídica é jurídico-publicística".[97]

Nesse contexto, "o conceito de direito privado (...) não tem mais sentido e nenhuma legitimidade. Todo direito, do ponto de vista do Estado corporativo, é direito público e, a rigor, constitucional". "O individualismo anárquico e o estatalismo anti-individualista inerentes à democracia e ao socialismo são (...) superados", e Volpicelli pode concluir que "o corporativismo é portanto a verdadeira e realizada democracia, como governo realizado e integral dos indivíduos"; e que ele é também "o verdadeiro e rea-

---

93   Kelsen; Volpicelli, *Parlamentarismo, democrazia e corporativism*, p. 127 e segs.
94   Kelsen; Volpicelli, *Parlamentarismo, democrazia e corporativism*, p. 136.
95   Kelsen; Volpicelli, *Parlamentarismo, democrazia e corporativism*, p. 40.
96   Kelsen; Volpicelli, *Parlamentarismo, democrazia e corporativism*, p. 136.
97   Kelsen; Volpicelli, *Parlamentarismo, democrazia e corporativism*, p. 137.

lizado socialismo, como entrelaçamento absoluto de sociedade e Estado".[98] "Estes – conclui Volpicelli – são os fundamentos ideais e jurídicos do novo Estado corporativo italiano".[99] Concepções tão radicais encontravam dificuldade para serem aceitas até entre os próprios fascistas. Na convenção de Ferrara sobre o corporativismo, os críticos de Volpicelli ironicamente sustentaram que, segundo suas teorias, dois cidadãos particulares se tornariam órgãos do Estado no momento em que assinassem um contrato.

Para concluir, a crítica de Volpicelli a Kelsen expressa-se mais por contraposições que por argumentações. A "natureza do Estado" corporativo é "dialética e universal" e representa uma "unificação" (enquanto a democracia oferece um "compromisso"); é "universalidade" (enquanto a democracia oferece "relativismo filosófico-jurídico"); é "síntese orgânica e progressiva da multiplicidade" (enquanto a democracia oferece "a tolerância não diferenciada e o indisciplinado contraste das opiniões individuais, onde a verdade se dissolve na extrínseca e provisória conciliação": e nisto consiste, para Volpicelli, "a peremptória condenação da democracia"). O corporativismo oferece uma "concepção dialética, unitária e universal do Estado", "que é a síntese de todas as forças e fés políticas individuais, livres mas não anárquicas", "integradas no interior do insuperável círculo do sistema político unitário".

Ei-nos então chegado ao ponto em que se torna inconciliável a posição de Volpicelli frente ao relativismo kelseniano: "o *valor absoluto* da verdade política" da qual, segundo Volpicelli, é depositário o "Estado no seu desenvolvimento histórico infinito".[100]

---

98   Kelsen; Volpicelli, *Parlamentarismo, democrazia e corporativism*, p. 137.

99   Kelsen; Volpicelli, *Parlamentarismo, democrazia e corporativism*, p. 137.

100   Kelsen; Volpicelli, *Parlamentarismo, democrazia e corporativism*, p. 131.

5. O Êxito na Itália dos Escritos de Kelsen sobre a Democracia

O livro de Kelsen e Volpicelli examinado até aqui foi o fundador de uma bem-sucedida série de volumes sobre a democracia, cuja complicada história editorial pode ser dividida em duas fases.[101] À primeira, anterior à Segunda Guerra Mundial e coordenada por Arnaldo Volpicelli, seguiram – depois da Segunda Guerra Mundial – as edições que a editora Il Mulino confiou a vários coordenadores, de 1955 até 2010.

Um dezena de edições foram sucedendo-se por mais de 50 anos, com mudanças no conteúdo (pois a cada vez alguns ensaios eram excluídos e outros acrescentados) e no título. De fato, *Democrazia e cultura, I fondamenti della democrazia e altri saggi* e *La democrazia* são os títulos das multiformes edições – revisadas, corrigidas e ampliadas – do mesmo livro de Hans Kelsen. Esse livro, porém, não é encontrado na bibliografia kelseniana, pois as edições italianas são antologias de escritos publicados separadamente por Kelsen como artigos de revistas ou breves ensaios.

Antes da Segunda Guerra Mundial e limitando-nos unicamente ao aspecto editorial, o livro de 1930, que tem como autores Kelsen e Volpicelli, se transformou, em 1932, em uma antologia somente de Kelsen, que propunha novamente as traduções incluídas até aquela data na revista *Nuovi studi di diritto, economia e politica*. De fato, em 1932, Volpicelli coordenou um volume exclusivamente kelseniano,[102] que pode ser considerado o fundador das edições do pós-guerra, nas quais, de fato, são retomadas algumas traduções dos anos 1930. Todavia, não é possível inferir se os coordenadores entraram em contato com elas através dos livros de Volpicelli ou através dos vários ensaios na revista *Nuovi studi di diritto, economia e politica*.

---

101 Cf. *supra*, nota 4.

102 Kelsen, *Lineamenti di una teoria generale dello Stato e altri scritti*.

Relativamente às edições de 1955 e de 1966, aliás, pode-se afirmar, com propriedade, que ambas as edições do Il Mulino reproduziram a fórmula de Volpicelli, invertendo simplesmente o seu polo:[103] antes da guerra estudava-se a democracia para poder criticá-la melhor; no pós-guerra, ao contrário, a democracia era estudada para ser melhor aplicada.

Depois da Segunda Guerra Mundial, o regresso da democracia na Itália renovou o interesse por Kelsen. Em 1952, a editora Einaudi publicou novamente a tradução do filósofo do direito Renato Treves da primeira edição de *La dottrina pura del diritto*, logo comentada pelo crítico Capograssi,[104] e, pouco depois, também analisada por Bobbio.[105] A série das traduções pós-guerra junto à editora Il Mulino teve início em 1955[106] e foi coordenada por uma das figuras centrais, tanto da politologia italiana quanto da editora de Bolonha: o politólogo Nicola Matteucci. Haviam assim estreado duas correntes editoriais: uma politológica junto ao Il Mulino, com a colaboração de Nicola Matteucci e Giacomo Gavazzi, outra filosófico-jurídica junto à editora Einaudi, com a colaboração de Renato Treves e Norberto Bobbio.

O título *Democrazia e cultura*, de 1955, foi abandonado na edição seguinte, de 1966,[107] porque foram incluídos novos ensaios, um dos quais – publicado na revista *Ethics* em 1955 – fornece o título à série inteira. Esta edição de 1966 foi impressa, sem alterações, novamente em 1970.

Depois de transcorridos mais de 20 anos da primeira edição, a editora planejou uma nova edição, a ser confiada a um novo coordenador, Giacomo Gavazzi, para o qual Il Mulino, em 1976, pediu uma nova introdução e também sua opinião a respeito da escolha dos ensaios kelsenianos.[108]

---

103   Gavazzi, *Introduzione*, p. 13.
104   Capograssi, *Impressioni sul Kelsen tradotto*.
105   Bobbio, *Studi sulla teoria generale del diritto*.
106   Kelsen, *Democrazia e cultura*.
107   Kelsen, *I fondamenti della democrazia e altri saggi*.
108   Kelsen, *La democrazia* (1981).

Em 1995 uma nova edição foi confiada a Mauro Barberis, que modificou, em parte, a escolha da edição de Gavazzi, mas conservou seu título.[109] Essa edição conheceu várias reedições, a última, que remonta a 2010 e conclui – por hora – o êxito do volume nascido em 1930 e em razão do qual tiveram início estas páginas.

6. Bibliografia

BATTAGLIA, Felice (org.). *Le Carte dei Diritti.* Dalla Magna Charta alla Carta del Lavoro. Firenze: Sansoni, 1934.

BECKERATH, Erwin von *et al. Nuove esperienze economiche.* Prefazione di Giuseppe Bottai. G. Fano e Anna Maria Ratti (trads.). Firenze: Sansoni, 1935.

BOBBIO, Norberto. *Studi sulla teoria generale del diritto.* Torino: Giappichelli, 1955.

BOTTAI, Giuseppe. Prefazione. In: PIROU, Gaëtan; SOMBART, Werner; DURBIN, Evan F. M.; PATTERSON, Ernest Minor; SPIRITO, Ugo (orgs.). *La crisi del capitalismo.* Tradução de S. La Colla. Firenze: Sansoni, 1933.

_____. *Modernità della corporazione fascista.* Firenze: Sansoni, 1934.

_____. Prefazione. In: MOSSA, Lorenzo (org.). *L'impresa nell'ordine corporativo.* Firenze: Sansoni, 1935.

BROCARD, Lucien *et al.* (orgs.). *L'economia programmatica.* Appendice bibliografica di Giuseppe Bruguier. Prefazione di Giuseppe Bottai. Tradução de S. La Colla. Firenze: Peterlongo, Sansoni, 1933.

BRUGUIER, Giuseppe. Orientamento bibliografico sul "Capitalismo e la sua crisi attuale". In: PIROU, Gaëtan; SOMBART, Werner; DURBIN, Evan F. M.; PATTERSON, Ernest Minor; SPIRITO, Ugo (orgs.). *La crisi del capitalismo.* Tradução de S. La Colla. Firenze: Sansoni, 1933. p. 149-198.

CALAMANDREI, Piero. *Fede nel diritto.* S.d.

CAMPAGNOLO, Umberto. Verso una costituzione federale per l'Europa. Una proposta inedita del 1943. In: LOSANO, Mario G. (org.). Milano: Giuffrè, 2003.

_____. Conversazioni con Hans Kelsen. Documenti dell'esilio ginevrino 1933-1940. In: LOSANO, Mario G. (org.). Milano: Giuffrè, 2009.

CAPOGRASSI, Giuseppe. Impressioni sul Kelsen tradotto. *Rivista trimestrale di diritto pubblico,* II, fasc. 4, p. 767-815, 1952.

---

109   Kelsen, *La democrazia* (1995).

CARRIÓ, Genaro R. Sul concetto di obbligo giuridico. *Rivista di filosofia*, 1966.

COSTA, Pietro. *Lo Stato immaginario*. Metafore e paradigmi nella cultura giuridica italiana fra Ottocento e Novecento. Milano: Giuffrè, 1986.

DIPIERO, Michele (pseudônimo). *Storia critica dei partiti italiani*. Roma: Azienda Editrice Internazionale, 1946.

FERRATA, Giansiro. Prefazione. In: BURRESI, Piero (org.). *Raccolta di scritti*. Firenze: Solaria – Carocci, 1928.

FRANCHI, Giovanni. *Arnaldo Volpicelli*. Per una teoria dell'autogoverno. Napoli: Edizioni Scientifiche Italiane, 2003.

FROSINI, Vittorio. *Saggi su Kelsen e Capograssi*. Milano: Giuffrè, 1988.

GAVAZZI, Giacomo. Introduzione. In: KELSEN, Hans. *La democrazia*. Bologna: Il Mulino, 1981.

GIUSTI, Wolf. Presentazione. In: STALIN, Giuseppe. *Bolscevismo e capitalismo*. Roma: Edizioni Leonardo, 1945.

KANT, Immanuel. *Fondamenti della metafisica dei costumi*. Tradução de Arnaldo Volpicelli. Firenze: Vallecchi, 1932.

KELSEN, Hans. Diritto pubblico e diritto privato. *Rivista internazionale di filosofia del diritto*, p. 340-357, 1924.

_____. Concetto del diritto naturale. *Nuovi studi di diritto, economia e politica*, III, p. 392-421, 1930.

_____. *Democrazia e cultura*. Bologna: Il Mulino, 1955.

_____. Formalismo giuridico e dottrina pura del diritto. Tradução de Daniele Mattalia. *Nuovi studi di diritto, economia e politica*, IV, p. 124-135, 1931.

_____. *I fondamenti della democrazia e altri saggi*. Bologna: Il Mulino, 1966.

_____. Il problema del parlamentarismo. *Nuovi studi di diritto, economia e politica*, II, fasc. 4, p. 182-204, 1929.

_____. *La democrazia*. Bologna: Il Mulino, 1981.

_____. *La democrazia*. Bologna: Il Mulino, 1995.

_____. *La dottrina pura del diritto*. Tradução de Mario G. Losano. Torino: Einaudi, 1966.

_____. *Lineamenti di una teoria generale dello Stato e altri scritti*. Arnaldo Volpicelli (org.). Roma: Anonima Romana Editoriale, 1932.

KELSEN, Hans; CAMPAGNOLO, Umberto. *Diritto internazionale e Stato sovrano*. Mario G. Losano (org.). Milano: Giuffrè, Milano 1999.

_____. *Direito internacional e Estado soberano*. Mario G. Losano (org.). Tradução de Marcela Varejão. São Paulo: Martins Fontes, 2002.

_____. *Derecho Internacional y Estado Soberano*. Un diálogo con Kelsen sobre paz, federalismo y soberanía. Mario G. Losano (org.). Tradução de Consuelo Ramón. València: Publicacions Universitat de València – Tirant lo Blanc, 2007.

KELSEN, Hans; VOLPICELLI, Arnaldo. *Parlamentarismo, democrazia e corporativismo*. Roma: Tipografia Garroni, 1930.

_____. *Parlamentarismo, democrazia e corporativismo (1930)*. Mario G. Losano (org.). Turim: Nino Aragno Editora, 2012.

LOSANO, Mario G. Anno 1930: una dimenticata edizione italiana di Hans Kelsen. *Rivista internazionale di filosofia del diritto*, n° 2, p. 193-208, 2009.

_____. *Forma e realtà in Kelsen*. Milano: Comunità, 1981.

_____. La fortuna di Hans Kelsen in Italia. *Quaderni fiorentini per la storia del pensiero giuridico moderno*, n° 9, p. 465-500, 1979. (Também disponível em: http://www.centropgm.unifi.it/quaderni/indici.htm).

_____. Prefazione. In: BOBBIO, Norberto. *Dalla struttura alla funzione*. Nuovi studi di teoria del diritto. Roma – Bari: Laterza, 2007.

_____. *Un modello italiano per le relazioni economiche nel Brasile di Vargas:* La "Carta del Lavoro" del 1927. Max-Planck-Institut für Europäische Rechtsgeschichte, Frankfurt a. M. (no prelo).

MACCHIORO, Aurelio. *Studi di storia del pensiero economico italiano*. Milano: Franco Angeli, 2006.

MOSSA, Lorenzo. *L'impresa nell'ordine corporativo*. Con prefazione di Giuseppe Bottai. Firenze: Sansoni, 1935.

PICCOLO, Francesco (org.). *I liberali italiani dopo il 1860*. Scritti scelti. Firenze: Sansoni, 1934.

PUNZO, Luigi. L'esperienza di "Nuovi studi di diritto, economia e politica". *Il pensiero di Ugo Spirito*. Roma: Istituto dell'Enciclopedia Italiana, 1990. tomo II.

RICCOBONO, Francesco. Kelsen in Italia. In: ROEHRSSEN, Carlo (org.). *Hans Kelsen nella cultura filosofico-giuridica del Novecento*. Roma: Istituto dell'Enciclopedia Italiana, 1983.

SCHMITT, Carl. *Principii politici del nazionalsocialismo*. Tradução de Delio Cantimori. Prefazione di Arnaldo Volpicelli. Firenze: Sansoni, 1935.

SIGHELE, Scipio. *Contro il parlamentarismo*. Saggio di psicologia collettiva. Milano: Treves, 1895.

SPIRITO, Ugo. L'economia programmatica corporativa. In: BRACARD, Lucien *et al.* (orgs.). *L'economia programmatica*. Sansoni, Firenze: 1933.

_____. *Capitalismo e corporativismo*. Firenze: Sansoni, 1934.

_____. La crisi del capitalismo e il sistema corporativo. PIROU, Gaëtan; SOMBART, Werner; DURBIN, Evan F. M.; PATTERSON, Ernest Minor; SPIRITO, Ugo (orgs.). *La crisi del capitalismo*. Firenze: Sansoni, 1933. p. 129-147.

_____. *La crisi del capitalismo*. Appendice bibliografica di Giuseppe Bruguier. Tradução de S. La Colla. Firenze: Sansoni, 1933.

_____. *Memorie di un incosciente*. Milano: Rusconi, 1977.

STALIN, Giuseppe. *Bolscevismo e capitalismo*. Con introduzione di Wolf Giusti. Tradução de Giuseppe Zamboni e Wolf Giusti. Roma: Edizioni Leonardo, 1945.

_____. *Bolscevismo e capitalismo*. Con un'avvertenza di Giuseppe Bottai. Tradução de Giuseppe Zamboni. Firenze: Sansoni, 1934.

VOLPICELLI, Arnaldo. *Corporativismo e scienza giuridica*. Firenze: Sansoni, 1934.

_____. Corporazione e ordinamento internazionale. *Nuovi studi di diritto, economia e politica*, p. 357-365, 1934.

_____. Il Fascismo e lo Stato. *La Nuova Politica Liberale*, p. 161-172, 1924.

_____. Il problema della Lega delle Nazioni. *Nuovi studi di diritto, economia e politica*, p. 197-205, 1935.

_____. La teoria del diritto. SPIRITO, Ugo; VOLPICELLI, Arnaldo; VOLPICELLI, Luigi (orgs.). *Benedetto Croce. La filosofia, l'estetica e la critica letteraria, la teoria del diritto, la scienza economica, la politica*. Roma: Anonima Romana Editoriale, 1929.

_____. Riduzione della filosofia del diritto alla filosofia dell'economia. *Atti dell'Accademia Pontaniana*. Napoli, 1907.

_____. Società, Stato e società di Stati. *Nuovi studi di diritto, economia e politica*, p. 5-12, 1927.

WEBER, Max. L'etica protestante e lo spirito del Capitalismo. Tradução de Piero Burresi. *Nuovi studi di diritto, economia e politica*, v. IV, 1931.

_____. L'etica protestante e lo spirito del Capitalismo. Tradução de Piero Burresi. *Nuovi studi di diritto, economia e politica*, v. V, 1932.

_____. *L'etica protestante e lo spirito del capitalismo*. Introduzione di Ernesto Sestan. Tradução de Piero Burresi. Firenze: Sansoni, 1965.

WILLIAMSON, Peter. *Varieties of Corporatism. Theory and Practice*. Cambridge: Cambridge University Press, 1985.

ZAGREBELSKY, Gustavo. *Una travagliata apologia della legge*. S.d.

www.forenseuniversitaria.com.br
bilacpinto@grupogen.com.br

Impresso nas oficinas da
SERMOGRAF - ARTES GRÁFICAS E EDITORA LTDA.
Rua São Sebastião, 199 - Petrópolis - RJ
Tel.: (24)2237-3769